AF747692

Vers un droit fiscal de développement de l'Afrique

Éric Romuald LIPOP

Vers un droit fiscal de développement de l'Afrique

Analyse sous le prisme de la fiscalité camerounaise à partir de l'espace OHADA

Préface de Jean GATSI

L'Harmattan
Cameroun

5-7, rue de l'Ecole-Polytechnique, 75005 Paris

http://www.editions-harmattan.fr

ISBN : 978-2-343-17089-3
EAN : 9782343170893

SOMMAIRE

PRÉFACE

« Vers un droit fiscal de développement de l'Afrique (Analyse sous le prisme de la fiscalité camerounaise à partir de l'espace OHADA) ».

L'objet de cette réflexion tire l'essentiel de son socle analytique des travaux de thèse de doctorat/Ph.D. en droit privé des affaires de Monsieur LIPOP Eric Romuald. Plus qu'une simple réflexion, ce travail est une étude profonde et méthodique, une invite sérieuse pour un droit fiscal de développement de l'Afrique à partir du communautarisme de l'OHADA, si les États africains et surtout le Cameroun, voudraient se mettre sur le chemin du développement par la fiscalité. L'auteur choisit de résoudre fondamentalement le problème de la contribution de la fiscalité au développement. Quelle fiscalité pour un objectif de développement de l'Afrique en général, et du Cameroun en particulier ?

Challenge exceptionnel, et défi énorme que de se lancer dans cette recherche au regard du caractère assez large du thème qui se trouve au confluent de plusieurs disciplines scientifiques : droit public, droit privé, droit des affaires, droit communautaire et économie.

L'auteur a tout le mérite d'avoir ouvert une réflexion pertinente, méthodique et aux résultats probants au regard de l'actualité et de la modernité du sujet traité. Le langage clair et facile de l'auteur rend la compréhension du texte aisée pour tous. Au-delà des qualités professionnelles d'inspecteur des impôts de l'auteur, ce qui justifie d'ailleurs une maîtrise et un maniement facile des concepts et techniques, ses facultés intellectuelles de chercheur apparaissent dans la rigueur des analyses, la densité et la diversité de la bibliographie, et l'organisation tant dans le fond que dans la forme du travail.

La fiscalité de développement est une exigence incontournable pour l'État moderne aujourd'hui en Afrique, dans un contexte où la nécessité de la mobilisation plus accrue des recettes fiscales se fait ressentir avec acuité au regard des défis multiples qui s'imposent à nos États. Comment y parvenir sans mettre en place des préalables juridiques et économiques pertinents pour l'amélioration du climat des affaires sans toutefois ouvrir une concurrence fiscale dommageable entre Etats, et préjudiciable au développement et à l'intégration économique de ces derniers ?

Sans vouloir ouvrir le débat, l'auteur à travers ce travail donne ainsi aux politiques publiques en matière fiscale un outil important de conception du cadre juridique d'amélioration du climat des affaires en vue d'une mobilisation optimale des ressources fiscales dans un contexte d'insuffisance croissante des moyens face aux objectifs. Par ailleurs, il ouvre même une piste pour un droit fiscal africain, appuyé sur le communautarisme de l'OHADA, instrument juridique d'intégration communautaire important, gage de la concrétisation d'un marché unique.

Seule la lecture exhaustive du présent ouvrage pourrait faire découvrir au lecteur la pertinence et le mérite de l'apport scientifique de la réflexion du Docteur LIPOP.

Pr. Gatsi Jean,

Agrégé de droit privé, Professeur titulaire des Universités

INTRODUCTION GÉNÉRALE

Les circonstances de mondialisation du début des années 1990 ont considérablement influencé la création de l'OHADA[1]. Il fallait pour les pays concernés de s'unir[2] pour réagir ou résister aux pressions et contacts de l'économie mondiale. Il s'agissait alors d'édicter des règles modernes et uniformes à l'espace OHADA, attractives sur le plan économique et propices aux investissements tant étrangers que nationaux[3]. À l'origine de cette œuvre législative, résidait une volonté ferme des États africains de la zone franc pour la plupart, anciennes colonies françaises[4] à l'exception de la Guinée Équatoriale et la Guinée Bissau, de procéder à une refonte et une uniformisation de leur droit des

---

[1]OHADA, sigle signifiant organisation pour l'harmonisation en Afrique du droit des affaires, est née le 17 octobre 1993 à Port-Louis en Ile Maurice. Le contexte ayant présidé à sa création était la nécessité pour les pays africains, pour la plupart anciennes colonies françaises d'harmoniser leur législation en matière de droit des affaires au regard du caractère obsolète du droit jusque- là appliqué, l'adapter au contexte africain des affaires et constitué un groupe solide pouvant concurrencer les autres économies ceci en parlant d'une seule voix. V. NOAH (H. M.), « L'espace dual du système OHADA », in (dir) GATSI (J.), *L'effectivité du droit de l'OHADA*, Ed. PUA, Cameroun, 2006, p. 30, lorsqu'il relève que : la faillite des économies africaines, les crises de régulation itérative générées par la dislocation et la disparité des systèmes juridiques nationaux, et par la superposition des modes juridiques occidentaux, ont engendré une insécurité juridique sous-tendue par une conflictualité des lois marchandes ; ceci a déterminé le routage d'une intégration juridique, accéléré par l'évolution aggravée du contexte international.

[2]Ibid., p. 31, Il s'agit de procéder à l'érosion de l'État-nation et la reformulation des souverainetés délégués à des entités plus vastes c'est-à-dire la communauté.

[3] POUGOUE (P. G.), KALIEU ELONGO (Y. R.), *Introduction critique à l'OHADA*, PUA, Yaoundé 2008, p. 112, L'OHADA illustre parfaitement l'importance du droit comme support de l'activité économique, et surtout de l'Etat de droit dans les économies des pays en développement.

[4] MAMADOU KONE, *Le nouveau droit commercial des pays de la zone OHADA comparaisons avec le droit français,* LGDJ, Paris 2003, p. 10.

affaires[5]. Il fallait alors prendre en compte les réalités africaines[6], eu égard au fait que jusqu'alors, les législations applicables en matière de droit commercial étaient pour la plupart un droit hérité[7] de la colonisation, et n'ayant pas fait l'objet dans la plupart des cas, d'une refonte après les indépendances. Leur obsolescence et leur sénescence devenaient alors préjudiciables pour le développement économique de nos États.

L'OHADA est ainsi apparue comme un outil au service du développement de la performance des entreprises[8], et de l'émergence d'un vaste marché solidement bâti sur le socle de la sécurité juridique et judiciaire[9].

Ce nouveau corpus de règles qui voyait ainsi le jour avait vocation à s'appliquer à l'ensemble du monde des affaires, et à toutes les relations d'affaires. Cela avait donc un impact sur la vie des sociétés, d'où l'élaboration parmi les actes uniformes d'un acte relatif aux sociétés commerciales et groupement d'intérêt économique, mais également sur l'État dans divers domaines dont le domaine fiscal pour lequel la base des prélèvements fiscaux a pour matière les sociétés et

---

[5] ISSA SAYEGH, « Les instruments nationaux de l'intégration juridique dans les pays de la zone franc », in *Mélanges en l'honneur de Paul Gérard POUGOUE, De l'esprit du droit Africain*, Éditions CREDIJ, Avril 2014, p. 365.

[6] ONDOA (M.), *Introduction historique au droit camerounais : La formation initiale, éléments pour une théorie de l'autonomie des droits africains*, Les éditions le kilimandjaro, Cameroun, 2013, p. 37. L'auteur relève que l'originalité d'un système juridique se construit sur la base de l'originalité des situations de fait auxquelles sont apportées des réponses. V. ABDOULLAH CISSE, « Pour une approche plurale du droit africain », in *Mélanges en l'honneur de Paul Gérard POUGOUE, De l'esprit du droit africain*, op. cit, p. 2 selon qui, le droit est l'expression d'une civilisation, en tant qu'il traduit les valeurs spécifiques de chaque peuple.

[7] À l'exception de la Guinée Conakry, le Sénégal et le Mali.

[8] V. GATSI (J.), « Droit OHADA et lutte contre la pauvreté en Afrique », in Revue camerounaise de Droit et de Science Politique, n° 3, Mars 2011, pp. 67-68.

[9] V. POUGOUE (P. G.), « Présentation générale du système OHADA », in (dir) AKAM AKAM (A.), *Les mutations juridiques dans le système OHADA*, Ed. L'Harmattan, Cameroun, 2009, p. 13, l'ambition des règles secrétées par l'OHADA est d'apporter la sécurité juridique et judiciaire aux investisseurs privés. Lire, FOMETEU (J.), « L'OHADA : L'idéologie et le système », in *Mélanges en l'honneur de Paul Gérard POUGOUE, De l'esprit du droit africain*, op. cit, p. 314.

les particuliers dans le cadre des activités qu'ils sont appelés à exercer et qui constituent la source première des recettes de l'État.[10]

Ainsi pensé, le droit OHADA aurait eu plus de facilités à s'intégrer dans les mentalités d'affaires des Africains et aurait de ce fait constitué un élément majeur pour le développement des économies africaines[11], et partant des États africains qui s'appuient sur les structures économiques pour engranger l'essentiel des recettes publiques nécessaires à la réalisation des programmes de développement et qu'on range sous le vocable global de recettes fiscales[12]. Plus de deux décennies après sa création[13], l'OHADA est toujours en marche[14], en affinant davantage les règles juridiques devant s'appliquer aux affaires. Elle les adapte en permanence au contexte actuel des affaires d'une part, et d'autre part intègre de nouvelles branches du droit traitant elles aussi d'une façon ou d'une autre d'un pan du monde des affaires. Ce n'est donc qu'avec la prise en compte véritable de ces aspects propres aux réalités africaines que la raison d'être de l'OHADA s'affirmera avec encore plus d'autorité, c'est-à-dire, sécuriser juridiquement et judiciairement les investissements qui existent et évoluent dans un environnement global précis qu'il ne faut surtout pas écarter de l'analyse[15] ou le considérer comme un élément marginal, de peur de

---

[10] CASTAGNEDE (B.), La politique fiscale, PUF, coll « Que sais-je ? », Paris, 2008, 105 p. PEKASSA NDAM (G.), « Les transformations de l'Administration fiscale camerounaise », in (dir) ONDOA (M.), *L'Administration publique camerounaise à l'heure des réformes*, L'Harmattan, Paris, 2010, p. 30.

[11] MAMADOU KONE, op. cit, p. 368, N° 613.

[12] COZIAN (M.), *Les grands principes de la fiscalité des entreprises*, Lexis nexis, 2016, 430 p. Les recettes fiscales s'entendent de l'ensemble des revenus générés par la perception des impôts et taxes, et qui rentrent dans le budget. Le trésor public les classe en 2 catégories : les recettes budgétaires c'est-à-dire celles qui sont directement reversées dans le budget de l'État, et sont issues de ce qu'on appelle les impôts d'État (TVA, IS, IRPP, DE/BCA, et d'autres encore) et les recettes non budgétaires. Dans cette dernière catégorie, on distingue encore les recettes des collectivités (patente, bail, TPF, taxe sur les jeux) et les recettes des partenaires (RAV, CFC, FEICOM,). Nous ne traiterons pas ici de la fiscalité de porte (les recettes des douanes) qui rentre aussi dans le budget de l'Etat.

[13] L'OHADA voit le jour le 17 octobre 1993. Au départ, il s'agissait de l'Organisation pour l'Harmonisation du Droit de la zone Franc.

[14] Art 2 préambule OHADA, Traité et actes uniformes commentés et annotés. V. ANOUKAHA (F.), *« OHADA. En marche »*, Annales, Faculté des Sciences Juridiques et Politiques, Université de Dschang, vol. 6, 2002, p. 1.

[15] MAMADOU KONE, op. cit, p. 367, n° 613 : « la norme importée (…) doit toujours s'appliquer en s'adaptant au contexte socio-économique local ».

brouiller les pistes du véritable développement de nos structures économiques et partant, de nos États.

Le Cameroun, en tant que pays de l'Afrique au sud du Sahara donc soumis aux contingences communes aux économies africaines de cette zone[16] d'une part, et en tant que membre[17] de l'OHADA d'autre part, ne saurait s'écarter de l'analyse globale qui caractérise ces économies au-delà des spécificités propres à chaque État.

Les études statistiques menées au Cameroun révèlent que l'essentiel des structures de notre circuit économique se retrouve dans le secteur informel[18] ceci pour deux raisons fondamentales :

- La difficulté à remplir les nombreuses formalités pour se conformer au cadre formel d'exercice de l'activité commerciale telle que prescrit par le droit uniforme OHADA, soit du fait des habitudes culturelles, de la structuration du tissu économique, des contingences sociologiques et anthropologiques ; tout ceci se traduisant par l'inadaptation en grande partie[19] des règles de l'OHADA sur les sociétés aux réalités socio-économiques camerounaises du fait de l'importation de ce droit.

---

[16] Les pays africains au sud du Sahara se caractérisent par des économies précaires et un sous-développement ambiant, sauf pour quelques cas rares comme la République Sud- Africaine. V. GANKOU (J. M.),_*L'investissement dans les pays en développement : le cas du Cameroun,* Economica, Paris, 1985, p. 1 relève que : « le Cameroun, comme la plupart des autres pays du sud du Sahara a multiplié progressivement les entreprises ».

[17] L'OHADA compte à ce jour 17 États membres à savoir : Bénin, Burkina Faso, Cameroun, Centrafrique, Comores, Congo, Cote d'ivoire, Gabon, Guinée, Guinée Bissau, Guinée Équatoriale, Mali, Niger, Sénégal, Tchad, Togo et République Démocratique du Congo.

[18] V. Recensement Général des Entreprises par l'Institut National de la Statistique en 2009. Lire, Rapport général de la Commission de Réforme fiscale du Cameroun en 2007, pp. 93-94. V. enfin, Enquête sur l'emploi et le secteur informel (EESI) au Cameroun en 2005.

[19] Il faut relever que peu de pays d'Afrique francophone après les indépendances avaient procédé à la refonte de leur droit commercial et des sociétés. C'était pour la plupart des reprises de la législation française en la matière, à l'exception de la Cote d'ivoire, le Niger, Congo et Gabon ou des modifications significatives ont été apportées en matière de droit des sociétés, et surtout la Guinée-Conakry, le Sénégal et le Mali qui ont mis en place de nouvelles législations en droit commercial et des sociétés. V. à ce sujet, NGUEBOU TOUKAM (J.), *Cours de_droit commercial général*, Camup, Yaoundé 2004, pp. 19 et ss.

- Une fiscalité trop lourde au regard du nombre élevé d'impôts et taxes à prélever pour la même activité et des taux élevés appliqués.

Comment envisager un droit fiscal au service du développement, de la promotion des investissements ? S'il est admis que nous nous trouvons ici dans une approche globale d'assainissement et d'amélioration du climat des affaires, comment est-ce que le droit peut contribuer à attirer et à maintenir les investisseurs dans un environnement économique précis ? Si l'assainissement du climat des affaires peut être considéré comme une notion plurielle regroupant à la fois : la qualité de la gouvernance politique, la qualité du système judiciaire et la sécurité de la règle de droit, il faut reconnaître que tous ces éléments utilisent le droit comme instrument de changement et d'amélioration des différents cadres socio- économiques parmi lesquels se retrouvent les entreprises.

L'économie camerounaise est marquée d'une forte coloration du secteur informel[20]. C'est d'ailleurs ce secteur qui contribue principalement à la résorption du taux de chômage,[21] mais ne génère pas suffisamment de recettes dans le budget de l'État du fait de sa sous-fiscalisation. Il s'agit ici de prendre en compte ces éléments de notre environnement socio- économique pour en faire les bases d'une analyse pertinente de fondation d'un droit fiscal adapté aux économies africaines, condition indispensable de développement. Comment ramener juridiquement les structures informelles sur le champ de l'économie du formel et impulser à celles-ci et par celles-ci une dynamique de développement ?

Pour plus de clarté, l'armature de ce travail introductif procédera de deux temps forts : les clarifications notionnelles **(I)** et la démarche méthodologique **(II).**

I- Les clarifications notionnelles

Dans le but de pouvoir dégager ici l'intérêt de ce travail ainsi que le problème qu'il pose (B), il serait important au préalable d'éclairer le

---

[20] V. Recensement Général des Entreprises par l'Institut National de la Statistique en 2009. Lire, Rapport général de la Commission de Réforme fiscale du Cameroun en 2007, pp. 93-94. V. enfin, Enquête sur l'emploi et le secteur informel (EESI) au Cameroun en 2005.

[21] Idem.

lecteur sur le contenu même des termes figurant dans l'intitulé de ce travail (A).

A- Précisions terminologiques

On s'intéressera tour à tour aux termes et expressions suivants :

- L'OHADA
- Fiscalité Camerounaise
- Fiscalité de développement

1- L'OHADA

L'OHADA, Organisation pour l'Harmonisation en Afrique du Droit des Affaires est une organisation née le 17 octobre 1993 à Port-Louis en Ile Maurice, et regroupant plusieurs pays d'Afrique francophone qui souhaitaient moderniser leur droit des affaires. Mais, tout commence véritablement au début des années 1990, lorsque les dirigeants de la plupart des Etats de la Zone Franc constatèrent le ralentissement des investissements de leur région. Ils transcendèrent le constat et prirent la résolution de mettre en place une mission chargée de déterminer la cause réelle du phénomène qui eut des conséquences directes et négatives sur les programmes de développement économique dans chacun des États.

La mission arriva à la conclusion selon laquelle l'origine du mal était l'insécurité juridique et judiciaire qui régnait en maître dans ces pays et qui était due au délabrement du tissu juridique[22]. D'où la nécessité d'un « nouveau droit moderne et harmonisé ». Il fallait alors procéder à l'évaluation de la faisabilité du projet d'édiction d'un droit des affaires harmonisé et d'identifier les domaines dans lesquels une harmonisation était souhaitable et possible. C'est ainsi que le Droit OHADA voit le jour avec des missions et des objectifs précis[23]. En l'état actuel du Droit

---

[22] COSSI SOSSA (D.), « Les concurrences de compétence entre les hautes juridictions communautaires de l'Afrique de l'Ouest et du Centre : Réalités et approches de solutions », in (dir) BOKALLI (V. E.) et autres, *De l'esprit du droit africain*, op. cit., pp. 686-687.

[23] MASAMBA MAKELA (R.), *Modalités d'adhésion de la RDC au traité de l'OHADA*, Tome 1, N° spec, Copirep, Kinshasa, 2005, p. 24, ses objectifs sont : favoriser l'institution d'une communauté économique africaine, promouvoir l'unité africaine pour développer une économie africaine, garantir la sécurité juridique et judiciaire au sein de cette communauté. Et comme missions : unifier le droit des

OHADA, neuf Actes Uniformes[24] ont déjà fait l'objet de législation. Il s'agit du :

- Droit Commercial Général[25]
- Droit des Sociétés Commerciales et Groupement d'Intérêt Economique[26]
- Droit des Sûretés [27] ;
- Procédures simplifiées de recouvrement et voies d'exécution[28] ;
- Procédures collectives d'apurement du passif[29] ;
- Droit de l'arbitrage[30] ;
- Organisation et harmonisation de la comptabilité des entreprises[31] ;
- Contrats de transport des marchandises par route[32] ;
- Droit des sociétés coopératives[33].

---

affaires dans les Etats membres, promouvoir l'arbitrage pour le règlement des différends, améliorer la formation des magistrats.

[24] GATSI (J.), *Nouveau dictionnaire juridique*, 2è Ed. PUL, 2010, p. 11, Acte uniforme est un terme de droit OHADA désignant la qualification donnée aux textes pris pour l'adoption des règles communes prévues à l'article premier du traité OHADA. V. ONANA ETOUNDI (F.), « Les linéaments d'une théorie générale des obligations nées des contrats commerciaux du droit OHADA », in (dir) ANOUKAHA (F.), OLINGA (A. D.), *L'obligation,* Etudes offertes au Professeur Paul-Gérard POUGOUE, L'Harmattan, Cameroun, 2015, p. 749.

[25] Adopté le 17 avril 1997 à Cotonou, V. GATSI (J.), *Nouveau dictionnaire juridique*, 2è Ed. PUL, 2010, p. 11.

[26]Idem.

[27] Idem.

[28] Ibid., Adopté le 10 avril 1998 à Libreville.

[29] Idem.

[30] Ibid., Adopté le 11 mars 1999 à Ouagadougou.

[31] Ibid., Adopté le 20 novembre 2000.

[32] Ibid., le 22 mars 2003.

[33] Adopté le 15 décembre 2010 à Lomé, V. GATSI (J.), *Le droit OHADA des sociétés coopératives*, Ed. L'Harmattan, 2010, p. 5. Lire, MOUTHIEU NJANDEU (M. A.), « L'esprit innovateur du législateur OHADA au ralenti dans l'acte uniforme relatif au droit des sociétés coopératives », in (dir) BOKALLI (V. E.) et autres, *De l'esprit du droit africain*, op. cit., pp. 501-518. ONANA ETOUNDI (F.), « Les linéaments d'une théorie générale des obligations nées des contrats commerciaux du droit OHADA », in (dir) ANOUKAHA (F.), OLINGA (A. D.), *L'obligation,* Etudes offertes au

Si le plus récent de tous ces actes uniformes est celui portant sur les sociétés coopératives, certains ont fait l'objet de révision[34] à Québec au Canada le 17 octobre 2008. Aujourd'hui, le Traité est ouvert à l'adhésion de tout État membre ou non de l'Union Africaine[35].

2- Fiscalité camerounaise

Selon le dictionnaire français Larousse, la fiscalité est l'ensemble des lois et mesures destinées à financer par l'impôt le Trésor public d'un État. Cela suppose donc comme le relève le doyen Gérard CORNU que les termes « fiscalité » et « droit fiscal » peuvent être utilisés de façon synonymique. Il s'agit dans les deux cas de l'ensemble des règles juridiques relatives aux prélèvements des impôts et taxes[36], autrement dit, les règles régissant les procédures relatives à l'assiette, la liquidation, le recouvrement, le contrôle et le contentieux de l'impôt. Cela nous amène ainsi avec Gaston JEZE à définir l'impôt comme étant : « une prestation pécuniaire requise des particuliers, par voie d'autorité à titre définitif et sans contrepartie, en vue de la couverture des charges publiques »[37].

Bien qu'il s'agisse là d'une définition très usitée en droit fiscal, nous ne l'adopterons pas en totalité dans le cadre de cette réflexion au regard des limites observées dans cette approche. Cet auteur n'envisage le contribuable que comme personne physique, lorsqu'il utilise le vocable « particulier ». Or de nos jours, les personnes physiques et morales de droit privé comme de droit public sont assujetties à l'impôt. C'est pour cette raison que nous trouvons plus complète et mieux pour cette étude la définition proposée par MEHL et BELTRAME pour qui : « l'impôt est une prestation pécuniaire requise des contribuables, personne physique ou morale de droit privé et droit public, d'après leurs facultés

---

Professeur Paul-Gérard POUGOUE, L'Harmattan, Cameroun, 2015, p. 756, parlant du contrat de société coopérative.

[34] Trois actes uniformes ont fait l'objet à ce jour de révision : AUDCG révisé le 15 décembre 2010 et entré en vigueur le 16 mai 2011 ; AUSCGIE révisé le 30 janvier 2014 et entré en vigueur le 5 mai 2014 ; AUS révisé le 15 décembre 2010 et entré en vigueur le 16 mai 2011.

[35] Art 53 Traité OHADA.

[36] CORNU (G.), *Vocabulaire juridique*, Association Henri Capitant, PUF, 2011, p. 459.

[37] JEZE (G.), *Finances publiques*, 11è éd. PUF, Paris, 1988, p. 125.

contributives par voie d'autorité, à titre définitif et sans contrepartie directe en vue de la couverture des charges publiques »[38].

Il est difficile pour un pays de fonctionner, et plus encore de fournir des services sociaux ou d'améliorer le climat des affaires s'il ne met en place un système efficace de recouvrement de l'impôt.[39] Qu'il s'agisse de la fiscalité intérieure[40] ou de la fiscalité de porte[41], les recettes fiscales jouent un rôle crucial pour atteindre ces objectifs. Les systèmes fiscaux sont un vecteur d'amélioration des relations entre l'État et la société[42]. Alors, déterminer comment prélever l'impôt est aussi important que de savoir combien il rapporte.

Bâtir un système fiscal efficace est plus facile à dire qu'à faire. Il faut transformer les mentalités[43]. Les citoyens ordinaires peuvent être réticents à payer l'impôt, invoquant la corruption du fisc ou son mauvais usage systématique des fonds publics. Quant aux élites, elles pratiquent souvent l'évasion fiscale notamment au moyen des paradis fiscaux[44] ou même le refus de payer l'impôt. À côté de tous ces éléments, il faut ajouter le secteur informel très développé dans nos économies. Tout ceci rend difficile la perception de l'impôt[45].

Le Cameroun possède à l'image de la plupart des pays d'Afrique francophone une fiscalité héritée du système fiscal français, et reposant

---

[38] MEHL (L.) et BELTRAME (P.), *Sciences et techniques fiscales,* PUF, Paris, 1972, p. 142.

[39] OCDE (2009), « Fiscalité, renforcement de l'État et aide », Note de synthèse, mise à jour en Décembre 2009, Paris. V. www.ocde.org/cad/gouvernance, consulté le 13 février 2016 à 19 h 16 min.

[40] La fiscalité intérieure est l'ensemble des règles et procédures qui régit la perception des impôts et taxes sur les activités de production de biens et services à l'intérieur du territoire national. Elle s'oppose à la fiscalité de porte qui régit l'entrée des biens dans un territoire. Cette dernière est essentiellement constituée des droits de douane. Lire sur ces notions, Le rapport général de la Commission de réforme fiscale du Cameroun de 2007.

[41] Idem.

[42] OWENS, JEFFREY et RICHARD PARRY (2009), « La fiscalité sert le développement », L'observateur de l'OCDE n° 273, Juin 2009. V. www.observateurocde.org/fiscalite, consulté le 13 février 2016 à 19 h 35 min.

[43] OCDE (2008), « Gouvernance, fiscalité et responsabilité : enjeux et pratiques », CAD, Paris.

[44] DUHAMEL (G.), *Les paradis fiscaux*, Edition Grancher, Paris, 2006, 668 p.

[45] BRAUTIGAM, DEBORAH, ODD-HELGE FJELDSTAD et MICK MORRE, (2008), *Taxation and State-Building in developing countries*, Capacity and consent, Cambridge University Press.

essentiellement sur deux Administrations : la Direction Générale des Impôts (DGI) et la Direction Générale des Douanes (DGD).

En 2007, le gouvernement camerounais mettait en place une Commission chargée de procéder à la réforme de l'ensemble du système fiscal camerounais[46]. Les raisons d'une telle initiative étaient doubles : premièrement, réformer au regard de l'usure du temps et par conséquent l'obsolescence et l'inadaptation du droit fiscal applicable jusque-là. Deuxièmement, réformer au regard des multiples récriminations faites par les opérateurs économiques nationaux et étrangers sur le système fiscal camerounais[47]. Toutes ces raisons rendaient alors notre fiscalité peu attractive et surtout très contraignante, ce qui plombait fortement le climat des affaires[48]. Comment effectuer donc le passage d'une fiscalité d'ordre essentiellement budgétaire à une fiscalité de développement[49], c'est-à-dire promouvoir l'émergence d'un système fiscal des affaires[50] plus simple, plus efficace, plus équitable ? Un système fiscal porteur de développement, et en mesure de concilier optimisation des ressources de l'État et incitation à l'investissement privé[51] tant sur le plan national

---

[46] Lire, Rapport général de la Commission de réforme fiscale, Cameroun, 2007, 230 p.

[47] ALAKA ALAKA (P.), op. cit., p. 20. Voir également LIPOP (E.R.), *Le rescrit en droit fiscal camerounais et la sécurité juridique des affaires,* Mémoire de Master 2, Université de Douala, FSJP, Avril 2014, p. 17.

[48] Rapport général de la Commission de réforme fiscale du Cameroun, 2007.

[49] La différence entre la fiscalité budgétaire et la fiscalité de développement tient au fait que, la première a pour finalité exclusive l'atteinte des objectifs budgétaires de l'État en termes d'atteinte du montant de recettes attendues pour la couverture des charges publiques sans considération des moyens mis en œuvre pour y arriver. La seconde quant à elle s'intéresse prioritaire aux moyens mis en œuvre pour atteindre l'objectif de recettes. Ainsi, elle tient au bien-être tant des entreprises qui fournissent le budget en recettes, mais aussi l'utilisation adéquate des recettes fiscales, seul gage pour la pérennité des recettes et le développement socio-économique. Lire, CHAMBAS (G.), *Fiscalité et développement en Afrique subsaharienne*, Economica, Paris, 1994, 150 p. GASTELLU (J. M.), MOISSERON (J. Y.), POURGET (G.), *Fiscalité, développement et mondialisation*, Maisonneuve et Larose, Paris, 1999, 239 p.

[50] Sur la notion de « droit fiscal des affaires », V. SERLOOTEN (P.), *Droit fiscal des affaires*, 8è éd., Dalloz, 2009, p. 1, où l'auteur la définit comme étant l'ensemble des règles juridiques relatives aux impôts applicables aux commerçants et industriels ainsi qu'à leurs activités ; c'est l'ensemble des règles de droit fiscal applicables aux affaires, c'est-à-dire aux actes de commerce. Et en définitive de façon précise, la fiscalité applicable aux entreprises.

[51] Ibid., p. 1.

que régional[52]. Un tel système serait propice à la promotion d'un développement harmonieux et équilibré d'un espace économique exempt de toute concurrence fiscale dommageable[53], évitant l'usage abusif des paradis fiscaux[54] et préjudiciables au développement.

Le Cameroun a de ce fait ratifié plusieurs conventions fiscales ;[55] ceci pour adapter sa fiscalité aux exigences fiscales mondiales[56], continentales et régionales, contribuant ainsi à sa manière et à son niveau aux préoccupations de l'heure en la matière.

Tout au long de ce travail, notre intérêt sera porté exclusivement sur la fiscalité intérieure, c'est-à-dire les impôts et taxes à prélever sur les activités exercées sur le territoire camerounais, mais en opérant des projections communautaires.

3- Fiscalité de développement

Le développement est un concept à connotation plurielle. Ce concept, pour le comprendre plus amplement s'oppose au sous-

---

[52] NOAH (H. M.), « La dynamique OHADA : dialectique du national et du régional », in (dir) GATSI (J.), *L'effectivité du droit de l'OHADA,* op. cit., p. 45.

[53] CASTAGNEDE (B.), *Précis de fiscalité internationale*, 2e éd., PUF, 2006, p. 2, les coopérations fiscales entre États ou à l'intérieur d'une communauté visent à éviter la concurrence fiscale dommageable ou l'usage abusif des paradis fiscaux. V. également, SELCUK ALTINDAG, *La concurrence fiscale dommageable : la coopération des États membres et des autorités communautaires*, éd. L'Harmattan, 2011, p. 29.

[54] Idem.

[55] Acte n°5/66 UDEAC-49 du 13 décembre 1966 portant Convention fiscale. V. également, Règlement n°17/99/CEMAC-20-CM-03 du 17 décembre 1999 portant Charte des investissements CEMAC. V. Directive n°1/99/CEMAC-028-CM-03 du 17 décembre 1999 portant harmonisation des législations des Etats membres en matière de TVA et droits d'accises en CEMAC. V. Directive n° 02/01/UEAC-050-CM-06 du 3 août 2001 portant harmonisation des législations en matière d'impôt sur les sociétés en CEMAC. V. Acte n°2/96-UDEAC-1297-57 du 1er juillet 1996 portant adoption de la règlementation sur le fonctionnement de la zone franche UDEAC.

[56] Convention multilatérale entre le Cameroun et l'OCDE pour l'assistance administrative mutuelle en matière fiscale signée le 25 juin 2014 pour la lutte contre l'évasion et la fraude fiscales internationales. Convention fiscale franco-camerounaise signée le 21 octobre 1976 entrée en vigueur le 19 juillet 1978, modifiée par les avenants du 31 mars 1994 et du 28 octobre 1999, ce dernier entré en vigueur le 1er janvier 2003. Convention fiscale avec le Canada, signée le 26 mai 1982, entrée en vigueur le 1er janvier 1988. Convention fiscale avec le Maroc ratifiée le 31 décembre 2014.

développement[57]. Pour GANKOU Jean Marie, le développement peut signifier l'accumulation de certains facteurs déjà visibles dans les pays actuellement industrialisés tels que : le capital, le travail qualifié, les industries. Dans une autre approche, il peut signifier la promotion des investissements publics et privés, l'adoption de certaines mesures en matière de politique commerciale, de nationalisation de certaines entreprises. Ainsi pour cet auteur, les moyens institutionnels du développement sont : l'autonomie en matière de fixation des tarifs, le commerce d'État, la promotion des investissements privés, les unions douanières et les caisses de stabilisation. Avant de définir le concept de développement, il nous semble important de rentrer d'abord dans son historique, et en suite dégager ce que signifie la fiscalité de développement.

a- L'apparition du terme « développement »

Le concept de développement est d'apparition relativement récente dans la littérature économique. François Perroux fut l'un des premiers à utiliser et à expliciter ce terme[58]. Dans le monde anglo-saxon, le terme de « développement » dans son acception économique apparaît beaucoup plus tôt, mais ne se généralise réellement que dans les années 1950. En ce qui concerne l'économie classique, le terme n'apparaît que sporadiquement dans les années 1930, notamment en 1934, grâce au livre de Joseph Alois Schumpeter[59].

b- La définition du concept de développement

La définition du développement implique sa comparaison au concept de croissance. La croissance, selon F. Perroux, « c'est l'augmentation soutenue pendant une ou plusieurs périodes longues d'un indicateur de dimension : pour une nation, le produit global net en termes réels »[60].

---

[57]GANKOU (J. M.), *L'investissement dans les pays en développement*, Economica, Paris, 1985, p. 2, où l'auteur relève qu'il existe trois approches théoriques du sous-développement à partir desquelles on peut saisir la notion de développement :- le sous-développement comme retard au développement, théorie fondée par ROSTOW et selon laquelle le développement se caractérise par une série d'étapes prenant pour référence les pays industrialisés. – le sous-développement comme blocage au développement – le sous-développement comme produit du développement.

[58] PERROUX (F.), *L'Économie du 20e siècle,* Presses Universitaires de Grenoble, 1961, p. 814.

[59] SCHUMPETER (J.A.), *Théorie de l'évolution économique : Recherches sur le profit, le crédit l'intérêt et le cycle de la conjoncture*, Dalloz, Paris 1935 (1911).

[60] PERROUX (F.), *Dictionnaire économique et social,* Hatier, Paris, 1990, p. 115.

La croissance renvoie donc à l'augmentation du produit. Par contre, « le développement est la combinaison des changements mentaux et sociaux d'une population qui la rendent apte à faire croître cumulativement et durablement son produit réel global »[61]. Dans ce cas, les changements de structures sont mis en lumière ainsi que les évolutions sociales qui conditionnent la croissance et la rendent durable.

La définition fournie par Hugon apparaît encore plus précise : « Le développement économique peut se définir comme un processus de changements structurels accompagnant l'accroissement de la productivité du travail sur une longue période. Il est un processus cumulatif caractérisé par la transformation des relations sociales et des modes d'organisation, lié à l'affectation du surplus à des fins d'accumulation productive et conduisant à un accroissement de la productivité et à sa diffusion dans un espace donné »[62].

Il est nécessaire de souligner que le concept de « développement » est un terme générique qui peut faire l'objet de différentes lectures notamment politique, économique, sociologique et anthropologique. Le langage courant présente ce concept comme le synonyme d'une « dynamique de progrès », celui-ci se résumant du passage d'une étape A à une étape B meilleure.

Cependant, le langage académique propose une approche définitionnelle fondée sur les dimensions politique, économique et sociologique, avec à la clé des spécificités que chacune présente, ce qui crée l'ambiguïté autour du concept. C'est donc sur ces trois dimensions que nous nous appesantirons ici, avant de préciser le sens que nous adopterons pour ce travail.

- **Approche politique du développement**

Il est nécessaire de relever la nuance qui existe entre « politique de développement » et « développement de la politique ». Alors que le premier cas renvoie à toutes les initiatives économiques, politiques et sociales prises ou à prendre en vue d'assurer le développement de la société, le second fait référence au passage d'un mode de gouvernement autoritaire, dictatorial qui prive les citoyens de leurs droits

[61] Ibid., p. 339.
[62] HUGON (P.), *Économie du développement*, Dalloz, Paris 1989.

fondamentaux à un mode plus démocratique respectueux de ces droits[63].

- **Approche économique du développement**

Parler de développement au niveau économique c'est *ipso facto* faire allusion à la croissance économique[64]. Cette croissance se vérifie entre autres par le PIB/habitant, le pourcentage de la dette intérieure et extérieure, et aussi bien l'équilibre de la balance commerciale. Pour un État, cette croissance passe irréversiblement par l'ouverture des marchés intérieurs, l'accroissement des capitaux d'investissements à partir des ressources premières, l'équilibre de la balance commerciale à partir du rapport import-export, en mettant tout de même l'accent sur la réduction de la dette tant interne qu'externe.

Dès lors, une définition plus simple du développement au niveau économique serait donc : « l'ensemble des transformations structurelles notamment au niveau économique qui rendent possibles et accompagnent la croissance économique et l'élévation du niveau de vie »[65]. Ces transformations se caractérisent par : la production des biens et services qui se fait de manière continue et évolutive selon les besoins de la société. Comme telles, ces transformations semblent indiquer un processus linéaire et cumulatif. C'est bien là que réside le caractère ambigu de cette conception.

- **Approche sociologique du développement**

La définition sociologique du développement est celle qui semble présenter le plus de clarté. Cette définition lie le développement au simple fait de la croissance des individus qui composent la société et la possibilité dont ils disposent pour satisfaire leurs besoins vitaux.

---

[63] SONGUE (G. P.), « L'imposture des politiques de développement en Afrique : entre illusions, faillites et besoin de refondation », in (dir) PONDI (J. E.), *Repenser le développement à partir de l'Afrique*, Afrédit, Yaoundé, 2011, pp. 167-202. MESSANGA NYAMDING (C. P.), « La faillite du développement en Afrique 1960-2010 », in (dir) PONDI (J. E.), *Repenser le développement à partir de l'Afrique*, op. cit., pp. 81-124.

[64] GANKOU (J. M.), *L'investissement dans les pays en développement*, Economica, Paris, 1985, p. 2.

[65] GANKOU (J. M.), *L'investissement dans les pays en développement*, Economica, Paris, 1985, p. 2.

Ainsi, pour certains, « c'est la combinaison des changements mentaux et sociaux d'une population qui la rendent apte à faire croître cumulativement et durablement son produit réel global »[66]. Pour d'autres, il s'agit tout simplement d'un mouvement vers le haut de tout le corps social, en matière de besoins fondamentaux : accès à l'eau, à la santé, à l'éducation, aux loisirs.

De toutes ces définitions, il ressort une évidence : celle que le développement est un processus de croissance ou d'amélioration des facteurs sociaux qui garantissent le mieux-être de la population.

En somme, on peut retenir que le concept de développement peut prendre plusieurs variables. Cependant, bien que parfois divergentes, toutes ces définitions ont en commun le fait qu'elles traduisent presque toutes une réalité de progrès visant à favoriser une meilleure condition de vie des populations, des acteurs sociaux, des acteurs économiques.

Nous n'allons pas nous étendre plus amplement sur les questions de développement et même toutes les théories économiques y relatives, car celles-ci relèvent d'une discipline propre à la science économique et plus précisément de l'Économie de développement qui est cette branche de l'Économie traitant de ces questions dans toutes leurs subtilités[67] ; mais également et surtout parce qu'elles ne rentrent pas dans l'objet de cette étude qui est essentiellement d'ordre juridique.

c- La fiscalité de développement

La fiscalité est un instrument de développement économique, d'une part parce que le niveau des prélèvements fiscaux dans un pays peut encourager ou, au contraire, défavoriser le développement des activités économiques, l'investissement ou l'épargne des ménages ; d'autre part parce que l'importance des recettes fiscales de l'État détermine sa capacité à réaliser des investissements, des infrastructures et à rémunérer le travail de ses agents[68].

---

[66] PERROUX (F.), *Dictionnaire économique et social*, Hatier, Paris, 1990, p .115.

[67] MALCOLM GILLIS, DWIGHT H. PERKINS, MICHAEL ROEMER, DONALD R. SNODGRASS, *Économie du développement*, Nouveaux horizons, Belgique, 1998, 784 p. Lire, HUGON (P.), *Economie du* développement, Dalloz, Paris 1989.

[68] ABESSOLO (S.), « Réflexions et propositions pour une fiscalité du développement en Afrique Centrale », Intervention lors de la Conférence Consultative Régionale en Afrique tenue à Accra au Ghana du 5 au 7 novembre 2007, p. 2.

Pour tenter de réaliser cette double ambition, les pays africains en général et ceux de l'Afrique Centrale en particulier dont le Cameroun, ont promulgué des Codes des Investissements[69] au début des années 1960 pour favoriser l'investissement direct étranger dans des secteurs jugés prioritaires ou d'intérêts stratégiques (pétrole, mines exploitation forestière notamment) pour le développement économique du pays[70].

Ces Codes des Investissements étaient inspirés de l'idée selon laquelle il fallait accorder aux investisseurs étrangers disposant d'importants capitaux des avantages fiscaux de façon à faciliter leur implantation sur le territoire des États africains et ainsi, développer une activité dont ces pays allaient tirer profit. Ils étaient alors articulés autour d'un dispositif d'incitations fiscales aux entreprises étrangères, constitué d'une part par de nombreuses exonérations fiscales et douanières, et d'autre part, par un mécanisme de stabilisation des conditions juridiques et fiscales[71].

L'ensemble de ce dispositif constituera donc ce qu'on a appelé : la fiscalité de développement[72]. Aujourd'hui, le concept de développement a évolué. Son nouveau cadre de référence fait clairement ressortir l'importance de la prise en compte des dimensions politique, socio-économique et culturelle de l'épanouissement des hommes et des peuples. Plus précisément, la politique de développement des États africains doit viser à favoriser non seulement le développement des entreprises, mais aussi la croissance économique et la réduction de la pauvreté qui s'installe dans la plupart de ces États[73].

Dès lors, la fiscalité de développement se trouve confrontée à des enjeux nouveaux qui appellent des réflexions nouvelles pour formuler des propositions pour une politique fiscale plus cohérente avec les objectifs globaux de développement.[74]

---

[69] Loi n° 2002/004 du 19 avril 2002, modifiée par la loi n° 2004- 20 du 22 juillet 2004 et par l'ordonnance n° 2009-001 du 13 mai 2009 portant Charte des investissements en République du Cameroun.
[70] Idem.
[71] Idem.
[72] Idem.
[73] Idem.
[74] Idem.

Il s'agira alors pour nous à travers cette réflexion, de montrer comment la règle fiscale en tant que mécanisme et technique juridique peut s'intégrer dans les politiques de développement des États. La fiscalité de développement sera alors l'ensemble des initiatives fiscales prises ou à prendre en vue d'assurer le développement de la société ; une fiscalité orientée vers l'investissement et le développement. De façon plus claire, il s'agit :

- D'une fiscalité mettant en place un environnement juridique propice aux activités des entreprises et la création des richesses ;
- D'une fiscalité de nature à créer un équilibre optimal entre un régime fiscal favorable à l'entreprise et à l'investissement, et un niveau d'imposition dégageant suffisamment des recettes pour financer les investissements publics et privés ;
- D'une fiscalité mettant en place des règles juridiques visant la lutte contre la perte des recettes publiques au profit des paradis fiscaux ;
- D'une fiscalité harmonisée de nature à permettre un déploiement des entreprises et des investissements à l'intérieur des espaces OHADA et africain sans faire face à une concurrence fiscale dommageable ;
- Des règles fiscales de transparence prônant la bonne gouvernance, la formalisation des activités économiques ;
- Le renforcement des capacités des Administrations fiscales[75] ;
- Favoriser par la fiscalité les échanges économiques intra régionaux.

B- Formulation du problème et intérêt du sujet

Poser le problème qui se dégage d'un tel travail revient en d'autres termes à procéder à la délimitation du sujet (1). Une fois cela fait, comme toute œuvre de recherche scientifique, il faudrait en préciser l'intérêt (2).

[75] Article 18 Charte des investissements CEMAC.

1- Délimitation du sujet et problématique

Avant de poser le problème de fond que dégage ce travail et dont le cheminement contribuera à résoudre l'équation (b), il serait utile de procéder préalablement à la restitution du cadre géographique à l'intérieur duquel ce travail sera effectué (a).

a- Cadre géographique de l'étude

L'expression « fiscalité camerounaise » est assez précise et explicite pour déterminer le cadre à l'intérieur duquel notre réflexion s'effectuera.

Le Cameroun apparaît comme le champ de cette étude. Il faut dire que ce pays ne vit pas en vase clos. Il est entouré de certains Etats avec lesquels il entretient des relations et avec lesquels il partage certaines expériences, surtout économiques dans le cadre d'institutions communautaires. La ratification par le Cameroun de conventions communautaires l'oblige, dans son ordonnancement juridique interne, à prendre en compte les aspects de ces traités sans pour autant porter atteinte à sa souveraineté[76]. C'est donc de cette manière qu'on pourrait considérer les expressions « OHADA » et « Afrique » comme cadre déterminant pour mieux cerner les différents contours de cette étude et opérer à partir de là une projection vers une Afrique fiscale.

La fiscalité relève de façon principielle de la souveraineté de l'État ; il s'agit d'une prérogative exorbitante de puissance publique. C'est l'un des domaines que l'État accepte difficilement de partager, d'où l'intérêt porté sur la fiscalité du Cameroun principalement. Il est vrai, l'OHADA n'ayant pas une compétence fiscale, les États membres de cette organisation qui se recrutent dans des communautés sous régionales (CEDEAO- UEMOA pour l'Afrique de l'Ouest, et CEMAC- CEEAC pour l'Afrique Centrale) ont souvent passé des conventions dans ces cadres, mettant en place des dispositions fiscales à caractère quasi obligatoire.

---

[76] V. KAMTO (M.), « Crises de l'État et réinvention de l'État en Afrique », in (dir) KAMTO (M.), *L'Afrique dans un monde en mutation. Dynamiques internes ; marginalisation internationale ?*, Afrédit, France, 2010, pp. 51-113.

b- Problématique

« La problématique est la matrice de pensée »[77] qui oriente le chercheur. Sa construction s'appuie sur un certain nombre de préalables qui en constituent des préalables nécessaires[78]. C'est l'approche ou la perspective théorique qu'on décide d'adopter pour traiter le problème posé par la question de départ.[79] Elle est l'angle sous lequel les phénomènes vont être étudiés, la manière dont on va les interroger[80]. Au final, « c'est un ensemble cohérent, organisé, des questions et concepts relatifs à un sujet déterminé, permettant d'ouvrir sur des hypothèses dont la démonstration constitue le cœur de la recherche. »[81]

L'étude menée autour de la question d'une fiscalité de développement à l'échelle africaine à partir des projections faites sur des expériences camerounaises et communautaires, relève d'une problématique, d'une pertinence et d'une actualité avérée. La signature du Traité de Port Louis en 1993 mettant en place l'OHADA (organisation pour l'harmonisation en Afrique du droit des affaires) a été présentée comme une panacée pour le développement des entreprises africaines[82], et un cadre juridique et judiciaire efficace pour booster l'investissement et l'émergence de l'économie africaine[83].

---

[77]ONANA (J.), « La construction d'une problématique de recherche », communication au colloque international organisé par le GRAPS, sous l'égide de l'Association Africaine de science politique à Yaoundé, janvier 2002, cité par MBALLA OWONA (R.), *La notion d'acte administratif unilatéral au Cameroun*, Thèse de doctorat/ph. D, en droit public, Université de Yaoundé II-Soa, 2010, p.53, in : BEGNI BAGAGNA, Op. cit., p. 39.

[78] BEGNI BAGAGNA, Op. cit., p. 39.

[79] QUIVY (R.) et VAN CAMPENHOUDT (L.), ***Manuel de recherche en sciences sociales***, 3è ed. DUNOD, Paris, 2006, p. 75.

[80] Idem.

[81] JAILLARDON (E.) et ROUSSILLON (D.), *Outils pour la recherche juridique, méthodologie de la thèse de doctorat et du mémoire de master en droit*, Ed. des archives contemporaines, Paris, 2010, p. 40.

[82] Lire, GAMALEU KAMENI (C.), « Réflexions sur la réglementation de l'investissement privé étranger dans l'espace de l'OHADA », in (dir), JACQUET (J.-M.), *Journal du droit international*, Clunet, Octobre-Novembre-Décembre 2014, n° 4, p. 1219. V. NOAH (H. M.), « L'espace dual du système OHADA », in (dir) GATSI (J.), *L'effectivité du droit de l'OHADA*, PUA, Cameroun, 2006, p. 30.

[83] POUGOUE (P. G.), « Présentation générale de système OHADA », in (dir) AKAM AKAM (A.), *Les mutations juridiques dans le système OHADA*, L'Harmattan, Cameroun, 2009, p. 13. GATSI (J.), « *Droit OHADA et lutte contre la pauvreté en*

Présenté comme un élément de sécurité juridique et judiciaire des investissements, il se devait alors d'être un élément d'attractivité des investisseurs[84], avec en prime une création multiple et suffisante des entreprises et un déferlement des investissements privés étrangers sur le continent et précisément dans cet espace. L'acte uniforme sur les sociétés commerciales et le groupement d'intérêt économique voyait ainsi le jour pour consacrer et matérialiser cette vision. On s'attendait alors logiquement à une mobilisation plus accrue des recettes fiscales dans les États de cet espace communautaire, étant entendu que la fiscalité intérieure a pour socle principal de prélèvement l'activité des entreprises[85] qui devaient ainsi se créer.

Seulement, le diagnostic de l'état des lieux en la matière de ces pays est alarmant ; tant le cadre juridique et fiscal en place n'est pas toujours adapté à la réalité des économies de ces pays[86] qui font reposer l'essentiel des recettes budgétaires à ce seul levier[87]. L'impôt devient alors plus un instrument budgétaire qu'un instrument de régulation de l'économie et de redistribution sociale[88]. Cela entraîne une pression

---

Afrique », Revue camerounaise de droit et de science politique, n° 3, Mars 2011, pp. 67- 68.

[84] POUGOUE (P. G.), KALIEU ELONGO (Y. R.), *Introduction critique à l'OHADA*, PUA, Yaoundé, 2008, p. 112. Lire, FOMETEU (J.), L'OHADA : l'idéologie et le système, in « Mélanges en l'honneur de Paul Gérard POUGOUE », *De l'esprit du droit africain,* Credij, Avril 2014, p. 314.

[85] CASTAGNEDE (B.), *La politique fiscale*, PUF, coll « Que sais-je ? », Paris, 2008, 105 p. V. COZIAN (M.), *Les grands principes de la fiscalité des entreprises,* Lexis nexis, 2016, 430 p.

[86] ALAKA ALAKA (P.), *L'impôt au Cameroun, contribution à l'étude d'un dysfonctionnement administratif,* L'Harmattan, Paris, 2009, p.20 : « une législation fiscale foisonnante et inadaptée, excroissance du système français, transposé sans aucune prise en compte des valeurs locales et des conditions psychologiques dans lesquelles évoluent les contribuables ». DUMAS (G.), Politique fiscale : le naufrage, L'Harmattan, Paris, 2007, pp. 23-26, l'auteur démontre que la particularité fiscale d'un pays est fonction de l'histoire fiscale de ce peuple.

[87] Lire, BEKOLO EBE (B.), « Les contraintes à l'efficacité des politiques budgétaires dans les économies africaines », in (dir) TSAFACK NANFOSSO (R.), *Budget et politique économique en Afrique*, Clé, Yaoundé, 2007, p. 26, où l'auteur relève que dans la mécanique de réalisation de ses objectifs budgétaires, la fiscalité en général et l'impôt en particulier constituent la source principale de renflouement des caisses publiques, ce qui fait donc de la fiscalité une réponse exclusive aux besoins budgétaires.

[88] RAWLS (J.), *Théorie de la justice*, Éditions du seuil, Paris, 1987, pp. 299-316. VILLEMOT (D.), *Quelle réforme fiscale ?,* L'Harmattan, Paris, 2007, p. 45. L'auteur

fiscale forte sur les entreprises existantes, eu égard à la pauvreté de l'assiette fiscale, et l'État contraint de remplir ses obligations budgétaires. La conséquence immédiate de ce « *fiscalisme* »[89] est donc la fraude et l'évasion fiscales au niveau des entreprises, ceci pour supporter le moins d'impôts possible.

Il s'agit par une fiscalité de développement d'inverser cette tendance[90]. Fiscalité de développement pour pérenniser le rendement fiscal des entreprises et viabiliser ces dernières, mettre en place un droit fiscal à même d'encourager l'activité des entreprises et susciter de ce fait un large consentement à l'impôt, développer ainsi une sorte d'« *affectio societatis* » fiscal. Fiscalité de développement pour permettre à l'État d'engranger les recettes nécessaires pour son développement et partant lui permettre d'améliorer les conditions de vie des citoyens en mettant en place les structures sociales et économiques nécessaires au plein épanouissement et au bien-être des populations.

Ce qui pose le problème de la contribution de la fiscalité au développement. La question centrale est donc celle de savoir comment mettre en œuvre un droit fiscal et des politiques fiscales répondant aux besoins de développement de l'Afrique. En d'autres termes, quelle fiscalité pour un objectif global de développement ?

Autrement dit, comment parvenir à une fiscalité de développement à l'échelle africaine à partir d'une approche camerounaise et communautaire **?** Il s'agit pour une meilleure compréhension de ce problème de l'envisager de manière duale : d'une part, comment la fiscalité peut-elle contribuer à favoriser le développement de l'activité économique et partant des entreprises, et d'autre part, comment la fiscalité peut être utilisée comme instrument de développement des États et même d'une communauté d'États, ceci par l'utilisation adéquate des recettes fiscales et surtout l'harmonisation des règles et

---

démontre que si l'objectif originel et principal de la fiscalité est la couverture des charges publiques, deux objectifs supplémentaires lui ont été assignés après la Deuxième Guerre mondiale : un objectif économique et un objectif social.

[89] Fiscalisme, concept pour désigner la tendance poussée à procéder au prélèvement à tout prix et à tous les prix.

[90] Lire, DOUET (F.), *Contribution à l'étude de la sécurité juridique en droit fiscal interne français*, LGDJ, Paris, 1997, 383 p. V. LIPOP (E. R.), *Le rescrit en droit fiscal camerounais et la sécurité juridique des affaires*, Mémoire de master 2 en droit, Université de Douala, 2014, 110 p.

pratiques juridiques fiscales[91]. De manière plus pratique, la suite contribuera à répondre à une question fondamentale : quelle fiscalité pour un objectif de développement ?

La nécessité d'envisager la mise en place d'un droit fiscal OHADA ne s'impose-t-elle pas de nos jours au regard de la concurrence fiscale dommageable qui oppose souvent les États de cet espace communautaire d'affaires du fait des disparités fiscales énormes et qui tend à tirer plus les investisseurs dans un État plutôt que dans l'autre, causant ainsi un préjudice au développement harmonieux et équilibré de cet espace communautaire ? Si cela peut être source de développement d'un État au détriment des autres, cela peut également constituer un élément d'insécurité pour les groupes de sociétés[92] voulant évoluer dans un même espace, mais qui se trouvent confrontés à des fiscalités différentes. D'où la nécessité d'envisager dans cette étude la problématique de la fiscalité des affaires et le développement sous un angle dual : d'abord le national parce que la fiscalité relève de la souveraineté de l'État et de la puissance publique, mais également le régional, l'espace africain à partir de l'OHADA, de peur que les politiques fiscales d'un État ne causent préjudice aux autres et à l'ensemble de la communauté.

C'est de cette manière qu'on pourra donc valablement traiter du problème de la contribution de la fiscalité au développement.

2- Intérêt du sujet

Les questions de fiscalité et développement sont de nos jours des problématiques incontournables pour tous les États[93]. Elles constituent à travers le monde, la clé des politiques nationales et communautaires en matière d'intégration et de développement[94] au regard des mouvements des biens et services entre États.

---

[91] MEYONG ABATH (R. A.), *L'harmonisation fiscale et douanière en zone CEMAC*, Editions Universitaires Européennes, 2011.

[92] Article 173 AUSCGIE. KENMOUE KAMGANG (F. F.), *La notion de groupe de société en droit OHADA : Réflexion sur la problématique du contrôle d'une société par une autre*, Mémoire de D.E.A en droit, Université de Yaoundé 2, 2003.

[93] CHAMBAS (G.), *Afrique au sud du Sahara : Mobiliser les ressources fiscales pour le développement*, Economica, Paris, 2005.

[94]LAMBERT (T.), « Quelle fiscalité pour les projets planétaires ? », in (dir) LEROY (M.), *Mondialisation et fiscalité, la globalisation fiscale*, L'Harmattan, Paris, 2003, pp. 111-122.

Les entreprises, en tant que contributeur important dans les recettes fiscales, jouant un rôle de premier plan en termes de contribution au développement, imposent un management particulier et partant une fiscalité appropriée qui faciliterait l'atteinte de cet objectif.

Il serait dès lors évident de dire que ce sujet présente un intérêt double : théorique, mais surtout pratique.

Intérêt théorique sur le plan de la science juridique dans un premier temps, car, l'avènement du droit OHADA avait pour leitmotive la sécurité juridique et judiciaire des investissements dans un contexte africain[95]. Or, ces investissements au contact de la science juridique fiscale ont de la peine à s'imposer et à impulser une véritable dynamique de développement tant des États que de la communauté des États. Il s'agit alors par cette étude de restaurer un cadre juridique fiscal propice pour un déploiement efficace des sociétés.

L'intérêt d'ordre pratique soulevé par cette réflexion réside à deux niveaux.

Premièrement, le droit est le produit de la société dans laquelle il est appelé à s'appliquer ceci pour éviter une inadéquation entre droit applicable et vécu quotidien d'une société[96] ; c'était bien le but de la mise en place de l'OHADA.

Deuxièmement, parce que la fiscalité en général et la fiscalité des sociétés en particulier pour les Etats est l'instrument financier et budgétaire d'orientation et de définition des politiques de développement[97]. Il est important pour que les populations ressentent au quotidien l'amélioration de leurs conditions de vie dans les différents secteurs prioritaires qui constituent les fondamentaux du « bien vivre », telles que définies par les politiques nationales et communautaires de développement, que les ressources financières devant être générées par

---

[95] POUGOUE (P. G.), « Les figures de la sécurité juridique », Revue Africaine de Sciences Juridiques, vol 4, n° 1, 2007, p. 2. FOMETEU (J.), « L'OHADA : l'idéologie et le système », in (dir) BOKALLI (V. E.) et autres, *De l'esprit du droit africain*, Mélanges en l'honneur de Paul Gérard POUGOUE, op. cit., pp. 305-328.

[96] ONDOA (M.), *Introduction historique au droit Camerounais : La formation initiale. Eléments pour une théorie de l'autonomie des droits africains,* op. cit., p. 37. ABDOULLAH CISSE, « Pour une approche plurale du droit africain », in (dir) BOKALLI (V. E.) et autres, *De l'esprit du droit africain,* op. cit., pp. 1-2.

[97] CHAMBAS (G.), *Afrique au sud du Sahara : Mobiliser des ressources fiscales pour le développement*, op. cit.

la fiscalité, le soient à un niveau optimum. Mais pour que cela puisse se faire ainsi, la sécurité juridique et fiscale[98] des investissements, des entreprises en tant que principaux contributeurs s'imposent. Cela passe bien sûr par une fiscalité adaptée à notre environnement et dont le dispositif juridique est essentiellement orienté au service du développement.

Afin de créer un espace économique doté d'une sécurité juridique susceptible d'attirer les investissements étrangers et de consolider les investissements nationaux, les États membres de l'OHADA se sont fortement inspirés du droit des affaires français, le contexte socio-économique africain ayant été insuffisamment pris en compte dans la mise en place de ce dispositif[99]. Le tissu économique des pays membres de l'OHADA se caractérise par la prédominance du secteur informel[100].

Le législateur OHADA n'en a pas suffisamment tenu compte lors de l'élaboration des actes normatifs. Le cadre juridique est donc inadapté au secteur informel. Or, pour que l'intégration économique africaine réussisse, il est nécessaire de considérer tous les acteurs de la vie économique. Il s'agit donc de penser un dispositif juridique de nature à faciliter la migration progressive et efficace des opérateurs vers le champ du formel[101], cadre privilégié des formes de sociétés OHADA.

II- Démarche méthodologique et hypothèses de recherche

Dans cette rubrique, nous allons explorer la méthode de travail qui conduira la présente réflexion (A), avant de baliser nos hypothèses de recherche (B).

A- Approche méthodologique

La méthode est la procédure logique d'une science, c'est-à-dire l'ensemble des pratiques particulières qu'elle met en œuvre pour que le

---

[98] DOUET (F.), *Contribution à l'étude de la sécurité juridique en droit fiscal interne français*, op. cit., LIPOP (E. R.), *Le rescrit en droit fiscal camerounais et la sécurité juridique des affaires*, Mémoire master 2, op. cit. BUISSON (J.), *La sécurité fiscale,* L'Harmattan, Paris, 2011, 224 p.
[99] MAMADOU KONE, Op cit.p.10.
[100] KWEMO (S.), Op. cit.p.2.
[101] FOKO (A.), « La consécration d'un nouveau statut professionnel dans l'espace OHADA : le cas de l'entreprenant », Revue de la Faculté des Sciences Juridiques et Politiques, Université de Ngaoundéré, Cahiers juridiques et politiques, 2010, pp. 51-71.

cheminement de ses démonstrations et théorisations soit clair, évident et irréfutable[102].

L'approche méthodologique est quant à elle considérée comme une démarche intellectuelle rigoureusement adaptée à l'objet de la recherche et aux objectifs poursuivis par l'étude envisagée[103].

Dans l'optique de mieux étayer notre argumentaire, il serait important pour nous de faire appel à trois méthodes de recherche pour une démonstration complète et parfaite : la méthode de l'épistémologie juridique, la méthode sociologique et la méthode impressionniste.

L'épistémologie est la « branche de la philosophie des sciences qui étudie de manière critique la méthode scientifique, les formes logiques et modes d'inférence utilisés en science, de même que les principes, concepts fondamentaux, théories et résultats des diverses sciences, et ce, afin de déterminer leur origine logique, leur valeur et leur portée objective »[104]. L'épistémologie juridique serait alors « l'étude de la formation et du développement du savoir juridique »[105].

Adopter l'approche épistémologique du droit, c'est faire la démarcation entre le droit et le savoir juridique. Cette démarche permettrait de mieux saisir les manifestations du droit, de les analyser et au besoin, d'y apporter les aménagements nécessaires. En d'autres termes, passer de l'étape du droit existant au droit tel qu'il devrait être. Il s'agit précisément ici, de dégager l'approche d'une réglementation juridique fiscale qui contribuerait efficacement au développement de l'Afrique, en prenant appui sur l'exemple camerounais et de l'espace

---

102 AKTOUF (O.), « Méthodologie des sciences sociales et approches qualitatives des organisations », in : TEDONGMO TEKO (H.*), Epistémologie et méthodologie des sciences sociales*, recueil des textes, 2e éd, édition la CHENELIERE Int., QUEBEC 2006, p. 27, in : BEGNI BAGAGNA, *L'Harmonisation des politiques fiscales en zone CEMAC : esquisse de théorie du droit fiscal communautaire,* Thèse, 2012, p. 42.
103 Ibidem.
104 NADEAU (R.), *« Vocabulaire technique et analytique de l'épistémologie »*, Paris, PUF, Coll. Premier cycle, 1999, p. 209, in : ABOUDRAMANE OUATTARA, *Prolégomènes pour une épistémologie du droit en Afrique*, pp. 249-291, (dir)., MAMADOU BADJI, OLIVIER DEVAUX et BABACAR GUEYE, *Dire le droit en Afrique francophone*.
105 C. ATIAS, « Science des légistes, savoir des juristes », PUAM, 1993, 3e éd., p. 33, in : *ABOUDRAMANE OUATTARA*, Op. cit.p.33.

OHADA qui est aujourd'hui en Afrique l'organisation d'intégration la mieux structurée et la mieux accomplie.

Il sera donc question de changer ce paradigme pour en faire une fiscalité orientée vers l'investissement et le développement, passer de la *lege lata* vers la *lege feranda.*

La deuxième méthode que nous allons explorer pour la pertinence de ce travail c'est la méthode sociologique[106]. Celle-ci nous permettra d'aller au contact des agents économiques à savoir les entreprises en tant que principale cible des textes et réformes juridiques fiscales. Il s'agira à cet effet d'apprécier à travers des sondages et des entretiens, l'image qu'elles ont de la fiscalité et de façon globale du climat des affaires au Cameroun[107] ; mais également, les autorités fiscales sur l'évaluation qu'elles font du niveau d'acceptation de la fiscalité et même de la pertinence du système fiscal, éléments déterminants pour une fiscalité de développement.

Enfin, la méthode impressionniste, qui est fondée sur la prise en compte de faisceaux d'indices tels que : la presse, le *vox populis* qui sont non moins négligeables pour l'appréhension de certains phénomènes de société.

Nous n'avons pas la prétention de nous considérer comme pionnier dans le cadre des réflexions sur cette problématique. Aussi, plusieurs travaux et réflexions ont été menés jusqu'ici sur « la fiscalité et le développement en Afrique »[108], abordant tantôt ce sujet sous un angle

---

[106] Sur la méthode sociologique, Lire QUIVY (R.) et VAN CAMPENHOUDT (L.), op. cit., pp. 169-181, lorsqu'ils dégagent les méthodes de recueil des informations en sciences sociales. Il cite entre autres : l'enquête par questionnaire, l'entretien, l'observation directe.

[107] Lire, Le rapport Doing business dans les États membres de l'OHADA, 2012, où il est démontré que la fiscalité appliquée dans ces États n'est pas favorable à l'attractivité des investisseurs.

[108] V. ABESSOLO (S.), « *Réflexions et propositions pour une fiscalité du développement en Afrique Centrale* », Conférence Consultative Régionale en Afrique du 5 au 7 novembre 2007 à Accra au Ghana. V. également, LOGMO BELEK (A.), « *Les obstacles juridiques, administratifs et culturels au développement d'une fiscalité orientée vers la responsabilité, la transparence et le développement* », intervention faite dans le cadre du CAFRAD du 29 novembre au 1er décembre 2010 à Tanger au Maroc sur le thème général de la réforme des politiques fiscales.

économique[109], tantôt sous un angle juridique à connotation droit public[110], tous ayant en commun de démontrer comment les modes de perception des impôts, la bonne gouvernance des recettes fiscales et l'élaboration des règles fiscales justes, équitables et harmonisées peuvent favoriser le développement d'un pays en termes de fourniture des services sociaux de base[111]. Si ces différents travaux ont eu le mérite d'avoir ouvert la réflexion sur un domaine aussi réservé au regard du caractère technique et complexe des questions fiscales, il faut dire que jusqu'ici, ils n'ont traité de cette question que par rapport à un État précis ou à un ensemble réduit d'États. Aucun travail de recherche n'a été consacré de façon particulière et précise sur la contribution de la fiscalité au développement dans un espace aussi large que l'Afrique, en appréhendant la question sous un angle communautaire, condition essentielle pour sa réussite. La tâche s'avère donc périlleuse pour nous et l'effort immense.

B- Hypothèse de recherche

Il faut reconnaître que l'idée d'une fiscalité de développement pour booster l'investissement en Afrique en général et au Cameroun en particulier est une exigence à laquelle nous souscrivons. Pour y arriver, la démarche analytique impose une démonstration binaire : une fiscalité d'attractivité efficace, exigence pour l'accroissement des investissements et l'élargissement de l'assiette (première partie), et une fiscalité communautaire effective, exigence pour un développement économique global (seconde partie).

---

[109] CHAMBAS (G.), *Afrique au sud du Sahara : mobiliser les ressources fiscales pour le développement,* Economica, Paris 2005. V. également, CHAMBAS (G.), *Fiscalité et développement en Afrique subsaharienne*, Economica, Paris 1994.

[110] CASTAGNEDE (B.), « fiscalité et développement », Support du colloque international tenu du 22 au 26 septembre 1980 à Paris. V. également, COZIAN (M.), *Précis de fiscalité des entreprises*, Litec, Paris 2001.

[111] V. IREH ASSIM (T.), *La TVA en Afrique Centrale*, Thèse de Doctorat, V. également MEYONG ABATH (R. A.), *L'harmonisation fiscale dans la zone CEMAC,* Thèse, MEKONGO (J.M.), *Les retenues à la source dans le système fiscal camerounais*, BEGNI BAGAGNA, *L'harmonisation des politiques fiscales en zone CEMAC.* V. NADJALTA, *Fiscalité et développement en République du Tchad*, Thèse de doctorat.

Première partie

UNE FISCALITÉ D'ATTRACTIVITÉ EFFICACE : EXIGENCE POUR UN ACCROISSEMENT DES INVESTISSEMENTS ET L'ÉLARGISSEMENT DE L'ASSIETTE

Comment passer d'une fiscalité inadaptée au développement à une fiscalité de développement [112]? Là, semble être le pari à relever dans le cadre de notre travail. L'exigence d'une fiscalité de développement nécessite au préalable la remise en cause de certaines formes de pensée qui n'ont pas permis véritablement l'éclosion d'un développement par la fiscalité des structures économiques sur lesquelles les prélèvements sont effectués.

Les deux termes « attractivité » et « fiscalité » apparaissent de prime abord comme contradictoires. L'impôt peut-il être attractif ?[113] L'attractivité peut être définie comme la capacité pour un pays d'attirer les diverses activités des personnes physiques ou morales[114]. Un impôt attractif est donc un impôt qui est reconnu comme légitime par les

---

[112] Pour les stratégies de mise en place d'une fiscalité de développement, lire les propositions énoncées dans le rapport général de la Commission de réforme fiscale du Cameroun de 2007.

[113] Lire, LOPEZ (C.), « La fiscalité comme vecteur de l'attractivité du territoire », in (dir) LEROY (M.), *Mondialisation et fiscalité, La globalisation fiscale*, L'harmattan, Paris, 2006, p. 245. L'auteur démontre plus loin à la page 248 que la fiscalité n'est pas en soi un élément suffisant d'attractivité d'un territoire. Certains économistes ont réussi à démontrer que l'attractivité pouvait passer par la baisse des taux de taxation afin d'attirer le maximum d'investisseurs. Il apparaît alors ici comme une sorte de confusion entre « la concurrence fiscale dommageable » et « l'attractivité fiscale ». Beaucoup d'autres éléments concourent à l'attractivité au-delà du seul élément fiscal, à l'instar de l'efficacité des dépenses publiques, c'est-à-dire la bonne utilisation des recettes fiscales dans la mise à disposition des services sociaux de base efficaces, qui sont des facteurs pertinents d'attractivité.

[114] Idem.

contribuables[115]. Comment faire pour parvenir à mettre en place une fiscalité attractive ? Cela passe assurément par la sécurité juridique et judiciaire des investissements de même que la modernisation de l'Administration (titre 1), ceci sans oublier une lutte efficace et acharnée contre la fraude et l'évasion fiscales (titre 2).

[115] Idem.

TITRE 1

LES ÉLÉMENTS D'ATTRACTIVITÉ ET DE MAINTIEN DES INVESTISSEMENTS

L'attractivité des investissements passe par la sécurité juridique et judiciaire de l'investissement effectué (chapitre 1). La décision d'un investisseur d'implanter son affaire dans un pays donné est précédée par une réflexion sérieuse sur le cadre juridique et fiscal qui va régir son investissement. Lorsque cela est assuré, il faut par la suite s'employer à maintenir cet investissement dans le temps.

Maintenir les investisseurs dans un environnement juridique et économique précis appelle des innovations permanentes du cadre juridique qui est la clé du fonctionnement des institutions. Si la mise en œuvre d'un cadre juridique fiscal assez incitatif est fondamental pour l'attractivité des investissements[116], il s'avère encore plus déterminant de mettre en place des techniques juridiques et administratives de bonne gestion pour tenir dans le temps ces investisseurs, ceci afin de pérenniser la recette fiscale dans un objectif de développement. Pour rendre cela concret et plausible, une fiscalité de maintien des investissements passe par la modernisation de l'administration, de la gouvernance et de l'activité fiscales[117] (chapitre 2).

---

[116] PEKASSA NDAM (G.), « Les transformations de l'Administration fiscale camerounaise », in (dir) ONDOA (M.), *L'Administration publique camerounaise à l'heure des réformes*, op. cit., pp. 29-30.

[117] V. ATANGA FONGUE (R.), TOCKE (A.), *Éléments de la fiscalité des affaires au Cameroun,* op. cit., n° 7, p. 11.

Chapitre 1 :

L'attractivité par la sécurité juridique et judiciaire des investissements

L'attractivité des investissements passe par la sécurité juridique et fiscale (section 1), mais aussi, et surtout, par la sécurité judiciaire de l'investissement effectué (section 2). Car, la décision d'un investisseur d'implanter son affaire dans un pays donné est précédée par une réflexion sérieuse sur le cadre juridique et fiscal qui va régir son investissement.

Section 1- La sécurité juridique et fiscale des investissements

Le développement par la fiscalité suppose tout d'abord une forte capacité de dissuasion et d'attractivité des investisseurs[118]. Ce mécanisme ne peut être véritablement mis en branle que lorsque l'investisseur a en sa possession tous les éléments pertinents qui le rassurent sur la fiabilité du territoire dans lequel il s'engage. Cela passe par les éléments qui sécurisent durablement son investissement, et parmi lesquels la règle de droit applicable se trouve être au centre de toutes les préoccupations. L'attractivité fiscale des investisseurs passe donc principalement par la sécurité de la règle fiscale[119]. Il faut reconnaître aujourd'hui que la plupart des sociétés qui exercent dans notre environnement des affaires se trouvent souvent coincées et parfois anéanties par la complexité et le productivisme juridique fiscal. Il faudrait donc pour arriver à la sécurité juridique, améliorer la qualité de

---

[118] LOPEZ (C.), « La fiscalité comme vecteur de l'attractivité du territoire », in (dir) LEROY (M.), *Mondialisation et fiscalité, La globalisation fiscale*, L'harmattan, Paris, 2006, p. 247. V. LIPOP (E. R.), *Le rescrit en droit fiscal_camerounais et la sécurité juridique des affaires*, Mémoire master 2 (recherche), Université Yaoundé 2, FSJP, Avril 2014, p. 2.

[119] Lire, DOUET (F.), *Contribution à l'étude de la sécurité juridique en droit fiscal interne français*, op. cit. p. 2. V. également, MESSI (M.), *Nul n'est censé ignorer la loi fiscale, l'incertitude de la règle applicable*, Tome 2, op. cit., p. 13. Lire enfin, MESSI (M.), *Nul n'est censé ignorer la loi fiscale, la recherche de la règle applicable*, Tome 1, L'harmattan, Paris, 2007, p. 11.

la norme fiscale[120] en dégageant les caractères de sécurité de la règle fiscale (paragraphe 1), avant d'explorer l'une des techniques efficaces d'attractivité fiscale qu'est le rescrit (paragraphe 2).

Paragraphe 1- Les caractères de sécurité de la règle fiscale : Améliorer la qualité de la norme fiscale

La sécurité juridique constitue une notion polysémique, une exigence plurivoque que les auteurs s'accordent pour admettre toutes les difficultés à lui trouver une définition idoine[121]. Le droit fiscal est caractérisé par une inflation législative doublée d'une technicité parfois redoutable[122].

Parler de sécurité juridique suppose que le droit peut faire l'objet d'une insécurité[123], préjudiciable aux entreprises dans leurs prévisions, et de nature à les repousser[124]. Cette insécurité juridique est même très vulgarisée de nos jours : inflation et instabilité des lois, dégradation de la qualité des normes, la rétroactivité[125]. Nous vivons aujourd'hui dans un monde marqué par le sceau de l'incertitude du droit, et surtout du droit fiscal qui est essentiellement changeant de par sa nature, car, les règles fiscales s'appliquant à un domaine sont contenues dans le Code Général des Impôts qui change d'année en année, à travers les lois de finances de même que la doctrine administrative qui s'y rattache.

En matière fiscale, la sécurité juridique consiste à garantir aux contribuables le montant des impositions mises à leur charge de telle manière que chacun d'entre eux puisse prévoir et compter sur ce résultat[126]. Cela suppose donc de manière concrète deux choses :

[120] Lire, LANG (J.), *Faire la révolution fiscale*, Plon, Paris, 2006, pp. 240-242.

[121] V. PIAZZON (Th.), *La sécurité juridique*, Éditions Défrénois, Paris, 2009, pp. 58-61. Lire, CORNU (G.), *Vocabulaire juridique,* op. cit, p. 943, la sécurité juridique est « toute garantie, tout système juridique de protection tendant à assurer, sans surprise, la bonne exécution des obligations, à exclure ou au moins à réduire l'incertitude dans la réalisation du droit ».

[122] V. MESSI (M.), op. cit., Citant, ORSONI (G.), *« La doctrine et l'information du contribuable »*, RFFP 1007, n° 57, p. 48.

[123] PIAZZON (Th.), *La sécurité juridique*, op. cit., pp. 57-60.

[124] LIPOP (E. R.), op. cit., p. 10.

[125] Idem.

[126] DOUET (F.), op. cit., p. 11. Lire, POUGOUE (P.-G.), « Les figures de la sécurité juridique », Revue Africaine des Sciences Juridiques, vol. 4, n° 1, 2007, pp. 1-8. AKAM AKAM (A.), Libres propos sur l'adage : « nul n'est censé ignorer la loi », Revue Africaine des Sciences Juridiques, vol. 4, n° 1, pp. 31-54.

premièrement, la rédaction des textes doit garantir une interprétation univoque de la loi fiscale, deuxièmement, l'application dans le temps du droit fiscal[127] ne doit pas rendre aléatoire les prévisions fiscales des contribuables. C'est en cela que Paul AMSELEK notait que : « dans la jungle aride et en perpétuelle mouvance des textes de droit fiscal de plus en plus nombreux, complexes, sophistiqués, souvent d'ailleurs mal rédigés ou mal conçus (...), l'Administration fiscale est tout naturellement venue à assumer à l'égard du public des responsabilités (...) d'aide à l'interprétation et à l'application de la réglementation en vigueur ».

La fiscalité, en tant qu'élément d'attractivité des entreprises, impose que la règle fiscale soit suffisamment sécurisée[128]. Cela passe alors par la réunion de trois composantes[129] : l'accessibilité (A), la prévisibilité (B) et la stabilité (C) de la loi fiscale.

A- L'accessibilité de la règle fiscale ou la maîtrise par l'investisseur de son statut fiscal

On dit d'une chose qu'elle est accessible lorsque de prime abord, elle ne présente pas d'obstacles. On peut difficilement soutenir que tel est le cas de la réglementation fiscale[130]. Une maxime très répandue en droit relève que « nul n'est censé ignorer la loi ». Mais à la pratique juridique, une telle affirmation est largement discutable, car, en tant que science, le droit fiscal en particulier, a ses règles, sa technique, ses méthodes que seuls les initiés peuvent facilement décrypter le langage. Il faut alors pour vulgariser la connaissance du droit, rendre ce dernier accessible pour tous ceux qui l'utilisent quotidiennement dans le cadre de leurs activités. Cela est d'autant plus important pour les investisseurs et les dirigeants d'entreprises, car ça leur permettra d'élaborer efficacement les prévisions fiscales et même les gains potentiels. Le droit envisage donc cette accessibilité à un double niveau : l'accessibilité matérielle ou physique (1) et l'accessibilité intellectuelle ou intelligible[131] (2).

[127] Lire, ADAM (F.), FERRAND (O.), RIOUX (R.), *Finances publiques*, Dalloz, Sirey, Paris, 2010, pp. 464-465.
[128] DOUET (F.), op. cit., n° 6, p. 2.
[129] Idem.
[130] Lire, MESSI (M.), op. cit., p. 37.
[131] V. PIAZZON (Th.), op. cit., pp. 18-19.

1- L'accessibilité matérielle ou physique de la règle fiscale

Le droit ne doit pas être secret[132], il ne doit pas être utilisé comme un piège pour coincer ceux qui iraient à son encontre. Il doit être publié et suffisamment diffusé pour être opposable aux tiers. Il s'agit précisément ici de répondre à la question des modes de diffusion du droit. Comment diffuser au mieux le droit et en assurer une large publicité pour le rendre matériellement accessible ?

Au Cameroun, l'accessibilité matérielle à la règle fiscale relève d'une véritable gageure, ceci pour deux raisons. Dans un premier temps, après adoption et promulgation de la loi des finances et ses modifications fiscales subséquentes, en dehors du journal officiel, il n'existe pas véritablement des points précis sur l'ensemble du territoire national où l'on pourrait rentrer en possession de ces modifications qui sont souvent contenues dans le CGI[133]. En dehors de quelques tables rondes et séminaires souvent organisés à l'endroit d'un public cible bien déterminé au détriment de l'ensemble qui y trouve un intérêt particulier, il n'est pas aisé même pour les grands contributeurs dans le budget que sont les entreprises de pouvoir avoir une version physique du document contenant les règles fiscales, dans un contexte où la numérisation des données n'est pas la chose la mieux partagée. Dans un second temps, au regard de l'inflation législative très forte en matière fiscale à travers : arrêtés, décrets, circulaires, doctrine administrative qui organisent fiscalement divers secteurs d'activités, et dont l'acquisition matérielle ou même la simple information sur leur existence n'est pas toujours évidente.

L'accessibilité matérielle bien pensée, aurait voulu qu'à chaque fois qu'il y a édiction d'une nouvelle règle fiscale ou un ensemble de règles, que celle-ci puisse être disponible sur l'ensemble du territoire national à travers des services de relais et que sur un autre plan, il existe de façon

---

[132] Ibid, p. 18, Cit. NICOLAU (G.), *Inaccessible droit.*

[133] A la date du 10 juin 2016, après un tour effectué auprès de l'ensemble des centres des impôts de la ville de Yaoundé, il apparaît que le principal outil de travail qu'est le CGI pour eux n'a pas encore été mis à leur disposition depuis le début de l'exercice en cours, et n'est même pas visible dans les principales librairies de la ville. Ils continuent pour la plupart à utiliser le CGI 2015 en y insérant par eux même les modifications intervenues dans la LF 2016. Si l'accessibilité matérielle de ce document central de travail est difficile pour les agents du fisc, on peut alors comprendre l'impossibilité dans laquelle pourraient se trouver les opérateurs économiques.

permanente des cadres institutionnels où on peut s'enquérir du contenu. Une fois le problème de la matérialité de la règle fiscale résolu, il reste que sa compréhension et sa lisibilité doivent être restaurées, car il ne suffit pas de posséder le texte de la loi fiscale, encore faudrait-il en maîtriser le contenu exact et la bonne interprétation pour en faire bon usage.

2- L'intelligibilité de la règle fiscale

Parler de l'intelligibilité ou de la compréhensibilité de la règle de droit suppose au préalable que cette dernière soit élaborée de façon claire et lisible. Cela voudrait dire que le vocabulaire utilisé doit être simple pour faciliter sa compréhension à tous, au-delà des aspects techniques dont les précisions devront être apportées par des spécialistes du domaine. La principale question qui se pose ici est alors celle de l'interprétation de la règle fiscale qui est souvent le fait d'actes réglementaires ou règlements d'application des lois qui viennent ainsi préciser le sens dans lequel une disposition devra s'appliquer[134]. L'accessibilité intellectuelle met en exergue les capacités intellectuelles des citoyens à comprendre la loi et à se l'approprier[135].

Il s'agit ainsi de déployer un langage simple, clair et juste. De manière pratique, il existe des difficultés dans l'accessibilité intellectuelle de la règle fiscale du fait de sa complexité au regard du caractère suffisamment technique du droit fiscal. Cela lui impose un jargon dont la compréhension n'est facile qu'aux spécialistes.

L'intelligibilité de la règle fiscale ouvre forcément la voie aux opérations de prévisions fiscales des entreprises et investisseurs.

B- La prévisibilité des impositions à venir comme garantie pour l'investisseur de la loi applicable

La notion de « prévisibilité » intéresse le rôle du temps dans l'application du droit[136]. Il s'agit de déterminer dans un temps présent les règles de droit qui vont régir les situations futures. C'est en cela que la prévisibilité constitue l'essence même de la sécurité juridique. La

[134] MESSI (M.), *Nul n'est censé ignorer la loi fiscale, la recherche de la règle applicable*, Tome 1, L'harmattan, Paris, 2007, p. 37.
[135] PIAZZON (Th.), op. cit., p. 18. Lire également, LIPOP (E. R.), op. cit., p. 8. V. DOUET (F.), op. cit., p. 2.
[136] DOUET (F.), op. cit., p. 2, parlant de l'aspect temporel de la sécurité juridique.

prévision peut être définie comme « une représentation actuelle de l'avenir »[137]. Ainsi, le droit doit permettre aux sujets de droit de bâtir des prévisions et doit par ailleurs se montrer respectueux des prévisions faites[138].

La prévisibilité de la règle fiscale garantit le montant des prélèvements obligatoires mis à la charge des contribuables de manière que chacun d'entre eux puisse déterminer le montant de ces prélèvements et compter sur le résultat ainsi obtenu[139]. La prévisibilité de la règle fiscale suppose que celle-ci fasse l'objet d'une interprétation claire, dénuée de toute équivoque. Il se pose dès lors le problème de l'interprétation de la loi qui émane soit de l'administration à travers des actes réglementaires d'application[140], soit de l'office du juge à l'occasion des procédures contentieuses[141]. Lorsque l'interprétation administrative prête à équivoque, le juge convoque alors l'esprit de la loi. Tout compte fait, l'interprétation ainsi retenue servira de base légale à toutes les prévisions que l'investisseur peut se faire.

Au Cameroun, les lois fiscales posent un véritable problème de prévisibilité pour les investisseurs d'une part au regard du nombre élevé des textes fiscaux qui régissent les différents secteurs d'activités dont la connaissance certaine par tous n'est pas toujours aisée ; d'autre part du fait des interprétations approximatives des dispositions légales par les agents fiscaux motivés uniquement par l'atteinte des objectifs chiffrés qui constitue la seule base d'évaluation. Il arrive donc constamment que sous le prétexte des objectifs à atteindre, que ces derniers imposent aux contribuables des interprétations fallacieuses et subjectives. L'Administration qui apparaît aux yeux des contribuables comme un « *Jupiter fiscal* [142]» dont les décisions sont rarement

---

[137] V. PIAZZON (Th.), op. cit., n° 31, p. 44.

[138] Ibidem. Lire également, RIPERT (G.), *Les forces créatrices du droit*, LGDJ, Paris, 1955, p. 4, lorsque l'auteur relève que la notion de droit est une notion statique, pas en ce que les règles ne doivent pas changer, mais qu'elles doivent de par leur nature durer pour réguler les situations déjà bâties sur leur fondement. V. enfin, BERGEL (J.-L.), *Méthodes du droit, théorie générale de droit,* Dalloz, Paris, 1989, p. 110.

[139] V. DOUET (F.), op. cit., n° 234, p. 153.

[140] DOUET (F.), op. cit., p. 173.

[141] Ibid, p. 157.

[142] Le fisc est considéré comme un *jupiter* fiscal en raison de sa place prépondérante et incontournable dans la décision fiscale. Parce qu'il est chargé principalement de la mobilisation des recettes fiscales censées couvrir les charges publiques, il s'arrange

contestables au regard des privilèges dont elle dispose même dans la chaîne contentieuse, arrive toujours à imposer son interprétation[143]. De telles situations ne permettent pas véritablement à l'investisseur de fixer objectivement des prévisions en termes de gains ou pertes de trésorerie.

Il est donc important pour plus de crédibilité envers les investisseurs et dans le but d'attirer ceux-ci par notre fiscalité, de rendre nos règles fiscales intelligibles à travers des textes clairs, simples qui ne poseront pas forcément d'énormes problèmes d'interprétation[144]. Cette prévisibilité assurera plus la sécurité des investisseurs lorsqu'elle sera combinée à la stabilité des règles.

C- La stabilité de la règle fiscale comme garantie de la permanence d'un statut

L'instabilité est de l'essence même du droit fiscal[145]. Le droit fiscal a vocation à s'appliquer aux situations juridiques et économiques de nature diverse. Les situations socio-économiques étant essentiellement fluctuantes et s'adaptant permanemment aux nouvelles exigences du monde des affaires, le droit fiscal censé les réguler est également appelé à les suivre dans cette mouvance, d'où les modifications à répétition que connaît ce droit. La modification de la loi n'est pas en soi une chose nocive. Il s'agit de faire vivre la loi fiscale pour l'adapter à l'évolution économique et sociale[146]. Cette modification pour l'avenir des règles fiscales serait même porteuse de sécurité juridique[147]. Seulement, pour qu'elle soit crédible et efficace, cette instabilité doit reposer sur des arguments pertinents, et suivre des procédures et règles juridiques telles que le respect de la hiérarchie des normes.

Il est important pour la sécurité de l'investissement que les règles fiscales édictées soient suffisamment stables pour permettre à l'entreprise de bien asseoir ses prévisions, car une trop forte instabilité des règles pose le problème de la légèreté avec laquelle celles-ci sont

---

toujours à se donner une raison dans toutes les situations au détriment des contribuables.

143Le recours contentieux dans sa phase administrative est essentiellement assuré par des agents fiscaux, collègues de ceux ayant posé l'acte en aval. Lire à ce sujet, les articles L115 à L125 (bis) LPF, sur le recours préalable devant le fisc.

144 V. DOUET (F.), op. cit., n° 6, p. 3.

145 MESSI (M.), op. cit., p. 39.

146 Idem.

147 DOUET (F.), op. cit., p. 153.

prises[148]. La sécurité fiscale se manifeste d'abord à travers la relative stabilité des règles[149].

De plus en plus, on assiste à une trop forte instabilité des règles fiscales dans l'environnement juridique des affaires au Cameroun. Chaque année, des aménagements sont opérés dans le cadre de la loi des finances dans le dispositif fiscal. Il apparaît à l'analyse rigoureuse que ces modifications qui touchent tantôt aux procédures tantôt aux taux d'imposition[150] ou même à la matière taxable[151] sont essentiellement le fait de réformes mal préparées et mal pensées, qui n'ont fait l'objet d'aucune évaluation et étude rigoureuse préalable et ne peuvent pas résister longtemps à l'usure du temps.

La stabilité des règles fiscales est un facteur d'attractivité des investissements et de rentabilité des entreprises en ce qu'elles peuvent efficacement projeter pour l'avenir et élaborer des prévisions réalistes.

La sécurité juridique serait donc un élément fiscal d'attractivité à côté du rescrit fiscal qui en est une technique de consécration[152].

---

[148] V. PIAZZON (Th.), *La sécurité juridique*, op. cit., n° 26, pp. 37-38.

[149] MESSI (M.), op. cit., p. 38. Lire également, RIPERT (G.), *Les forces créatrices du droit*, LGDJ, Paris, 1955, p. 1, lorsque l'auteur relève que : « seule l'observation générale et continue de ces règles peut donner la sécurité indispensable à une vie paisible. (…). De la permanence des règles dépend l'utilité de l'action, car aucune prévision ne peut être faite que sur la considération de ce qui existe ». V. PIAZZON (Th.), op. cit., n° 22, p. 32. Selon cet auteur : « c'est une idée fort répandue que le droit trouve une bonne partie de sa valeur dans la stabilité, (…), le temps donne au droit de l'autorité ».

[150] Le changement de taux de TVA de 18,5 % à 19,25 % depuis 2004, et les multiples débats sur la question d'arrimage de ce taux à la directive CEMAC y relative, ce qui laisse penser à l'éventualité d'une évolution à ce niveau. Les multiples modifications du taux d'acompte IS (1,1 % à 2,2 %) et IR (3,3 % à 5,5 %), et les débats qui ont cours sur l'efficacité de ces taux. On pourra également relever les changements récurrents observés sur le taux de PSL (5 %, 20 % et 15 %).

[151] Les changements récurrents observés dans la codification relative aux exonérations en matière de TVA, ainsi que le régime fiscal particulier des entreprises installées en zones franches industrielles, de même que le régime fiscal des projets structurants.

[152] Lire, LIPOP (E. R.), op. cit., p. 5, Cit. DOUET (F.), op. cit. p.262., lorsqu'il relève que la doctrine admet unanimement que la procédure du rescrit a été instituée afin d'assurer la sécurité juridique des contribuables dans leurs affaires en matière d'abus de droit. Cette procédure est consacrée en France par les articles L80 et L64B du LPF. Ici, il est même consacré plusieurs typologies de rescrit. Lire, COLLET (M.), *Droit fiscal*, PUF, Paris, 2007, p. 125, sur la typologie de rescrit : rescrit général ou rescrit

Paragraphe 2- Le rescrit fiscal : une technique d'attractivité des entreprises

Le terme « rescrit » est dérivé du latin *« rescriptum »* qui signifie littéralement « réponse par écrit du prince ». Sous l'Empire Romain, un rescrit était une réponse écrite de l'empereur à une question de droit posée par un magistrat ou un particulier[153].

Le rescrit fiscal est une notion nouvelle dans l'environnement juridique camerounais[154]. Il est consacré par les dispositions de l'article L 33(bis) du LPF[155]. Le rescrit fiscal est une technique de sécurité juridique des affaires (A), mais qui reste perfectible pour pouvoir assurer une attractivité suffisante des investisseurs (B).

A- Le rescrit fiscal : une technique de sécurité juridique des affaires

Le rescrit fiscal peut être défini comme une possibilité offerte au contribuable, personne physique ou morale, de consulter l'Administration fiscale préalablement à la conclusion d'un acte juridique ou la réalisation d'une opération relativement au régime fiscal applicable[156]. Cette procédure fiscale est attractive pour les entreprises et l'ensemble du monde des affaires du fait de son encadrement juridique strict (1), mais aussi en raison des garanties qu'elle offre (2).

---

de droit commun qui porte sur tous les impôts, et les rescrits spécifiques concernant les opérations particulières sur des points précis du droit fiscal.

[153] V. DOUET (F.), op. cit., p. 262, Cit. GIRARD (P. F.), *Manuel élémentaire de droit romain,* LGDJ, Paris, 1911, p. 59.

[154] V. LIPOP (E. R.), *Le rescrit en droit fiscal camerounais et la sécurité juridique des affaires*, op. cit., p. 6. Le terme « rescrit fiscal » a été introduit en droit fiscal camerounais à la faveur de la loi de finances pour l'exercice 2008, et visait l'amélioration et l'assainissement du climat des affaires.

[155] Article L33 bis LPF : « Tout contribuable peut, préalablement à la conclusion d'une opération sous forme d'un contrat, d'un acte juridique ou d'un projet quelconque, solliciter l'avis de l'Administration sur le régime fiscal qui lui est applicable. Lorsque le contribuable a fourni à l'Administration l'ensemble des éléments nécessaires à l'appréciation de la portée véritable de l'opération en cause, la position énoncée par celle-ci garantit le contribuable contre tout changement d'interprétation ultérieur ».

[156] V. COLLET (M.), *Droit fiscal*, PUF, Paris, 2007, pp. 124-125.

1- L'encadrement juridique du rescrit fiscal comme élément d'attractivité

Les investisseurs ont souvent pour principale récrimination à l'encontre du fisc camerounais, l'incertitude du régime fiscal qui leur est applicable[157]. De ce fait, en dépit de l'existence d'un CGI et d'un LPF, l'instabilité des interprétations des dispositions fiscales notamment dans le cadre des contrôles n'est pas de nature à rassurer. Par cette consécration du rescrit, le législateur a voulu renforcer la sécurité juridique au profit des investisseurs et partant, améliorer le climat des affaires dans notre pays[158].

Le bénéfice de cette sécurité juridique pour l'investisseur passe par le respect scrupuleux des conditions de sa mise en œuvre. Ainsi, on distinguera les conditions de forme et de fond nécessaires pour sécuriser l'investisseur à travers le rescrit fiscal.

S'agissant des conditions de forme, on parlera principalement de l'obligation d'une consultation préalable de l'Administration fiscale.

Il est important avant tout débat au fond, de distinguer le rescrit d'autres notions voisines comme les demandes d'éclaircissements[159]. Dans la pratique courante, l'on a tendance à les assimiler or, les deux procèdent de logiques différentes. La demande de rescrit précède la conclusion d'un contrat. Ainsi, on ne parlera de rescrit que lorsque l'Administration aura été saisie avant la signature du contrat. Par cette consultation préalable, l'investisseur voudrait éviter les pièges d'une fiscalité soit trop lourde, soit à interprétations multiples. Le résultat de cette consultation pourra alors déterminer l'orientation fiscale à donner

---

[157] V. ALAKA ALAKA (P.), op. cit., p. 20, lorsqu'il parle d'une législation fiscale foisonnante et inadaptée, d'une augmentation outrancière des taux d'impôts, et d'un règne accru de l'arbitraire. Lire également pour s'en convaincre les différents rapports des travaux du Cameroon Business Forum qui mettent toujours une emphase sur l'amélioration du climat des affaires.

[158] Lire, Circulaire n° 002/MINFI/DGI/LC/L du 11 Janvier 2008 précisant les modalités d'application des dispositions fiscales de la loi n° 2007/005 du 26 Décembre 2007 portant loi de finances de la République du Cameroun pour l'Exercice 2008, pp. 12-13.

[159] V. Article L 22 LPF relativement aux demandes d'éclaircissements et de justifications. Il peut également s'agir des cas où le fisc est saisi à l'effet d'apporter des précisions sur une disposition fiscale floue. Elles peuvent intervenir à tout moment et visent simplement à s'assurer une bonne compréhension de la loi. V. LIPOP (E. R.), op. cit., p. 18.

au contrat. La demande de rescrit doit être adressée par écrit au MINFI ou au DGI. Une fois saisie, l'Administration fiscale a l'obligation de répondre dans un délai d'un (01) mois, et les précisions ainsi données fondent légitimement l'investisseur dans la conduite à tenir.

La réponse donnée par le fisc relève alors de la doctrine administrative et devient ainsi la loi sur laquelle l'investisseur va fonder les décisions fiscales de son entreprise[160]. Lorsque l'investisseur prend acte de la position formelle du fisc et l'applique dans les conditions exactes de l'exposé des motifs du rescrit, il est assuré en cas de contrôle qu'aucun redressement ne peut lui être fait sur la base de cette interprétation administrative[161]. Cette réponse constitue alors une sécurité juridique pour l'investissement effectué et permet à l'entreprise d'effectuer des gains de trésorerie qu'elle aurait pu perdre à la suite d'un éventuel redressement.

S'agissant des conditions de fond, elles portent tant sur l'objet de la demande que sur son contenu. Parlant de l'objet de la consultation, il s'agit de déterminer de façon précise le régime fiscal du contrat à venir. Il s'agit en d'autres termes de clarifier un point qui peut faire l'objet d'interprétations multiples et être de ce fait préjudiciable à l'investisseur si son interprétation n'est pas retenue[162]. Par ailleurs, il faut relever que le rescrit fiscal à la différence de l'interprétation de façon générale, a un caractère *intuitu personae* ; il ne bénéficie qu'à son demandeur et ne concerne que la situation pour laquelle il a été sollicité. Parlant du contenu de la demande, l'article L 33 bis du LPF relève que le contribuable doit fournir au fisc l'ensemble des éléments nécessaires à l'appréciation de la portée véritable de l'opération en cause[163]. Cela suppose donc :

- Un exposé clair, complet et sincère de l'opération envisagée ;
- La désignation exacte de toutes les parties au contrat ;
- La description des liens existant entre les parties ;

---

[160] Idem.

[161] Ibid, p. 20.

[162] V. DOUET (F.), op. cit, p. 267. Lire également, BERGEL (J. L.), op. cit., p. 241.

[163] Lire à ce sujet, Circulaire n° 002/MINFI/DGI/LC/L du 11 Janvier 2008 précisant les modalités d'application des dispositions fiscales de la loi n° 2007/005 du 26 Décembre 2007 portant loi de finances de la République du Cameroun pour l'Exercice 2008.

- Produire une copie de tous les projets de documents utiles pour l'appréciation de l'opération envisagée.

Tout compte fait, le contribuable, parce qu'il doit être de bonne foi, ne pourra pas bénéficier des avantages d'un rescrit s'il est avéré qu'il n'a pas produit des informations complètes et exactes sur son opération.

2- Les garanties et avantages du rescrit fiscal pour l'entreprise

En tant que technique de sécurité juridique des affaires dont le but est de rassurer le contribuable personne physique ou morale dans la gestion et le suivi de son investissement, le rescrit fiscal offre des garanties et avantages nécessaires pour la bonne marche et même l'expansion de l'entreprise. Ces garanties passent par la protection contre les redressements fondés sur une interprétation autre de la loi que celle prescrite par le rescrit (a) et la stabilité et l'irrévocabilité de cette interprétation pour l'opération en cause sauf changement de loi (b).

a- La protection contre les redressements fondés sur d'autres interprétations

Dans la mise en œuvre du rescrit fiscal, c'est la situation personnelle et précise d'un contribuable qui est alors en cause. Ayant interrogé l'Administration sur sa situation, le contribuable est mis à l'abri d'un revirement de doctrine[164]. Le contribuable ayant agi conformément au rescrit qui lui a été donné peut opposer au fisc sa propre réponse. Il est important de relever ici que le respect de la parole donnée par le fisc à travers sa doctrine épargne l'entreprise de certains chefs de redressements qui auraient pu engendrer des sorties d'argent à l'entreprise. En effet, l'entreprise qui a sollicité et obtenu un rescrit ne pourra pas faire l'objet d'un certain type de redressement à l'occasion des contrôles[165]. Les gains indirects de trésorerie ainsi effectués peuvent être consacrés au développement de son activité en termes de réinvestissement[166]. Ceci peut alors à long terme favoriser une véritable expansion de l'entreprise.

---

[164] V. LIPOP (E. R.), op. cit., p. 38.
[165] Idem.
[166] Ibid, p. 39.

b- La stabilité et l'irrévocabilité du régime fiscal du bénéficiaire d'un rescrit

Frédéric DOUET relevait déjà que : « la permanence et l'impartialité de la règle fiscale fondent la garantie de la sécurité fiscale du contribuable »[167]. En cas de divergences sur quelques points que ce soit dans la réalisation de l'opération envisagée avec la situation présentée au moment de la demande de rescrit, il ne sera plus possible pour le demandeur d'évoquer la stabilité et l'irrévocabilité du rescrit pour justifier de l'opposabilité de ce rescrit à l'Administration[168]. De ce fait, il importe qu'au moment de la réalisation de l'opération, qu'on tienne scrupuleusement compte des différents éléments inclus dans la demande et dont la pertinence aurait amené le fisc à accorder cette faveur au contribuable.

B- Le rescrit fiscal : une technique perfectible pour plus de sécurité fiscale

La sécurité de la règle fiscale, ainsi que les techniques de sécurité fiscale concourent toutes à une fiscalité de développement au regard de l'attractivité qu'elles imposent de par la transparence qu'elles offrent aux investisseurs. Le rescrit fiscal, en tant que technique de sécurité pour l'investisseur, appelle encore quelques aménagements juridiques et pratiques pour plus de crédibilité (2), ceci au regard des limites actuelles observées (1).

1- Les limites actuelles observées

On évoquera ici les limites touchant au principe d'égalité de tous devant les charges publiques (a), puis à celles touchant à la légalité fiscale (b).

a- L'incompatibilité du rescrit avec le principe d'égalité devant l'impôt

L'égalité devant l'impôt traduit un égal traitement de tous les assujettis du système fiscal. Elle vise à assurer une égalité réelle entre

---

[167] DOUET (F.), op. cit., p. 47. Lire également, LABETOULLE (D.), « Ni monstre, ni appendice : le « renvoi » de l'article 12 », RFDA, 1988, N° 2, p. 213 : « une incertitude prolongée sur la portée d'une disposition législative ou réglementaire est préjudiciable à la sécurité des situations juridiques ; elle est aussi dans bien des cas, génératrice d'inhibition ».

[168] LIPOP (E. R.), op. cit., p. 42.

les contribuables en sanctionnant les inégalités juridiques évidentes. Ainsi, selon BERTONI : « le principe d'égalité ne fait donc pas obstacle à la discrimination, mais seulement à la discrimination arbitraire. Il ne suffit toutefois pas que les catégories de citoyens se trouvent dans des situations différentes, il est impératif que les règles spécifiques qui les régissent soient justifiées. Elles le sont lorsqu'elles sont conformes à l'intérêt général et définies de façon objective »[169]. Il est possible que le législateur prévoit un régime fiscal différent dès lors que ce régime s'applique à des catégories différentes de contribuables. À cet égard, le principe d'égalité n'interdit pas que le législateur règle de façon différente les situations d'entreprises relevant de catégories différentes[170] ou même qu'il déroge à l'égalité pour des raisons d'intérêt général, mais à condition que dans les deux cas, la différence de traitement qui en résulte soit en rapport avec l'objet de la loi qui l'a établi.

La technique du rescrit heurte sérieusement ce principe. Imaginons en effet deux entreprises qui envisagent de réaliser un montage identique : l'une consulte le fisc par le biais d'un rescrit et obtient l'aval de l'Administration ; l'autre reste passive. Les deux entreprises réalisent par la suite le montage dont il est question. Relevant de catégories différentes, elles seront alors traitées de façon différente en cas de contrôle fiscal : l'entreprise qui a consulté l'Administration ne se verra infliger aucune sanction grâce au visa qui lui a été délivré alors que la seconde devra faire face aux pénalités à la suite d'un redressement[171].

En outre, à supposer que les deux entreprises consultent l'Administration, il est envisageable compte tenu de la subjectivité qui découle de l'appréciation des éléments fournis, que l'Administration se prononce différemment sur des demandes similaires. Par conséquent, ces deux entreprises relevant de catégories identiques seront traitées différemment, ce qui est constitutif d'une concurrence déloyale[172].

---

[169] BERTONI (P.), ***Les politiques fiscales sous la cinquième République : discours et pratique***, L'harmattan, Paris, 1992, p. 136.
[170] V. ATANGA FONGUE (R.), op. cit., p. 170.
[171] V. LIPOP (E. R.), op. cit., p. 56.
[172] V. SELCUK ALTINDAG, *La concurrence fiscale dommageable : la coopération des États membres et des autorités communautaires*, L'harmattan, Paris, 2011, p. 29.

b- L'incompatibilité du rescrit avec le principe de légalité fiscale

La légalité fiscale a pour but de mettre le contribuable à l'abri de tout arbitraire fiscal au moment d'exercer son devoir[173]. Ainsi, en vertu de ce principe, seule la loi a compétence pour instituer un impôt, fixer les régimes d'imposition, de même que le cadre juridique de toute procédure fiscale. Le développement de la procédure du rescrit s'inscrit dans la logique du mode de formation de la doctrine administrative.

Le caractère technique et complexe du droit fiscal a souvent amené les praticiens et beaucoup plus le fisc à jouer un rôle prépondérant et même prééminent dans l'élaboration et l'interprétation de la loi fiscale. De ce fait, certains pensent donc que la loi fiscale est d'essence administrative. Seulement, cela ne signifie pas la relégation au second plan de la loi *stricto sensu.* La doctrine fiscale et les actes réglementaires ont simplement pour but de clarifier les dispositions législatives[174]. En pratique, la doctrine fiscale a tendance à prendre le pas sur la loi et les agents fiscaux semblent souvent plus respectueux de cette doctrine que de la loi proprement dite même lorsque celle-ci semble sortir de l'esprit ou de la lettre de la loi.

Il est donc urgent de résoudre les problèmes posés par toutes ces limites évoquées, si l'on veut véritablement et durablement installer le rescrit fiscal comme technique de sécurité fiscale, mais surtout d'attractivité des investisseurs.

2- Le perfectionnement du rescrit fiscal

Le renforcement du rescrit comme moyen efficace de sécurité juridique et fiscale des affaires passe par l'amélioration de son cadre fonctionnel (a) ainsi que par l'aménagement de son dispositif juridique (b).

---

173 DOUET (F.), op. cit., p. 153. POUGOUE (P.-G.), « Les figures de la sécurité juridique », Revue Africaine des Sciences Juridiques, vol. 4, n° 1, 2007.

174 V. ATECK A DJAM (F.), *Droit du contentieux fiscal camerounais*, L'harmattan, Paris, 2009, p. 30.

a- L'amélioration du cadre fonctionnel du rescrit fiscal

On évoquera ici d'une part la publicité des rescrits fiscaux et la nécessité d'un second examen et d'autre part l'utilisation des éléments objectifs d'appréciation comme gage de fiabilité du rescrit.

S'agissant de la nécessaire publicité des rescrits fiscaux[175] en l'état actuel du dispositif juridique de notre système de rescrit, aucune mesure n'a été prise pour permettre aux entreprises de consulter les rescrits que le fisc a eu à donner[176]. Au contraire même, l'idée est d'empêcher celles-ci d'en être imprégnées, ceci au regard de la subjectivité qui entoure les rescrits. L'argument d'une telle démarche serait à rechercher dans le caractère *intuitu personae* du rescrit[177]. À l'analyse, ce serait une erreur, car, la loi étant d'application générale et pour des besoins d'équité et de transparence, les entreprises ont le droit d'être informées sur les positions de droit que le fisc prend lorsqu'il est sollicité pour la résolution de certains problèmes fiscaux. Ces rescrits accordés qui sont l'expression de la doctrine administrative fiscale et qui sont source de droit fiscal doivent être consultables au même titre que la loi[178].

Dans le contexte français par exemple, la question de la publicité des rescrits a été résolue ; ceci pour dissiper tout arbitraire qui pourrait entacher la crédibilité de cette technique de sécurité juridique. L'Administration fiscale camerounaise gagnerait donc à suivre cette position qui est un moyen de transparence fiscale, ceci à travers la création par exemple d'un site internet uniquement dédié à la doctrine administrative et aux questions de rescrit.

S'agissant de l'exigence d'un second examen des rescrits, elle serait à l'image du double degré de juridiction dans le but d'éviter non seulement l'arbitraire, mais surtout de s'assurer que la démarche utilisée et l'interprétation faite des textes de droit pour arriver au

---

[175] Lire, PIAZZON (Th.), op. cit., p. 19, lorsqu'il relève que la publicité est un acte d'accessibilité du droit, un mode de diffusion du droit.

[176] V. LIPOP (E. R.), op. cit., p. 66.

[177] Ibid, p. 57. Lire, Ministère du Budget, des Comptes publics et de la Réforme de l'État français, Direction Générale des Finances Publiques, Rapport sur les conditions de mise en œuvre des procédures de rescrit fiscal, de promotion du dispositif et de publication des avis de rescrit, 2010, 28p.

[178] Idem.

premier résultat l'a été de façon objective[179]. Lorsque le fisc est saisi d'une question fiscale, l'interprétation faite quelques fois de la loi pose des problèmes entre l'entreprise et le fisc. Mais, au regard des missions de puissance publique dévolues au fisc, l'entreprise est souvent contrainte de s'exécuter, même lorsqu'elle n'est pas convaincue du traitement fiscal. Pour éviter cela, et étant entendu que la charge fiscale s'appuie sur le patrimoine privé, la nécessité du second examen s'impose. La force de cette démarche résiderait dans la composition collégiale de la structure chargée de connaître de ce second examen, et de la neutralité des membres de cette collégialité qui sont issus de divers corps de métiers. C'est d'ailleurs cette démarche qui a été adoptée par la France[180].

S'agissant de l'appréciation objective des éléments du rescrit sur un autre plan, il faut remettre en cause toute la subjectivité qui entoure les rescrits et qui génère souvent de multiples contestations au moment des contrôles fiscaux. De manière concrète, pour atteindre cette objectivité, il faut au préalable revisiter les termes de l'article L 33 bis du LPF qui sont équivoques ; d'abord parce que faisant du rescrit une simple possibilité, on gagnerait plutôt à exiger cette consultation. Ensuite, lorsque le Code parle d'éléments « nécessaires », quel est le mode d'appréciation de la nécessité ? On comprend bien qu'il s'agit là de termes à appréciation subjective, ouvrant la voie à toute sorte de dérives administratives.

Enfin, il serait important de convoquer le rescrit à toutes les étapes de la vie de l'entreprise et non seulement à des moments précis. À chacune des étapes de la vie de l'entreprise, celle-ci peut rencontrer des difficultés d'appréciation de certaines situations quant à leur volet fiscal[181] qu'il faudrait toujours saisir le fisc officiellement pour avoir une position formelle sur la démarche à suivre.

---

[179] Dans le contexte français, la procédure du second examen des rescrits fiscaux est assortie de nombreuses garanties parmi lesquelles la collégialité, la neutralité des membres du collège et la désignation des membres ayant une expérience avérée dans leur différent corps de métier.

[180] Ministère du Budget, des Comptes publics et de la Réforme de l'État français, Direction Générale des Finances Publiques, Rapport sur les conditions de mise en œuvre des procédures de rescrit fiscal, de promotion du dispositif et de publication des avis de rescrit, 2010, 28p.

[181] LIPOP (E. R.), op. cit., p. 68.

b- L'aménagement du dispositif juridique du rescrit fiscal

On s'intéressera ici d'une part à l'atténuation de la prolifération des sources du droit fiscal et l'application *erga omnes* des rescrits fiscaux aux entreprises présentant les mêmes préoccupations d'autre part.

S'agissant de l'atténuation de la prolifération des sources de droit fiscal, il faut relever que la plus grande difficulté des entreprises dans l'application du droit fiscal réside dans la multitude des sources de ce droit[182]. C'est cette multitude de textes qui contribue à créer l'impasse dans les choix de l'investisseur[183]. Il serait donc important de restreindre au maximum ces textes afin que le droit fiscal s'appuie sur un corpus de règles assez souples, gage d'attractivité des investisseurs[184]. Cependant, l'atténuation de ce productivisme juridique fiscal à lui seul est insuffisante pour rassurer l'investisseur, il faudrait encore et surtout agir sur la qualité des normes, c'est-à-dire les rendre simples, précises et stables.

La simplicité et la précision de la règle fiscale supposent que son énoncé soit fait en des termes dont la compréhension ne devrait pas prêter à équivoque, surtout pour les investisseurs dont les patrimoines sont engagés à travers les entreprises. Ces deux caractères ont pour but d'éviter des possibilités d'interprétations multiples[185]. Le constat généralement fait est que le langage fiscal est technique et complexe, qu'il ouvre des voies à des applications multiformes du fait des interprétations et de la pratique qui en résultent. Or, cette imprécision bénéficie toujours au fisc qui l'applique au détriment des entreprises.

S'agissant de l'application *erga omnes* des rescrits fiscaux, si cette technique participe de la volonté de l'État de créer un cadre incitatif et

---

[182] V. MESSI (M.), *Nul n'est censé ignorer la loi fiscale, l'incertitude de la règle applicable*, op. cit., p. 13 : « le droit fiscal est caractérisé par une inflation législative doublée d'une technicité parfois redoutable, elle-même reflet de la complexité de certaines situations socio-économiques ». Lire également, DOUET (F.), op. cit., n° 100, p. 57.

[183] V. BUISSON (J.), *La sécurité fiscale,* L'harmattan, Paris, 2011, p. 33.

[184] Lire, ANNE-OUTIN-ADAM, « Haro sur l'insécurité juridique des entreprises », Revue Les Echos du 3 décembre 2009, où elle relève qu'on assiste de plus en plus sur le plan international à une pratique accrue de *Law shopping*, c'est-à-dire que : la qualité, la fiabilité et le caractère favorable de chaque système juridique sont de nos jours autant de facteurs déterminants pour le choix du lieu d'implantation des sociétés.

[185] V. MESSI (M.), op. cit., p. 13, sur la signification et l'interprétation de la règle fiscale.

de promotion des investissements, il gagnerait pour éviter une politique de deux poids deux mesures sorte d'injustice fiscale pour les entreprises similaires, de donner la possibilité à une entreprise d'utiliser le rescrit obtenu par une autre pour le même objet. Cette possibilité serait ainsi une manière rationnelle d'utiliser le rescrit, et fermerait alors la porte à toutes les critiques relatives au caractère *intuitu personae* de celui-ci, et une remise en cause du caractère général de la loi.

À cette sécurité juridique, il faut ajouter celle judiciaire pour véritablement rendre le cadre fiscal camerounais attrayant.

Section 2- La sécurité judiciaire dans le cadre du contentieux fiscal

La sécurité judiciaire apparaît dans le préambule du Traité OHADA comme le second pan important à côté de la sécurité juridique, de la raison d'être de la mise en place de ce droit[186]. Cette sécurité judiciaire dans ce cadre, passe par la mise en place d'une juridiction commune pour connaître de tout le contentieux en matière de droit des affaires[187], il s'agit de la Cour Commune de Justice et d'Arbitrage (CCJA)[188] qui venait ainsi résoudre le problème de la multitude et la diversité des systèmes judiciaires étatiques et leur obsolescence par rapport au contexte actuel des affaires d'une part, et de l'instauration et la systématisation de l'arbitrage[189] comme mode alternatif et principal de résolution des litiges d'affaires[190].

---

[186] V. ISSA-SAYEGH (J.), POUGOUE (P.-G.), SAWADOGO (F. M.), *OHADA, Traité et actes uniformes commentés et annotés*, op. cit., Article 1.

[187] Idem.

[188] FOMETEU (J.), « Le clair-obscur de la répartition des compétences entre la Cour Commune de Justice et d'Arbitrage de l'OHADA et les juridictions nationales de cassation », in (dir) AKAM AKAM (A.), *Les mutations juridiques dans le système OHADA,* op. cit., pp. 37-69.

[189] KENFACK DOUAJNI (G.), « L'obligation dans l'arbitrage OHADA », in (dir) ANOUKAHA (F.), OLINGA (A. D.), *L'obligation,* Études offertes au Professeur Paul-Gérard POUGOUE, op. cit., pp. 408-409. TCHAKOUA (J.-M.), « Aux frontières de l'obligation de soumettre aux arbitres le différend visé par la convention d'arbitrage : les mesures provisoires ou conservatoires », in (dir) ANOUKAHA (F.), OLINGA (A. D.), op. cit., pp. 929-941. Lire, FOMETEU (J.), « Le clair-obscur de la répartition des compétences entre la Cour Commune de Justice et d'Arbitrage de l'OHADA et les juridictions nationales de cassation », in (dir) AKAM AKAM (A.), *Les mutations juridiques dans le système OHADA*, op. cit., pp. 37-69.

[190] Idem.

La sécurité judiciaire de façon pratique, suppose la garantie et l'assurance que l'on peut avoir en la fiabilité et la crédibilité des institutions judiciaires chargées de résoudre les contentieux nés ou à naître. Il s'agit donc, dans le cadre de cette étude, de l'assurance ou la garantie de l'investisseur sur les institutions chargées de connaître du contentieux fiscal et la crédibilité des procédures fiscales afin que son investissement soit protégé de l'arbitraire et les lourdeurs procédurales. La sécurité judiciaire fiscale constitue ainsi un élément d'attractivité des investisseurs à travers la célérité dans la résolution des contentieux fiscaux, mais aussi l'impartialité dans le rendu des décisions. Cela nous amènera à explorer d'une part la procédure contentieuse fiscale en vigueur (paragraphe 1) pour apprécier son degré et niveau de crédibilité puis d'autre part questionner son efficacité à travers l'urgence d'une procédure expresse (paragraphe 2).

Paragraphe 1- Le respect de la procédure contentieuse fiscale en vigueur

Un contentieux peut être défini comme « l'ensemble des litiges susceptibles d'être soumis aux tribunaux »[191].

Comme dans tout contentieux administratif, le contentieux fiscal dans sa phase procédurale s'effectue à un double niveau[192] : une phase administrative ou non juridictionnelle (A) et une phase juridictionnelle (B). Elles sont toutes deux prescrites et codifiées par le Livre de Procédures Fiscales (LPF). C'est de leur respect, mais surtout de leur efficacité que dépendront les certitudes de l'investisseur quant à la sécurité de son investissement, mais aussi de sa volonté ferme à pérenniser son investissement dans un environnement précis. Il est

[191] Lire, ATECK A DJAM (F.), *Droit du contentieux fiscal camerounais*, op. cit., p. 17, Cit. Le Nouveau Petit Robert de langue française, Édition 2007, p. 522. V. également OWONA (J.), *Le contentieux administratif de la République du Cameroun*, L'harmattan, Paris, 2011, p. 7. V. VERPEAUX (M.), JANICOT (L.), *Droit public, pouvoirs publics et action administrative,* PUF, coll. Major, Paris, 2009, pp. 391 et ss. Lire, GATSI (J.), *Nouveau dictionnaire juridique*, op. cit., p. 87, qui opère une distinction dans l'appréhension de ce terme selon qu'on est en procédure civile ou en droit administratif. Ainsi, en procédure civile, le contentieux désigne « toute procédure destinée à faire juger par un tribunal de la recevabilité et du bien-fondé des prétentions opposant une ou plusieurs personnes à une ou plusieurs autres ». En droit administratif, il désigne une procédure destinée à faire juger un litige entre un usager d'un service public et l'État.

[192] V. OWONA (J.), op. cit., p. 8. Lire, articles L 115 à L146 LPF.

important de relever d'emblée que le litige objet de la procédure contentieuse peut naître soit d'une contestation de l'assiette de l'impôt[193] soit d'une contestation relativement au recouvrement d'un impôt[194].

A- La phase administrative ou non juridictionnelle du contentieux fiscal

On distinguera ici le règlement interne du contentieux par l'Administration (1), des règlements par accords des parties[195] (2).

1- Le règlement interne par l'Administration

L'Administration peut se réserver le pouvoir de régler elle-même les litiges l'opposant à des particuliers, personnes physiques ou morales, ou à d'autres administrations[196]. Les recours administratifs permettent ainsi un règlement des différends avant toute saisine du juge, et contribuent de ce fait à l'allègement des juridictions administratives.[197]Ces recours peuvent être de deux types : les recours gracieux et les recours hiérarchiques.

Le recours gracieux consiste en un recours administratif porté devant l'Administration elle-même. Il peut viser l'annulation d'un acte administratif ou l'obtention d'une indemnité de réparation. Il s'agit de façon précise d'un recours adressé directement à l'auteur de l'acte contesté, à l'effet pour lui de revenir sur sa décision après un réexamen[198]. Le recours hiérarchique quant à lui tend à mettre en mouvement le contrôle hiérarchique, donc du supérieur de l'auteur de l'acte[199].

---

[193] ATECK A DJAM (F.), op. cit., p. 31. Lire également, article L 116 (1) LPF : « le contribuable qui se croit imposé à tort ou surtaxé peut en faire la réclamation, par écrit, au Chef de Centre Régional des Impôts, au Directeur chargé de gestion de grandes entreprises ou au Directeur Général des Impôts, dans un délai de trente (30) jours (…) ».

[194] V. ATECK A DJAM (F.), op. cit., p. 31. Lire, articles L 51 à L 94 LPF.

[195] OWONA (J.), op. cit., p. 8, Cit. JACQUOT (H.), « Le contentieux administratif au Cameroun », Revue camerounaise de Droit, n° 7 et 8, Yaoundé, 1975.

[196] Ibid., p. 12.

[197] VERPEAUX (M.), JANICOT (L.), *Droit public, pouvoirs publics et action administrative*, PUF, coll. Major, Paris, 2009, p. 393.

[198] Idem., Lire également, OWONA (J.), op. cit., pp. 12-13.

[199] Idem.,

À l'analyse de ces deux types de recours au regard de l'usage qui en est fait en matière fiscale, il serait facile de relever que le recours préalable devant le fisc prévu par les articles L 115 et suivants du LPF est un recours hiérarchique. Condition indispensable et incontournable avant toute saisine du juge, il s'agit précisément dans cette phase d'offrir une possibilité de résolution du litige sans faire recours au juge.

Ce recours hiérarchique en droit fiscal camerounais offre alors une possibilité de résolution du contentieux à plusieurs niveaux de l'Administration, ceci dans le but de réexaminer à toutes ces étapes les prétentions de l'investisseur et s'assurer que ses intérêts ne sont pas lésés ou bafoués[200]. L'article L 116 du LPF détermine en effet la compétence *rationae materiae* des différents intervenants administratifs en fonction du montant de la réclamation[201]. Les différents responsables disposant chacun d'un délai de trente (30) jours pour répondre à la réclamation du contribuable[202].

À ce niveau, la sécurité de l'investisseur dans ce dispositif juridique réside en ce que, l'entreprise qui conteste une imposition bénéficiera pendant le temps du réexamen de sa réclamation d'un sursis de paiement[203] du montant intégral si elle en fait une demande[204]. Le fait

---

[200] ATECK A DJAM (F.), op. cit., n° 7, p. 17, lorsqu'il relève que : « les actes pris par l'Administration dans le cadre de ses missions de collecte de l'impôt, ne reçoivent pas nécessairement l'adhésion des contribuables. C'est pourquoi le législateur leur a donné la possibilité de contester la régularité et le bien-fondé de l'établissement et du recouvrement de l'impôt ».

[201] Article L 116 (3) LPF : « les compétences des autorités fiscales sont établies en fonction du montant de la réclamation ainsi qu'il suit : - le Chef de Centre Régional des Impôts territorialement compétents pour les réclamations de montant inférieur ou égal à cinquante (50) millions de francs CFA en principal ; - le Directeur chargé de la gestion de grandes entreprises pour les réclamations n'excédant pas cent (100) millions de francs CFA en principal ; - le directeur Général des Impôts pour les réclamations de montant supérieur aux seuils prévus pour les Centres régionaux des impôts et la Direction en charge de la gestion de grandes entreprises ».

[202] Article L 116 (4) LPF : « le Chef de Centre Régional des Impôts, le Directeur chargé de la gestion de grandes entreprises et le Directeur Général des Impôts disposent chacun d'un délai de trente (30) jours pour répondre à la réclamation du contribuable ».

[203] ATANGA FONGUE (R.), *Contrôle fiscal et protection du contribuable dans un contexte d'ajustement structurel : le cas du Cameroun,* L'Harmattan, Paris, 2007, pp. 233-234, parlant de l'octroi discrétionnaire du sursis de paiement, des conditions de son obtention et de ses effets.

[204] Article L 121 LPF.

de faire réexaminer la réclamation du contribuable par la hiérarchie du service émetteur est gage de sécurité et une garantie supplémentaire pour l'entreprise[205]. Pour être recevables, ces réclamations doivent être introduites dans les délais prescrits par la loi sous peine de déchéance ou forclusion[206], mais doivent également respecter certaines formalités[207].

C'est dans ce sens que l'article L 116 (nouveau) (1) du LPF dispose que le délai de saisine du Chef de Centre Régional des Impôts, du Directeur des grandes entreprises ou du Directeur Général des Impôts est de trente (30) jours à partir de la date d'émission de l'AMR ou de la connaissance certaine de l'imposition. S'agissant de la saisine du ministre, elle se fait dans les trente (30) jours à compter de la date de notification de la décision des responsables sus-cités.

La codification de tous ces éléments permet ainsi au service fiscal de l'entreprise de mieux maîtriser la procédure tant dans sa forme que dans son fond, mais aussi de pouvoir avec objectivité et transparence apprécier les situations fiscales des entreprises. Si cela peut rassurer l'investisseur, on peut néanmoins regretter le fait que l'instruction administrative de ces réclamations ne soit faite que par les agents du fisc qui peuvent par solidarité de corps et surtout l'obligation des résultats chiffrés qui leur est assignée de ne pas toujours se prononcer dans le sens voulu par les textes, ceci dans le souci de l'atteinte des objectifs qui apparaît pour eux comme une *épée de Damoclès* suspendue à leur tête.

Qu'en est-il des autres modes de règlement non juridictionnel ?

---

[205] La réclamation devant passer par le Chef de Centre Régional des Impôts (CCRI), le Directeur des grandes entreprises (DGE), le Directeur Général des Impôts (DGI), et le ministre des Finances (MINFI). V. articles L 118 (nouveau) et L 119 LPF.

[206] Lire, ATECK A DJAM (F.), op. cit., n° 106, p. 57, parlant de réclamations tardives. V. également, Jugement n° 37/CS/CA du 4 mars 1976, Société camerounaise d'exploitation vinicole (CAVINEX) C/État du Cameroun.

[207] Articles L 116 (nouveau) alinéa 2 LPF et L 119 LPF.

2- Le règlement par accord entre les parties

Il existe deux modes de règlement des litiges par accord entre les parties : la transaction[208] et l'arbitrage[209]. Nous ne nous intéresserons pas fondamentalement dans le cadre de cette étude à la seconde modalité à savoir l'arbitrage[210], pour la simple et bonne raison qu'elle est interdite en matière administrative au Cameroun[211], sauf dans des cas expressément prévus par la loi[212]. Le contentieux fiscal est un contentieux administratif, c'est-à-dire régi selon les règles de droit administratif donc droit public parce que mettant en opposition des personnes physiques ou morales à l'État. Puisqu'on se trouve en matière d'affaires où les patrimoines des investisseurs sont mis en jeu à travers les actifs et produits des entreprises, il serait souhaitable d'encourager les règlements d'accord-parties à travers la conciliation et la concession pour éviter les lourdeurs et lenteurs des procédures devant les juridictions. Tel est le cas par exemple pour la transaction.

La transaction est une « convention par laquelle les parties, au moyen de concessions réciproques, terminent une contestation née ou préviennent une contestation à naître »[213]. Dans le contexte fiscal

---

[208] GATSI (J.), *Nouveau dictionnaire juridique,* op. cit., p. 317. CORNU (G.), *Vocabulaire juridique,* op. cit., p. 1024.

[209] KENFACK DOUAJNI (G.), « L'obligation dans l'arbitrage OHADA », in (dir) ANOUKAHA (F.), OLINGA (A. D.), *L'obligation,* Études offertes au Professeur Paul-Gérard POUGOUE, op. cit., pp. 408-409. TCHAKOUA (J.-M.), « Aux frontières de l'obligation de soumettre aux arbitres le différend visé par la convention d'arbitrage : les mesures provisoires ou conservatoires », in (dir) ANOUKAHA (F.), OLINGA (A. D.), op. cit., pp. 929-941.

[210] Sur l'arbitrage, lire, OWONA (J.), op. cit., p. 9, c'est une procédure par laquelle les parties à un litige décident de recourir à un tiers, arbitre, et acceptent d'avance de se conformer à sa sentence. L'arbitrage peut être suivi d'une homologation par un juge. V. GATSI (J.), op. cit., p. 29.

[211] Lire, OWONA (J.), op. cit., p. 9. V. également, articles 36 et 577 du Code de procédure civile et commercial du Cameroun. Lire, VERPEAUX (M.) JANICOT (L.), op. cit., p. 392, où il est mentionné que l'arbitrage est interdit en principe pour les personnes publiques.

[212] Article 30 du Code des investissements relativement aux conflits d'interprétation des conventions d'établissement des sociétés venant investir au Cameroun, et article 10 de l'ordonnance n° 74/1 du 6 juillet 1974 fixant le régime foncier en matière d'expropriation pour cause d'utilité publique en faveur des communes, établissements publics et sociétés d'économie mixte.

[213] OWONA (J.), op. cit., p. 8. V. article 2044 Code civil. V. enfin, Arrêt n° 66/CS/CA du 30 septembre 1969, Augustin Lucien CANTAN C/État du Cameroun Oriental.

camerounais, la transaction trouve son fondement juridique dans l'article L 125 du LPF en disposant que : « sur proposition du Directeur Général des Impôts, le ministre en charge des finances peut autoriser, dans le cadre d'une transaction, une modération totale ou partielle des impositions dans les deux cas suivants : avant la mise en recouvrement suivant une procédure de contrôle, et durant toute la procédure contentieuse[214]. En cas d'acceptation de cette proposition de transaction par le contribuable, celui-ci s'engage expressément à ne pas introduire une réclamation ultérieure, à se désister des réclamations par lui introduites, et à acquitter immédiatement les droits et pénalités restant à sa charge ». Il faut relever que cette technique constitue un élément fiscal d'attractivité des investisseurs, gage de développement. Il serait même judicieux de vulgariser suffisamment cette modalité qui pourrait faire de l'impôt non plus un élément de répulsion, mais plutôt d'acceptation par les agents économiques.

B- Le règlement juridictionnel du contentieux fiscal

Il s'agit précisément dans cette phase des contribuables n'ayant pas obtenu une solution satisfaisante à leur réclamation à l'étape administrative. Le recours juridictionnel présente plusieurs garanties[215] :

- L'indépendance de la juridiction devant statuer uniquement sur la base des lois et règlements ;
- Le caractère contradictoire des débats qui permet à l'entreprise de relever les points sur lesquels la position du fisc porte atteinte à ses intérêts par non-respect de la loi ;
- L'exécution obligatoire des jugements rendus après épuisement de toutes les voies de recours.

Il ne s'agit pas pour nous de faire tout un exposé sur la procédure contentieuse devant le juge administratif ou le juge judiciaire selon les cas, mais simplement, de relever en quoi le règlement juridictionnel du contentieux fiscal peut être un élément d'attractivité des investisseurs et entreprises dans la décision d'implantation.

GATSI (J.), *Nouveau dictionnaire juridique*, op. cit., p. 317. CORNU (G.), *Vocabulaire juridique,* op. cit., p. 1024.

[214] V. ATECK A DJAM (F.), op. cit., p. 216.

[215] OWONA (J.), op. cit., p. 14.

En effet, l'impartialité des juges, la bonne administration de la justice, mais surtout la célérité dans le traitement des dossiers sont déterminantes dans la décision de l'investisseur. S'il est un fait qui constitue un véritable frein dans l'investissement en zone OHADA et plus précisément dans l'espace CEMAC donc le Cameroun, c'est la mauvaise image que les investisseurs ont de la justice[216]. Il s'agit donc pour crédibiliser cette justice, de la rendre conformément aux lois et règlements de la République en toute impartialité et avec célérité. Cela suppose donc le respect scrupuleux des délais et des procédures. Ainsi, l'entreprise qui n'est pas satisfaite de la décision du MINFI relativement à sa réclamation, dispose d'un délai de soixante (60) jours à compter de la notification de la décision pour saisir le tribunal[217]. En la matière et sous peine d'irrecevabilité, la demande introductive d'instance doit satisfaire aux conditions de compétence de la juridiction saisie. Le tribunal compétent sera fonction de la répartition légale des compétences *rationae loci*.

Depuis la loi de finances de l'exercice 2016, le tribunal administratif est désormais seul compétent pour connaître des litiges fiscaux. Ainsi, que ce soit en matière d'impôts directs, de la TVA ou des droits d'enregistrement, les demandes doivent être introduites au greffe du Tribunal administratif territorialement compétent[218]. Cette nouvelle procédure vient alors supprimer l'ancienne qui opérait une distinction de juridiction[219] entre la chambre administrative de la Cour suprême statuant comme premier degré de juridiction en matière administrative[220] qui connaissait des contentieux des impôts directs et de la TVA, des juridictions de l'ordre judiciaire qui connaissait le

---

[216] Le rapport « *doing business* » 2015 dans les États membres de l'OHADA cite la justice parmi les facteurs constituant un frein au monde des affaires dans cet espace.

[217] Article L 126 LPF : « En matière d'impôts directs et de taxe sur la valeur ajoutée ou de taxe assimilées, les décisions rendues par le MINFI sur les réclamations contentieuses, et qui ne donnent pas entièrement satisfaction aux intéressés, peuvent être attaquées devant les Tribunaux administratifs, dans un délai de soixante (60) jours à partir du jour de la réception de l'avis portant notification de la décision ».

[218] Ibidem. Lire, également l'article L 127 LPF. lire enfin l'article 412 (nouveau) CGI qui dispose que : « les règles de procédure en matière de contentieux et de recouvrement des droits d'enregistrement sont les mêmes que celles prévues par le Livre des Procédures Fiscales en matière d'impôts, taxes et droits directs ».

[219] ATECK A DJAM (F.), op. cit., n° 270-273, pp. 107-108.

[220] Ibid, n° 293-294, p. 113. V. également, article 9 de l'ordonnance n° 72/6 du 26 août 1972 portant organisation et fonctionnement de la Cour suprême, et ses modifications subséquentes notamment la loi n° 2006/016 du 29 décembre 2006.

contentieux des droits d'enregistrement. Il existe donc désormais une unité de juridiction autour du tribunal administratif comme premier degré de juridiction. La demande doit être faite conformément aux conditions de forme et de fond prescrites par l'article L 128 du LPF[221]. Il s'ensuit donc un échange des mémoires conformément aux dispositions des articles L 130 à L 133 du LPF.

Cette unité de juridiction désormais applicable est un élément de sécurité pour l'investisseur qui, souvent mal renseigné dans les procédures fiscales contentieuses, pouvait se voir débouté dans une procédure pour avoir mal dirigé sa demande, et perdre ainsi un procès, et partant une part importante de son patrimoine social. Quoi qu'on dise, si ces aménagements nouveaux confortent l'investisseur dans une certaine posture de sécurité, il reste que le véritable challenge pour la crédibilité de nos juridictions se trouve dans l'impartialité des juges[222], leur probité et surtout la célérité dans le traitement des dossiers au regard de l'urgence qui caractérise souvent les dossiers impliquant les investisseurs du fait de la sensibilité et de l'importance des enjeux économiques en présence. La nécessité d'une procédure de référé ne s'impose- t-elle pas ?

Paragraphe 2- La systématisation des procédures d'urgence favorable à l'investisseur

Dans l'intérêt de l'investisseur, on examinera tour à tour la procédure de référé (A) et le sursis à exécution (B).

A- Le référé : une procédure favorable à l'investisseur

Le référé est une procédure d'urgence attribuée en principe à la compétence du Président de la juridiction saisie[223] qui statue à juge

---

[221] Article L 128 LPF : « A peine d'irrecevabilité, la requête doit satisfaire aux conditions de forme et de fond suivantes : - être présentée par écrit, signée par le requérant ou son représentant dûment habilité et être accompagnée de deux copies de la requête sur papier libre, - contenir l'exposé sommaire des faits et moyens et des conclusions de la partie, - préciser le montant des dégrèvements en droits et pénalités sollicitées, - être accompagnée d'une copie de la décision contestée ».

[222] Lire, KUATE TAMEGHE (S. S.), « La réforme du statut de la magistrature au Cameroun », in (dir) BOKALLI (V.-E.), et autres, *De l'esprit du droit africain,* op. cit., p. 423.

[223] Article 27 (1) loi n° 2006/022 fixant organisation et fonctionnement des tribunaux administratifs.

unique pour faire cesser une situation contraire à la loi[224]. Il s'agit précisément d'obtenir du président du tribunal ou du juge délégué à cet effet une décision exécutoire provisoire *in limine litis*[225]. Ainsi, le référé doit intervenir chaque fois qu'il y'a une situation urgente qui, si elle ne venait pas à faire l'objet d'une décision provisoire, pourrait sérieusement causer préjudice aux intérêts du requérant de sorte que la décision définitive à venir ne pourrait plus réparer ce tort même s'il venait à avoir gain de cause[226]. Dans tous les cas, le juge saisi en urgence doit également être celui compétent au fond[227]. On examinera donc les différents types de référés d'urgence d'une part (1) et le référé fiscal au regard de son importance pour l'entreprise d'autre part (2).

1- Les référés d'urgence

Il en existe trois : le référé-suspension, le référé-conservatoire et le référé-liberté[228]. Seulement, dans le cadre de cette étude, on s'intéressera exclusivement aux deux premiers parce qu'ils rentrent en droite ligne des préoccupations des entreprises lorsque ces dernières, en contestation d'une imposition, veulent voir le recouvrement de celle-ci différée, le temps pour elle de saisir le juge qui devra se prononcer sur sa légalité.

Le référé-liberté, qui ne sera pas étudié ici est un recours susceptible d'être exercé en cas d'atteinte grave et manifestement illégale à une liberté fondamentale[229].

a- Le référé-suspension

Lorsqu'une décision administrative fait l'objet d'une requête en annulation ou en réformation, le juge des référés, saisi d'une demande dans ce sens, peut ordonner la suspension de l'exécution de cette

---

224 V. GATSI (J.), op. cit., p. 269. V. également, CORNU (G.), op. cit., p. 864. V. enfin, *Lexique des termes juridiques,* op. cit., pp. 488-489.

225 OWONA (J.), op. cit., p. 107. V. VERPEAUX (M.), JANICOT (L.), op. cit., pp. 395-398.

226 Ibidem. Lire, également, article 30 (2) loi n° 2006/022 fixant organisation et fonctionnement des tribunaux administratifs.

227 V. CFJ/CAY du 13 mai 1971, Arrêt n° 159, NLIBA NGUIMBOUS C/État Fédéré du Cameroun Oriental cité par JACQUOT (H.), RCD, n° 8 (juillet-décembre 1975), p. 121, « le contentieux administratif au Cameroun ».

228 VERPEAUX (M.), JANICOT (L.), op. cit., p. 395.

229 Idem., V. GUINCHARD (S.), MONTAGNIER (G.) (dir), *Lexique des termes juridiques,* op. cit., p. 490.

décision, ou de certains de ses effets, lorsque l'urgence le justifie, ou même un sérieux doute quant à la légalité de cette décision. Il y a donc référé suspension exécutoire[230]. Pour rendre celui-ci possible, deux conditions de fond doivent être remplies :

- Le requérant doit démontrer l'urgence à suspendre qui ne peut être remplie que lorsque la décision administrative contestée préjudicie de manière grave et immédiate à un intérêt public, à la situation du requérant ou aux intérêts qu'il défend[231] ;
- Le requérant doit démontrer l'existence d'un simple doute sérieux sur la légalité de la décision[232].

b- Le référé-conservatoire

C'est une procédure permettant au juge des référés administratif, en cas d'urgence, d'ordonner toute mesure utile sans faire obstacle à l'exécution d'une décision administrative[233]. Ici, il ne s'agit pas de suspendre l'exécution d'une décision administrative qui peut même ne pas exister, mais de prendre des mesures conservatoires pour empêcher la survenue d'un potentiel risque ou danger irréparable s'il survenait[234].

Toutes ces mesures ont bien pour but de sauvegarder les intérêts du requérant qui dans le cadre de cette étude se révèle être l'entreprise pour une sécurité de l'investissement effectué.

2- L'importance du référé fiscal pour l'entreprise

Le référé fiscal est un procédé utilisé en droit fiscal permettant à un requérant redevable de l'impôt de demander un report de paiement[235]. Comme tous les référés, le référé fiscal est une mesure d'urgence qui permet au contribuable qui conteste le montant de ses impôts de saisir le juge des référés. Cette mesure intervient après que le comptable du

---

[230] Idem. Lire, GUINCHARD (S.), MONTAGNIER (G.) (dir), *Lexique des termes juridiques,* op. cit., p. 489.

[231] Idem. V. CFJ/CAY du 17 janvier 1970, NKWENKAM MOLLUE Luc C/CPE Yaoundé.

[232] Idem.

[233] GUINCHARD (S.), MONTAGNIER (G.) (dir), *Lexique des termes juridiques,* op. cit., p. 488.

[234] VERPEAUX (M.), JANICOT (L.), op. cit., p. 397.

[235] GUINCHARD (S.), MONTAGNIER (G.) (dir), *Lexique des termes juridiques*, op. cit., p. 489. Ce référé existe déjà en droit français. V. OWONA (J.), op. cit., p. 107.

Trésor ait refusé la demande présentée par le requérant. Il existe deux types de référés fiscaux :

- Le référé fiscal suspensif de mesure exécutoire ;
- Le référé fiscal suspensif de mesure conservatoire.

Il faut relever que dans le contexte camerounais, la jurisprudence n'est pas suffisamment fournie en matière de référé fiscal. Cela serait le fait d'une part de la connaissance approximative par les entreprises des procédures contentieuses, mais également du peu d'intérêt qu'elles accordent au service de conseil fiscal en entreprise très aguerri dans la technique fiscale, et d'autre part les pouvoirs énormes reconnus à l'administration fiscale.

Le recours permanent à la procédure de référé fiscal par les entreprises, lorsqu'elles se sentent lésées dans leur droit, constituerait une garantie suffisante de sécurité pour les investisseurs qui de façon récurrente se voient souvent délestés du produit de leur patrimoine. Le référé fiscal ne devient alors efficace que lorsqu'il est accompagné du sursis à exécution qui s'analyse doublement en termes de sursis de paiement pour l'entreprise et sursis à exécuter certains actes de procédures de recouvrement par le fisc.

B- La nécessité d'un sursis à exécution

Le sursis à exécution est une procédure qui tend à obtenir la suspension de l'exécution de l'acte querellé de l'Administration[236], soit à différer l'exécution d'une décision juridictionnelle frappée d'appel ou de cassation[237]. La nécessité du sursis à exécution découle de deux principes[238] :

- Le principe du privilège d'exécution attaché aux décisions administratives, même en cas de recours gracieux préalable[239] ;

[236] V. OWONA (J.), op. cit., p. 108.
[237] GUINCHARD (S.), MONTAGNIER (G.) (dir), *Lexique des termes juridiques,* op. cit., p. 553.
[238] OWONA (J.), op. cit., p. 108.
[239] Article 30 alinéa 1 de la loi n° 2006/022 du 29 décembre 2006 portant organisation et fonctionnement de la chambre administrative de la Cour suprême.

- Le principe du caractère non suspensif des recours contentieux contre les décisions administratives[240].

Cette procédure du sursis à exécution tend à obtenir du juge qu'il ordonne à l'Administration de différer l'exécution de la décision querellée jusqu'à ce qu'il soit statué au fond. En droit fiscal, le contribuable qui conteste le bien-fondé ou le montant des impositions mises à sa charge peut s'il en a expressément formulé la demande dans sa réclamation et précisé le montant querellé, demander un sursis de paiement dans le cadre d'un référé fiscal. L'exigibilité de la créance et la prescription de l'action en recouvrement sont suspendues jusqu'à ce qu'une décision définitive ait été prise soit par l'Administration[241], soit par le tribunal.

L'article L 121 du LPF dispose à ce sujet que : « le contribuablc qui conteste le bien-fondé ou le montant d'une imposition mise à sa charge peut, s'il en a expressément formulé la réclamation (...), obtenir le sursis de paiement de la partie contestée desdites impositions, à condition :

- De formuler expressément la demande de sursis de paiement dans ladite réclamation ;
- De préciser le montant ou les bases du dégrèvement qu'il sollicite (...).

L'absence de réponse de l'Administration dans un délai de 15 (quinze) jours équivaut à l'acceptation tacite du sursis de paiement (...) ».

Il s'agit bien évidemment là du sursis dc paiement octroyé par le fisc lorsque toutes les conditions de garanties ont été remplies[242]. Il peut donc arriver que l'entreprise, croyant avoir fourni toutes les garanties nécessaires pour l'obtention d'un sursis de paiement, se voit plutôt refuser celui-ci. Dans ce cas, il saisit alors le juge des référés en sursis de paiement.

---

[240] Article 30(1) loi n° 2006/022 fixant l'organisation et le fonctionnement des tribunaux administratifs : « le recours gracieux contre un acte administratif n'en suspend pas l'exécution ».
[241] Article L 121 LPF.
[242] V. article L 116 LPF.

Il serait important dans la législation fiscale camerounaise de prendre des dispositions suffisantes pour vulgariser de telles procédures qui constituent des garanties pour l'investisseur et contribuent sérieusement à promouvoir une fiscalité d'attractivité gage de développement. Il s'agira également pour les tribunaux saisis en matière d'urgence, de se prononcer avec célérité, car, les enjeux en présence sont d'ordre économique, mais surtout il s'agit des patrimoines sociaux qui sont engagés de sorte que toute lenteur, lourdeur ou décision approximative pourrait constituer un préjudice grave au développement des affaires.

Une fois le pari de l'attractivité fiscale gagné, il reste encore et surtout à mettre en place des politiques fiscales de maintien des investisseurs pour pouvoir pérenniser leurs investissements, gage d'une rentabilité fiscale à long terme.

Conclusion chapitre 1

La mise en place d'une fiscalité attractive propice au développement des structures économiques que sont les entreprises impose une double exigence : la sécurité juridique[243] et judiciaire des investissements.

L'une des récriminations souvent faites au droit fiscal et qui rend les investisseurs assez réticents sur la fiabilité du cadre juridique, c'est la flexibilité des lois et les lenteurs judiciaires. Il s'agit donc précisément, à travers la sécurité juridique, d'améliorer la qualité de la production normative ceci en respectant le triptyque qui fonde la sécurité juridique à savoir : l'accessibilité, la prévisibilité et la stabilité des lois. Il serait également important d'accorder un intérêt à la réduction de la quantité des lois.

D'autre part, la sécurité judiciaire s'impose au regard des lenteurs tant décriées dans le rendu des décisions judiciaires, ainsi que la probité des agents chargés de rendre justice. L'investisseur étant essentiellement gouverné par les exigences temporelles de son activité,

---

[243] POUGOUE (P.-G.), « Les figures de la sécurité juridique », Revue Africaine des Sciences Juridiques, vol. 4, n° 1, Université Yaoundé 2, FSJP, 2007, pp. 1-8. AKAM AKAM (A.), Libres propos sur l'adage : *« nul n'est* censé ignorer la loi », Revue Africaine des Sciences Juridiques, vol. 4, n° 1, pp. 31-54. PIAZZON (Th.), *La sécurité juridique*, op. cit., pp. 57-60. MESSI (M.), *Nul n'est censé ignorer la loi fiscale, la recherche de la règle applicable*, op. cit., p. 432p.

les procédures de référé, de sursis à exécution et d'arbitrage[244] sont déterminantes dans la préservation des intérêts en présence.

Si le Cameroun semble l'avoir compris en engageant de multiples réformes dans ce sens, la nécessité d'implémenter rapidement et rigoureusement ces techniques s'impose pour véritablement assainir le climat des affaires.

---

244 ANOUKAHA (F.), « L'obligation d'information de l'arbitre en droit OHADA », in (dir) ANOUKAHA (F.), OLINGA (A. D.), op.cit., pp. 87-110.

Chapitre 2 :

L'attractivité par la modernisation de l'Administration et la gouvernance fiscales

Le maintien des investissements dans un environnement économique sur la durée repose sur plusieurs déterminants parmi lesquels nous ne retiendrons que deux : la modernisation de l'Administration et de l'activité fiscales (section 1) d'une part, et le dépassement d'une fiscalité exclusivement budgétaire (section 2) source de plusieurs dérapages au nom du principe de l'équilibre budgétaire.

Section 1- La modernisation de l'Administration et l'activité fiscales

Il s'agira ici de suggérer dans une réflexion profonde la modernisation permanente des techniques et structures fiscales (paragraphe 1) et l'évaluation permanente des réformes dans le choix des nouvelles options fiscales (paragraphe 2) pour une politique de maintien des investisseurs.

Paragraphe 1- La modernisation permanente des techniques et structures fiscales

Face à la mondialisation des affaires aujourd'hui, à l'apparition et au développement de l'industrie du numérique, tous les pans entiers des différents circuits économiques se trouvent dans la nécessité urgente de muter leurs activités et les adapter à la nouvelle donne. Le droit fiscal des affaires, objet de la présente réflexion ne saurait s'écarter de cette approche globale s'il veut répondre efficacement au rendez-vous de la performance et de la modernité. La modernisation des techniques et des structures fiscales s'impose donc de nos jours[245]. Celle-ci passe bien évidemment par la dématérialisation complète des procédures

---

[245] V. le magazine semestriel de la DGI *« Impôts Infos »*, n° 003, Avril 2016.

fiscales[246] (A), ainsi que par une réorientation plus pertinence des services et métiers fiscaux[247] (B).

A- La dématérialisation complète des procédures fiscales

Face à la complexité du système fiscal camerounais, les entreprises sont de plus en plus confrontées à des difficultés de gestion de leurs obligations fiscales qui occasionnent pour elles des coûts non négligeables. Cette complexité est également source de dépenses pour l'État à travers des frais de contrôles et de recouvrement, ainsi qu'une perte de matière fiscale par l'optimisation, voire la fraude fiscale.

Afin de pallier ce problème, il convient de limiter le nombre d'assiettes des impôts auxquels est soumise une entreprise, ou au moins le nombre de déclarations à servir, et de désigner un seul organisme recevant le paiement de l'impôt. Certes l'interlocuteur fiscal unique a été mis en place au Cameroun, mais un renforcement de la dématérialisation des documents fiscaux accompagnée d'un développement du télépaiement paraît souhaitable, une dématérialisation générale dans les relations entre les administrés et l'administration. La dématérialisation des procédures semble aujourd'hui être le véritable cheval de bataille de la modernité fiscale tant souhaitée.

La téléprocédure est un système de télédéclaration et de télérèglement qui permet une dématérialisation totale des déclarations et un télérèglement des droits dus[248]. Cette procédure s'avère fondamentale aujourd'hui, lorsqu'on connaît les multiples problèmes que posent le contact physique entre l'entreprise et le fisc d'une part, et le problème crucial de la sécurisation des recettes fiscales dans nos circuits financiers d'autre part. Il serait alors important pour nous de faire le point de la législation camerounaise sur cette question pour voir si le dispositif juridique fiscal actuel encadre et promeut suffisamment la téléprocédure (1). Il serait par ailleurs intéressant de penser à la généralisation de cette technique si on veut atteindre le cap de la

---

[246] Idem.
[247] Idem.
[248] Lire, ROEMER (F.), « La dématérialisation des procédures fiscales en France, une modernisation de l'État au service de l'amélioration des relations avec les entreprises ? », in *Des outils numériques pour améliorer le fonctionnement de l'État : solutions ou problèmes ?,* Revue du Centre d'Études et de Recherches en Administration Publique, n° 26-27, 2016, pp. 145-162.

modernité et de l'émergence fiscale (2). Les méthodes encore en vigueur présentent des failles et insuffisances, qu'il serait judicieux d'envisager des esquisses de réponses sur les nouvelles questions et difficultés que pourrait soulever cette technique dans notre contexte (3).

1- La téléprocédure dans le droit fiscal camerounais

En parcourant l'essentiel de la législation fiscale camerounaise contenue dans le CGI, on peut rapidement conclure sur une prise en compte insuffisante de la variante téléprocédure dans la loi. Le dispositif juridique actuel reste encore très pauvre en la matière. Ce n'est que de façon passagère et parfois facultative que cela s'avère être une exigence pour les entreprises.

Ainsi, le CGI consacre la télédéclaration[249] et le télérèglement[250] comme une faculté et non comme une exigence obligatoire. À la lecture des dispositions les consacrant, à savoir les articles L 2 et L 7 du LPF, il est clairement indiqué à travers le vocabulaire utilisé que la téléprocédure relève d'une simple faculté. En pratique, la structure dans laquelle cette technique semble avoir été la mieux implémentée reste et demeure la DGE, ceci en raison de la qualité des contribuables qui sont rattachés à cette structure, mais surtout en raison des distances qui séparent celle-ci du siège social de la plupart de ces entreprises. La DGE a une compétence territoriale nationale[251]. Il est vrai que la

[249] V. Article L 2 LPF « Toute personne physique ou morale assujettie en sa qualité de redevable légal au paiement d'un impôt, droit ou taxe ou d'acompte d'impôt, droit ou taxe, ou désignée pour procéder à des retenues d'impôts à la source en vertu des dispositions légales ou réglementaires est tenue de souscrire des déclarations (…). Les déclarations peuvent être faites par voie électronique dans les conditions déterminées par acte réglementaire. Toutefois, les entreprises relevant d'une unité de gestion spécialisée, sont tenues de déposer leurs déclarations statistiques et fiscales sur support physique et en version électronique ».

[250] Article L 7 LPF « (…). Le paiement des impôts et taxes susvisés se fait suivant les modalités ci-après : - en espèces ou par voie électronique pour les montants inférieurs à cent mille (100 000) francs ; - par chèque certifié, par virement bancaire ou par voie électronique pour les montants d'au moins cent mille (100 000) francs ; - par virement bancaire ou par voie électronique pour les entreprises relevant d'une unité de gestion spécialisée ».

[251] Lire, Impôts Infos, n° 003, Avril 2016, p. 67, où parlant de la télédéclaration on peut lire que : « Dans sa poursuite de l'objectif global de réduire significativement le temps mis par les contribuables à l'accomplissement de leurs obligations fiscales, la DGI a mis en place le dispositif de télédéclaration. D'abord réservé aux grandes

télédéclaration s'étend progressivement en pratique aux Centres des impôts des moyennes entreprises (CIME)[252]. Parlant du télépaiement, son champ d'application en pratique couvre les impôts tels que : la Taxe sur la Propriété Foncière (TPF)[253] a été étendue tout récemment aux droits d'enregistrement des bons de commande administratifs, des marchés publics et des transactions immobilières[254].

Deux critiques fondamentales, de notre point de vue, peuvent être faites dans la procédure de dématérialisation en droit fiscal camerounais : d'une part, un manque d'encrage juridique fort et d'autre part, le caractère restreint de son champ d'application actuel.

S'agissant du manque d'encrage juridique, la dématérialisation de la fiscalité camerounaise, si elle est fondamentale dans le processus d'émergence et de modernité de notre fiscalité des affaires, ne repose pas sur une base légale forte. En effet, le dispositif juridique fiscal actuel n'a pas suffisamment codifié cette procédure pour la rendre impérative et contraignante. Or, le droit est le fondement et la base de toute réforme qui se veut durable et efficace. Il est indéniable aujourd'hui que la dématérialisation est nécessaire pour le développement de notre fiscalité, il est donc impérieux de l'asseoir sur un fondement juridique fort, de véritablement l'installer par codification dans le dispositif en vigueur avec valeur contraignante, pour qu'elle cesse d'être une faculté, mais plutôt une exigence impérative.

S'agissant du caractère restreint de son champ d'application, jusqu'ici, la pratique a confiné cette procédure sur des impôts peu porteurs à l'instar de la TPF, qui dans la nomenclature comptable de

---

entreprises en 2015, ce dispositif a été renforcé, et étendu à l'ensemble des Centres des Impôts des Moyennes Entreprises en 2016 ».

[252] Idem.

[253] Ibid., p. 67 : « Le paiement électronique ou *Mobile Tax* consiste au paiement des impôts via le téléphone mobile. Il permet notamment d'éviter les multiples désagréments que constituent les longues files d'attente, les frais de transactions bancaires plus élevés, le déplacement, le retard de délivrance des quittances. Ce mode de paiement a été pour une première phase couplé à la déclaration préremplie et réservé pour l'instant au paiement de la taxe foncière. Son extension est prévue à l'ensemble des impôts, droits et taxes ».

[254] Depuis le 1er juin 2016, suivant une instruction du DGI, l'enregistrement de la commande publique ainsi que les transactions immobilières se fait désormais par télédéclaration et télépaiement.

l'État n'est pas une recette budgétaire, donc son impact est très peu probant et les droits d'enregistrement.

Véritablement, la dématérialisation, pour être rentable et efficace dans notre contexte impose son extension dans tous les pans de la fiscalité. Cette généralisation pourrait mettre un terme aux pratiques ingénieuses développées tous les jours dans nos administrations, et dont le seul but est de délester le trésor public de ressources nécessaires pour le développement.

2- Vers une dématérialisation complète des procédures fiscales

La dématérialisation correspond à toutes les techniques qui suppriment le papier au profit de l'électronique[255]. La dématérialisation assure une meilleure traçabilité des documents. Par elle, l'entreprise peut s'affranchir des problématiques liées à l'archivage et au stockage des données papier[256].

L'une des principales récriminations souvent faites à l'endroit de l'administration fiscale camerounaise est sa difficulté voire son incapacité à pouvoir gérer le problème du contact physique permanent entre les entreprises et les agents fiscaux[257]. La DGI est résolument engagée dans la voie de la modernisation tant de ses structures que de

---

255 Lire, CORNU (G.), *Vocabulaire juridique,* op. cit., pp. 320-321 : la dématérialisation est une opération liée à de nouvelles technologies consistant à remplacer un support matériel tangible (monnaie fiduciaire, titre au porteur) qui circule entre les mains des intéressés comme instrument de paiement ou de commerce, par un support comptable centralisé et électronique.

256 ROEMER (F.), « La dématérialisation des procédures fiscales en France, une modernisation de l'État au service de l'amélioration des relations avec les entreprises ? », in *Des outils numériques pour améliorer le fonctionnement de l'État : solutions ou problèmes ?,* Revue du Centre d'Études et de Recherches en Administration Publique, n° 26-27, 2016, pp. 145-162. Lire, DIFFO TCHUNKAM (J.), « La dématérialisation au service de l'attractivité économique du droit OHADA : Enjeux économiques et défis sécuritaires », in Mélanges en l'honneur de Paul Gérard POUGOUE, *De l'esprit du droit africain*, op. cit., p.231.

257 Plusieurs problèmes sont souvent nés du fait du contact physique entre les contribuables et les agents fiscaux. Les détournements de recettes, l'arnaque des usagers. Ce qui a été à l'origine des classements souvent effectués par les ONG tels que Transparency International qui positionnait l'Administration fiscale comme l'un des corps les plus gangrénés par le fléau de la corruption. Ce classement qui a perduré pendant un temps, n'était pas de nature à attirer les investisseurs au Cameroun. Pour pallier cette situation, l'urgence s'est fait ressentir d'aller vers une numérisation générale des procédures, prescriptions des bailleurs des fonds, et pertinence avérée.

ses techniques. La dématérialisation des procédures s'avère être la voie royale pour y arriver[258] ; même les institutions financières internationales le conseillent fortement. Seulement, tel qu'elle se met en place au Cameroun, sa vitesse est lente et ses résultats encore attendus. Il est important si l'on veut sérieusement se mettre sur le chemin d'une fiscalité de développement, expérimenter au niveau national les bonnes règles qui ont fait leurs preuves ailleurs : la dématérialisation complète s'impose. La mise en place d'un cadre juridique qui devra systématiser la téléprocédure dans l'ensemble des structures fiscales. Donner désormais la possibilité aux entreprises, quelle que soit leur structure fiscale de rattachement, de pouvoir engager et clôturer une procédure fiscale sans toutefois avoir l'obligation d'un contact physique avec les agents fiscaux.

Elle aura l'avantage de la célérité dans les procédures, un gain de temps et d'argent pour les entreprises et une rationalisation du système fiscal[259]. Il serait alors judicieux aujourd'hui d'élaborer le champ d'application de cette procédure et son cadre de mise en œuvre concrète pour l'ensemble des impôts, droits et taxes.

Le développement des téléprocédures s'inscrit pleinement dans les objectifs de l'Administration. Elles visent un meilleur service rendu aux entreprises grâce à une circulation plus fluide de l'information[260], un accès simplifié aux procédures administratives et un fonctionnement compatible avec une politique de développement durable. La dématérialisation mérite alors toute une réflexion compte tenu des conséquences qu'engendre une telle évolution par rapport au système déclaratif, et compte tenu des risques qu'elle fait courir aux entreprises faisant naître un contentieux nouveau[261].

3- La dématérialisation face aux problématiques nouvelles

Il faut relever que la dématérialisation complète des procédures, si elle est une nécessité urgente dans notre processus d'émergence fiscale,

---

[258] Lire, Impôts Infos, n° 003, Avril 2016, p. 18.

[259] Idem.

[260] ROEMER (F.), « La dématérialisation des procédures fiscales en France, une modernisation de l'État au service de l'amélioration des relations avec les entreprises ? », in *Des outils numériques pour améliorer le fonctionnement de l'État : solutions ou problèmes ?,* Revue du Centre d'Études et de Recherches en Administration Publique, n° 26-27, 2016, pp. 145-162.

[261] Idem.

n'en demeure pas moins une problématique qu'il faut appréhender avec mesure.

En effet, la préoccupation centrale posée par la dématérialisation reste la sécurisation des données et fichiers des entreprises qui peuvent faire l'objet de piratage ou même de détournement d'informations[262]. Dans ces cas, une télédéclaration ou un télépaiement, une fois émis par l'entreprise, peut ne pas arriver à son destinataire réel, et faire l'objet de récupération ou détournement. Il se pose alors ici des questions sérieuses dans le cadre d'un contentieux fiscal. L'entreprise qui a transmis sa télédéclaration ou effectué son télérèglement dont les données ne sont pas arrivées à bon port doit-elle être considérée comme défaillant ou reliquataire et subir ainsi les sanctions fiscales prévues par la loi pour cette catégorie de contribuables alors même que la faute ne lui incombe pas ?[263] Ou alors s'agira-t-il tout simplement de demander à l'entreprise de faire une nouvelle déclaration sans pénalités, et qu'en sera-t-il du télérèglement s'il a été effectué ?[264]

Il s'agit bien évidemment là de nouvelles problématiques qui méritent une réflexion particulière quant à l'encadrement juridique qui doit en être fait. Il se pose alors le problème de la preuve : comment apporter la preuve en pareilles circonstances que l'opération a été bel et bien effectuée, que celle-ci a été faite de bonne foi sans aucune complicité avec les services de piratage qui auraient détourné la télédéclaration de même que le télépaiement ? Les entreprises se doivent aujourd'hui, à l'heure du numérique, de faire certains investissements pour s'équiper de véritables plates-formes numériques et sécuriser fortement les données qui y sont contenues en termes de télédéclaration, de télépaiement et même de téléfacturation ?

Si la dématérialisation complète des procédures fiscales contribue fortement à la sécurité fiscale des investisseurs, ce qui leur permet d'ailleurs de maintenir leurs investissements dans un environnement précis, une réorganisation plus pertinente des services s'impose également.

---

262 Idem.
263 Idem.
264 Idem.

B- La réorganisation des services et métiers fiscaux

L'organisation des services fiscaux a connu une évolution depuis plusieurs décennies. Il y a d'abord eu l'organisation des services par type d'impôts[265]. On avait alors ici la possibilité de voir un contribuable être géré par plusieurs services en fonction de la nature des impôts dont il devait s'acquitter. La mise en place de l'interlocuteur fiscal unique (IFU) est venue alors réexaminer l'ancienne donne, l'ensemble du dossier fiscal du contribuable devait être géré par une seule structure. Il a alors été conçu une segmentation de la population fiscale fondée sur le critère unique du chiffre d'affaires, de sorte qu'aujourd'hui, on distingue trois types de structures fiscales de production : la DGE, les CIME et les CDI[266], comme dans tous les États d'Afrique francophone[267], en dehors des structures spécialisées dans la gestion des contribuables exerçant une catégorie précise d'activité.

Il est important de relever ici que cette répartition ne repose sur aucun fondement légal. La lecture de l'arrêté portant organisation du CIME[268] et celui portant organisation des CDI[269] nous conforte dans cette idée. Cela suppose que, si l'AUSCGIE a consacré différentes formes juridiques pour les sociétés, leur rattachement à un service fiscal sera fondé sur le chiffre d'affaires. C'est dire que le rattachement des entreprises à des structures fiscales se fait sur une base essentiellement subjective, répondant à la seule logique de l'autorité chargée de le faire, qui souvent est dénué de toute pertinence objective lorsqu'on observe des approximations en termes d'avancées et reculades qui y apparaissent toujours.

Par ailleurs, la nomenclature de segmentation de la population fiscale retenue jusqu'ici est essentiellement importée. Or, chaque pays

---

[265] PEKASSA NDAM (G), op. cit., p. 34.

[266] La répartition des compétences rationae materiae en matière fiscale s'établit comme suit : CDI de 0 à 49 millions, CIME de 50 millions à 3 milliards, DGE au-dessus de 3 milliards.

[267] V. MONEMOU OUO-OUO WAITA, *Contribution à l'amélioration de la performance en matière d'imposition sur le revenu en République de Guinée*, Thèse de doctorat en droit fiscal, Université de Paris Dauphine, Janvier 2015, 400p.

[268] L'article 3 de l'Arrêté n° 00000402/MINFI du 17 décembre 2013 portant organisation du CIME, dispose que : « Les seuils de compétence du CIME sont fixés par décision du MINFI ».

[269] Article 3 de l'arrêté n° 00000313/MINFI du 24 juin 2014 portant organisation des CDI : « Les seuils de compétence des CDI sont fixés par décision du MINFI ».

a ses réalités économiques qui doivent faire l'objet d'un encadrement juridique fondé uniquement sur sa conception propre des concepts et pratiques qui y ont cours. Il serait important, pour asseoir durablement nos structures, de les faire reposer sur des bases juridiques solides. Seule la loi est à mesure de donner un tel encrage de crédibilité, d'efficacité et de durabilité. Car, en l'état actuel, ce qui est considéré comme moyenne entreprise aujourd'hui, pourra devenir demain selon les humeurs et sensibilités subjectives soit une petite entreprise ou une grande entreprise sans avoir connu une mutation économique réelle.

Il faut donc faire apparaître dans la loi, sous forme de codification, les critères et éléments de rattachement des entreprises aux structures fiscales.

Sur un autre plan, il convient de revoir comme nous l'avons relevé, les modes de recrutement, de formation et de promotion des agents fiscaux qui doivent reposer uniquement sur la compétence et l'objectivité[270].

La modernisation des activités fiscales passe également par l'évaluation permanente des réformes.

Paragraphe 2- L'évaluation permanente des réformes dans le choix de nouvelles options fiscales

Pour rendre compte de ce qu'on fait du produit des impôts, il faut être capable d'évaluer l'efficacité des politiques fiscales que l'on met en œuvre dans le pays[271]. Le refuser, c'est se condamner à l'impuissance et s'exposer à la défiance des citoyens[272]. Seulement, force est de constater que la notion d'évaluation des politiques publiques n'est pas la chose la mieux partagée dans nos systèmes. L'efficacité des politiques fiscales impose de façon permanente de procéder à une évaluation *ex ante*[273] ou une évaluation *ex post*. Pour des résultats probants, celle-ci doit être confiée aux instances externes à l'Administration fiscale. Si l'évaluation permanente des réformes amène les entreprises à se reconnaître dans la fiscalité qui leur est appliquée, donc de faire preuve de plus de civisme fiscal (B), il faut

---

[270] PEKASSA NDAM (G.), op. cit., pp. 61-63.
[271] V. LANG (J.), *Faire la révolution fiscale*, Édition Plon, Paris, 2006, p. 251.
[272] Idem.
[273] Ibid., p. 252. Une évaluation *ex ante* est une évaluation faite antérieurement à toute réforme, et *ex post,* postérieurement.

avant tout dire qu'elle a une importance indéniable (A) pour l'efficacité des choix.

A- L'importance de l'évaluation fiscale

L'évaluation fiscale, pour être efficace, concourt à une meilleure information (1), et constitue un préalable à toute réforme sérieuse (2). L'une des faiblesses de nos administrations publiques réside dans leur incapacité ou leur mauvaise appropriation du facteur évaluation. Or, ce dernier constitue dans les administrations et les entreprises modernes, l'élément incontournable avant toute prise de décision.

1- Évaluer pour mieux informer

Il s'agit ici d'une évaluation de l'activité des services fiscaux pour en faire un compte rendu aux citoyens sur l'utilisation qui est faite des recettes publiques[274]. Le contrôle des citoyens sur l'utilisation qui est faite de leurs impôts doit être éclairé par des expertises extérieures à l'Administration, ceci afin que l'évaluation des dispositifs fiscaux cesse d'être monopolisée par le fisc ou les agences gouvernementales[275].

La mise en œuvre de ces stratégies suppose que l'Administration se débarrasse enfin de la culture du secret qui entoure souvent son action. Il est absolument indispensable que l'accès aux données fiscales ne dépende plus de son bon vouloir, mais soit garanti par la loi. Ce serait inacceptable, voire une incongruité d'observer que l'Administration se réserve seule le droit d'évaluer sa propre action. Il faut éviter que l'Administration se constitue à la fois juge et partie. C'est pourquoi, l'ouverture des données fiscales à l'expertise externe doit être facilitée.

En l'état actuel, il n'est pas souvent évident, voire possible pour les entreprises et même pour les auditeurs privés de rentrer en possession des informations fiscales pour pouvoir en faire une analyse et une appréciation scientifique objective. Les seules évaluations souvent mises sur la place publique sont celles faites soit par le fisc lui-même, soit les instances gouvernementales, ce qui ne manque pas souvent de jeter du discrédit sur les résultats donnés au regard du manque de neutralité.

---

274 Lire, LANG (J.), op. cit., p. 254.
275 Idem.

Pour une évaluation efficace qui pourrait être profitable aux entreprises dans leurs choix de gestion, la nécessité de mettre en place un organisme privé chargé de procéder périodiquement à une évaluation globale des politiques fiscales[276] s'impose. Un tel cadre institutionnel doté d'une force juridique pourra alors effectuer des expertises de simulation des mesures nouvelles proposées, l'évaluation des dispositifs en vigueur, la formulation des propositions et mettre ces travaux à la disposition du public pour appréciation. Il ne serait pas superflu d'imposer à l'Administration fiscale l'obligation de mettre à disposition les données fiscales nécessaires pour ces analyses. Une telle obligation devra faire l'objet d'une disposition légale contenue dans la loi pour avoir un caractère contraignant.

2- Évaluer pour réformer

L'évaluation des dispositifs fiscaux répond à un souci de transparence et à la volonté de garantir un contrôle citoyen sur l'action publique. Elle a aussi pour fonction d'éclairer et de rationaliser l'action publique en distinguant les réformes efficaces des réformes inopérantes.

Il s'agit là d'une préoccupation fondamentale pour les réformes fiscales opérées jusqu'ici par notre Administration, car, on observe de façon récurrente que les réformes opérées manquent souvent de maturité et de clairvoyance, ce qui conduit souvent à revenir quelques années après sur des dispositions antérieures pourtant réformées quelques années plutôt, sans avoir réussi à démontrer la pertinence de celles-ci au moment de leur mise en place, et jamais leur évaluation lorsqu'elles sont changées.

Il serait donc souhaitable avant toute réforme fiscale, de procéder à une évaluation sérieuse et ceci par le biais d'instances privées des dispositions fiscales antérieures et des propositions faites, pour voir les points forts et faibles, afin que la réforme soit durable et qu'elle repose sur des principes fiscaux forts tels que : l'équité fiscale[277].

Lorsque l'évaluation fiscale est bien faite, elles donnent des résultats acceptés par les opérateurs économiques, et fondent ces derniers à plus de civisme fiscal pour un objectif de développement.

---

[276] Ibid., p. 255.
[277] V. LANG (J.), op. cit., p. 252.

B- La promotion du civisme fiscal

Les relations entre les contribuables et l'administration fiscale ont toujours été déséquilibrées[278]. Pendant que les usagers ont le sentiment de ne pas bénéficier d'une écoute suffisante de la part des services fiscaux, l'administration de son côté réclame le maintien d'un certain nombre de prérogatives sans lesquelles son action risque d'être peu efficace[279]. Face à ces incompréhensions mutuelles, le fisc, pour remplir ses missions budgétaires qui lui sont assignées, impose souvent aux entreprises contribuables un rythme contraignant d'exercice de leurs obligations, faute de quoi ces dernières se trouvent emballées dans une mécanique de sanctions. Pour ne pas voir leur structure économique sombrer, les entreprises de leur côté usent de toutes les astuces pour éluder l'impôt. Pour rétablir l'équilibre nécessaire pour tous, l'instauration d'un civisme fiscal passe inévitablement par le développement de la culture de dialogue (2) et avant cela, la simplification de l'impôt (1).

1- La simplification de l'impôt

La simplification du système fiscal constitue un préalable incontournable à la réconciliation des contribuables avec l'impôt. Cette tâche ambitieuse suppose d'une part l'amélioration permanente de la qualité de la norme fiscale et d'autre part la modernisation des pratiques de l'administration fiscale.

La réticence des entreprises vis-à-vis de l'administration fiscale camerounaise réside essentiellement du fait dans la complexité du système fiscal en vigueur. Cette complexité tire ses fondements de la qualité approximative de la norme fiscale qui se caractérise par ses aspects ambigus, flous, à interprétation multiple. Aujourd'hui, la panoplie de textes législatifs régissant le domaine de la fiscalité est tellement large. Entre la fiscalité de droit commun, la fiscalité spécifique et les multiples régimes fiscaux incitatifs et dérogatoires, il ne serait pas évident même pour le plus aguerri des techniciens et experts fiscaux de pouvoir s'en sortir. Face à ces situations, les entreprises se retrouvent toujours prises au piège de la malice juridique qui bénéficie toujours à l'administration, avec en prime des sanctions et pénalités pour le contribuable. S'il faut ajouter à cela l'attitude

---

[278] Ibid., p. 245.

[279] Idem.

désinvolte de certains agents, la nécessité de repenser le cadre de travail, l'organisation de travail, mais surtout faire reposer le travail fiscal sur des compétences, du mérite, mais aussi la morale, l'éthique et la probité s'impose.

2- La promotion du dialogue fiscal

Passé le temps où l'impôt était recouvré sous escorte policière[280], l'époque où les descentes des inspecteurs des impôts en entreprise faisaient fuir les dirigeants sociaux qui y voyaient la clé de tous leurs ennuis[281]. Cette attitude d'adversité bloquait toute possibilité de dialogue, et le contribuable, considérait alors l'administration comme un ennemi. Il se mettait alors dans une posture de conflit et combat permanent, ce qui ne facilitait guère le travail administratif. Aujourd'hui, la donne est celle de considérer l'entreprise, le contribuable comme un partenaire, un client sans lequel il ne serait pas possible pour l'administration de remplir les missions qui lui sont assignées.

Aujourd'hui, l'un des concepts clés de l'administration fiscale, c'est le dialogue de gestion. Il s'agit de façon concrète de procéder permanemment à l'éducation fiscale des différents maillons de la chaîne fiscale. Ainsi, à travers des séminaires, forums et rencontres, même de bureaux, les entreprises sont formées et informées sur leurs obligations fiscales, la manière de souscrire à ces obligations, mais aussi et surtout, sur le bien-fondé du paiement de l'impôt. Elles sont également entretenues sur la nécessité de payer le juste impôt afin

---

280 Il est fait référence ici à l'impôt forfaitaire qui autrefois était exigé aux citoyens nonobstant l'activité exercé. L'impôt ici n'était pas assis sur la perception d'un revenu comme fait générateur de l'imposition, mais il était considéré que le citoyen qui atteignait l'âge de la majorité était contraint à son paiement. Cette situation a pendant longtemps fait fuir les populations qui n'arrivaient pas à s'acquitter de cet impôt, car celles-ci subissaient ainsi des peines privatives de liberté.

281 Un sondage effectué auprès de certaines entreprises existantes et d'autres en situation de cessation de paiement sur l'image qu'elles ont du système fiscal camerounais nous a permis de relever comme constat principal qu'il s'agit essentiellement d'une image négative, en dépit de quelques perspectives positives relevées par ces dernières. En effet, elles nous font la confidence selon laquelle les 3/4 d'entreprises qui ont fermé porte jusqu'à une période relativement récente l'ont été du fait des redressements fantaisistes effectués par des agents fiscaux véreux. Incapables de payer ces impôts à la suite des contentieux pas concluants en leur faveur, elles n'ont eu d'autres solutions que de fermer les portes.

d'éviter les désagréments des sanctions à la suite des contrôles et vérifications.

Seulement, s'il faut reconnaître que cette démarche est louable et productive, la nécessité d'institutionnaliser ces cadres de concertation s'impose, car en dehors du *Cameroon Business Forum* qui est un cadre institutionnel de rencontre et de réflexion entre les pouvoirs publics et les opérateurs économiques, les autres types de rencontres sont essentiellement officieux. À côté de cela, le législateur fiscal camerounais gagnerait à introduire dans la loi, une disposition mettant en place un tel cadre institutionnel, et déterminer légalement la périodicité de ces rencontres, séminaires et forums. Les résultats de ces travaux doivent être connus et divulgués afin de pouvoir en apprécier la pertinence et l'impact dans le rendement fiscal.

Une bonne implémentation des techniques et propositions faites ici peut contribuer efficacement à promouvoir une fiscalité de maintien des investisseurs.

Section 2- La prépondérance d'une fiscalité exclusivement budgétaire : entre remise en cause de cette fonction classique et gouvernance des recettes fiscales

Il s'agira dans cette analyse d'évoquer la relégation au second plan ou mieux la disparition progressive de la fonction socio-économique de l'impôt au Cameroun (paragraphe 2), au détriment de la montée en puissance de la finalité budgétaire comme justificative, exclusive de la fiscalité (paragraphe 1).

Paragraphe 1- Le budget : finalité exclusive des fiscalités actuelles

L'exigence d'équilibre des finances publiques impose aujourd'hui la conception d'une fiscalité purement budgétaire (A), même s'il est vrai que la problématique de l'utilisation détournée des recettes fiscales budgétaires constitue un frein énorme au développement (B).

A- La fiscalité dans l'équilibre budgétaire

Le temps semble loin en effet où, après la Seconde Guerre mondiale et sous l'égide de l'État-providence, les prélèvements obligatoires relevaient d'un sens partagé et étaient posés comme participant à la réalisation de l'intérêt général, du bien-être de tous, de la solidarité sociale. Certes, si on pouvait clamer « vive l'impôt », ce n'était pas pour autant que le contribuable s'acquittait avec plaisir de sa dette. Celle-ci apparaissait légitime au plus grand nombre[282].

Toutefois, cette alliance du contribuable et du citoyen n'a pas duré plus d'une trentaine d'années, s'étant trouvée sérieusement entamée par la crise économique du milieu des années 1970. Depuis une quarantaine d'années, en dépit des mesures prises tantôt pour alléger l'impôt, tantôt pour l'augmenter, les déficits publics et la dette publique n'ont fait que s'accroître[283]. Il en résulte un profond sentiment d'incompréhension de la part des contribuables qui sont désorientés et une certaine prise de distance vis-à-vis de la fiscalité. En même temps, l'exigence d'équilibre des finances publiques amène insensiblement à concevoir et à réduire la fiscalité à sa fonction purement budgétaire[284]. Il s'ensuit une incapacité à lui trouver un sens commun, elle peut être à terme une perte de légitimité ainsi qu'un réel désarroi.[285] Tout ceci nous amène ainsi à examiner la structuration fiscale du budget (1), mais surtout la forte propension à la stabilisation du budget (2).

1- La structuration fiscale du budget

Le budget est alimenté par diverses ressources dont la principale est la ressource fiscale[286]. Cette dernière pose le problème du niveau supportable des prélèvements dans une économie[287]. Dans les pays

---

[282]GASTELLU (J.M.), MOISSERON (J.Y.) et POURGET (G.), (dir), *Fiscalité, développement et mondialisation,* Édition Maison neuve&Larose, Paris, 1999, p.92 : les auteurs relèvent en substance ici que la légitimité de l'État conditionne directement la perception de l'impôt par les agents économiques. V. également, VILLEMOT (D.), *Quelle réforme fiscale ?,* L'harmattan, Paris, 2007, p. 45, où l'auteur démontre que si l'objectif originel et principal de la fiscalité est la couverture des charges publiques, deux objectifs supplémentaires lui ont été assignés après la Deuxième Guerre mondiale : un objectif économique et un objectif social.

[283] V. BASLE (M.), op. cit., pp. 5-6. Lire également, HUGON (Ph.), op. cit., p. 32.

[284] Lire à ce sujet, LEKENE DONFACK (E. C.), op. cit., pp. 73-74, sur les développements liés au principe de l'équilibre budgétaire.

[285] Journal français « Libération » du 16 octobre 2014, publiant la contribution de BOUVIER Michel au Forum de Mulhouse sur le thème : *« l'impôt a-t-il un sens ? ».*

[286] LEKENE DONFACK (E. C.), op. cit., p. 149.

[287] Lire à ce propos, TROTABAS (L.), COTTERET (J.-M.), op. cit., pp. 62-65 sur le taux et le poids des prélèvements sur une économie. L'auteur démontre ici qu'en dehors des facteurs politiques (touchant au financement du budget) et sociaux (en termes de redistribution) qui déterminent la fixation du taux d'imposition, il est

développés, les niveaux de prélèvements varient d'un pays à un autre, en fonction notamment des choix de protection sociale.[288]

Dans les pays africains par contre, le problème fiscal et les contraintes qui en découlent pour le budget tiennent à la difficulté d'évaluation de la base fiscale, et au caractère discrétionnaire qui accompagne les prélèvements fiscaux[289].

Au Cameroun, une lecture transversale et rapide des lois de finances des exercices budgétaires 2015 et 2016 montre bien la place prépondérante des recettes fiscales dans la structuration des budgets[290].

---

nécessaire et même primordial de tenir compte des effets économiques résultant du poids de l'impôt. Car, de notre point de vue, c'est de la prise en compte de ces derniers éléments que dépendra la survie des entreprises dont le coût des biens et services sera adossé sur le niveau supportable ou non de la fiscalité, et par voie d'incidence sur le citoyen.

[288] BEKOLO EBE (B.), « Les contraintes à l'efficacité des politiques budgétaires dans les économies africaines », in (dir), TSAFACK NANFOSSO (R.), *Budget et politique économique en Afrique*, Éditions clé, Yaoundé, 2007, pp. 26-27. V. également, BASLE (M.), op. cit., p. 63, lorsqu'il dit qu'il ya une histoire fiscale propre à chaque pays qui fonde son système fiscal de même que la trajectoire de ses institutions. Cette histoire est faite de révoltes, de luttes, des combats inhérents à la sociologie fiscale de chaque peuple, et qui détermine par ce fait même le politique à se fixer ses choix fiscaux fondés sur la culture, l'expérience et le vécu fiscal de ce peuple. Lire à ce sujet, DUMAS (G.), *Politique fiscale : le naufrage,* op. cit., pp. 23-26, où l'auteur démontre comment la forme actuelle des systèmes fiscaux connus en Europe a été la résultante des révoltes et luttes de tout genre qui ont permis l'affirmation d'un style fiscal propre à chaque État, en fonction de l'histoire fiscale de son peuple. V. enfin, HUGON (Ph.), *L'économie de l'Afrique*, op. cit., pp. 4-7, lorsqu'évoquant l'universalisme scientifique sur le plan économique, il relève avec beaucoup d'emphase que cet universalisme ne signifie pas transposition pure et simple, mais plutôt prise en compte des contextes d'implémentation. Lire, BERGEL (J.-L.), *Méthodes du droit, Théorie_générale du droit*, op. cit., pp. 132-133, où l'auteur développe avec pertinence la théorie de la relativité du droit dans l'espace, citant PASCAL : « Plaisante justice qu'une rivière borne ; vérité au- deca des Pyrénées, erreur au –delà. », pour exprimer le fait que, le droit quel qu'il soit doit tenir compte dans son élaboration de la culture et de l'histoire propre de chaque peuple.

[289]BEKOLO EBE (B.), « Les contraintes à l'efficacité des politiques budgétaires dans les économies africaines », in (dir), TSAFACK NANFOSSO (R.), Budget et politique économique en Afrique, Éditions clé, Yaoundé, 2007, pp. 26-27. V. TROTABAS (L.), COTTERET (J.-M.), op. cit., pp. 20-21 sur le problème de l'assiette de l'impôt et sa détermination exacte.

[290] La loi n° 2015/019 du 21 Décembre 2015 portant loi de finances de la République du Cameroun pour l'exercice 2016 fixe à 4 234 700 000 000 francs CFA le montant global de l'enveloppe budgétaire. La quote-part correspondant aux recettes fiscales

Bien plus, c'est l'une des exigences des bailleurs de fonds : éviter la dépendance du budget aux emprunts, mais surtout diversifier l'économie afin que celle-ci puisse avoir une rentabilité sur le plan fiscal, et par là, faire reposer le budget de l'État sur les ressources internes propres[291].

Face à de telles contraintes, la nécessité d'une mobilisation plus accrue des recettes s'impose avec pour corollaire la relégation des besoins de développement et de survie des entreprises au second plan. Comment réussir à concilier cette contradiction avec d'une part les contraintes budgétaires énormes de l'État, et d'autre part avec les besoins de développement des entreprises face à une fiscalité exagérée ?

En pratique, cela s'avère difficile, voire impossible, ceci pour plusieurs raisons parmi lesquelles l'étroitesse de l'assiette fiscale dans les pays africains dont le Cameroun, où une frange importante de l'activité économique échappe à l'impôt[292]. Il s'en suit que les prélèvements ne touchent qu'une minorité et dans quelques cas les plus pauvres qui, du coup, considèrent que la pression fiscale est forte[293]. On

---

s'élève à 2 316 580 000 000 francs soit près de 55 % de l'enveloppe globale. En 2015, ces prévisions en recettes fiscales s'élevaient déjà à 2 096 530 000 000 francs sur un budget global de 3 746 600 000 000 francs soit encore près de 55 %. Cette étude comparative démontre à suffisance le rôle prépondérant des recettes fiscales dans la politique budgétaire de l'État.

[291] Ibid, p. 29. On pourrait même pour s'en convaincre dans cette analyse, convoquer les APE (Accords de Partenariat Économique), et leur corollaire, le démantèlement des barrières tarifaires et douanières qui exigeront de la fiscalité interne une plus grande rentabilité, qui ne peut passer que par la diversification de l'économie qui sert de base taxable et d'une fiscalité citoyenne où tous les segments de la société se sentent concernés sans privilèges aucun comme cela est souvent perceptible.

[292] BEKOLO EBE (B.), « Les contraintes à l'efficacité des politiques budgétaires dans les économies africaines », in (dir), TSAFACK NANFOSSO (R.), *Budget et politique économique en Afrique,* Éditions clé, Yaoundé, 2007, p. 33. Lire, HUGON (Ph.), op. cit., p. 32 qui relève que le prélèvement public est faible compte tenu du potentiel fiscal (la capacité à prélever des ressources en intégrant les caractéristiques structurelles), l'effort fiscal est insuffisant.

[293] Lire à ce sujet, BASLE (M.), op. cit., pp. 64-65, sur la justice fiscale où l'auteur relève qu'un système fiscal équitable est celui qui respecte les conditions suivantes : -traitement égal dans les circonstances identiques, -traitement inégal dans le cas contraire, -pas de recherche de type inquisitorial sur la vie des personnes physiques ou morales et impersonnalité maximale du traitement, -connaissance à l'avance avec certitude de la législation fiscale

peut également relever les modalités même des prélèvements et la discrétionnarité, voire l'arbitraire dans les modes de règlements des différends fiscaux[294]. Tous ces éléments mis en ensemble ne permettent pas une mobilisation efficace des recettes.

2- Les justificatifs budgétaires de la fiscalité

Face aux exigences toujours croissantes en termes de besoins de développement des Etats, ceux-ci ont une tendance à souvent situer leurs dépenses à un niveau élevé[295]. Ces dépenses devant être supportées par les ressources à collecter dans le cadre du budget. L'idée est alors très vite trouvée, pour les besoins de stabilité et surtout de respect du principe sacro-saint de l'équilibre budgétaire, d'affecter l'ensemble des recettes à l'ensemble des dépenses.[296]

C'est ce qui a donc conduit le Professeur FOUDA Séraphin Magloire à relever que : « la prééminence des préoccupations relatives à la stabilisation a conduit à accorder un poids plus faible aux aspects essentiels de la redistribution et de l'affectation des ressources. Ces différentes considérations appellent un redimensionnement de la politique budgétaire qui serait alors axée sur un rééquilibrage entre les fonctions de stabilisation, d'allocation et de redistribution, reflétant ainsi le consensus social »[297]. Mais de nos jours, avec la loi sur la programmation budgétaire et la budgétisation pluriannuelle, la stabilisation et l'équilibre budgétaire ne sont plus de rigueur, on dirait même n'ont plus de pertinence scientifique[298].

---

[294] Ibidem, lorsque l'auteur parle des coûts de réclamation fiscale identiques pour tous.

[295] DUMAS (G.), op. cit., p. 68, le poids de l'impôt n'est que la conséquence du choix fait du niveau de la dépense.

[296] VILLEMOT (D.), op. cit., pp. 46-47, l'auteur relève que, juridiquement c'est le niveau des recettes fiscales qui détermine la capacité de dépenses de l'État. Un déficit ne devant apparaître que de façon exceptionnelle. Ainsi, la capacité de dépense de l'État est théoriquement limitée à sa capacité de lever l'impôt, ceci pour ne pas faire recours à l'emprunt, ou à la création monétaire. Mais en pratique, les choses sont plus nuancées, et parfois plus différentes. Lire également LEKENE DONFACK (E. C.), op. cit., pp. 73-75 sur la théorie de l'équilibre budgétaire, sa portée et ses limites actuelles au regard de l'évolution de la science des finances publiques.

[297] FOUDA (S. M.), « Pour une efficacité de la politique budgétaire dans les unions monétaires africaines », in (dir), TSAFACK NANFOSSO (R.), *Budget et politique économique en Afrique,* Éditions clé, Yaoundé, 2007, p. 99.

[298] Il ne serait pas possible pour un État de faire reposer des investissements lourds dans le cadre d'un véritable plan économique dans les processus d'émergence sur un

B- La récurrence à l'utilisation inappropriée des budgets actuels

L'une des problématiques centrales dans les pays en voie de développement est celle de la difficulté à pouvoir concilier l'utilisation efficace et efficiente des recettes fiscales avec la nécessité constante de mobilisation optimale de celles-ci[299]. C'est tout le temps que des attitudes tant des gouvernants politiques que des agents fiscaux quant à leurs rapports avec les fonds publics tendent à renforcer l'idée souvent répandue, mais avérée de la mauvaise utilisation des fonds[300].

Cet état des choses contribue ainsi au dépérissement et à la fermeture de multiples entreprises par la pression et le harcèlement des agents fiscaux du fait de la montée en puissance de la corruption[301] (1), ainsi que les détournements massifs des fonds par des dirigeants, ce qui ne permet pas la mise en œuvre des politiques publiques de développement de l'État (2).

---

budget annuel dont le poids serait assez léger pour supporter la multitude des projets à réaliser et le coût financier énorme de leur réalisation.

[299]VILLEMOT (D.), *Quelle réforme fiscale ?,* L'harmattan, Paris, 2007, p. 16, où l'auteur relève que l'une des raisons qui semble expliquer l'allergie française à la fiscalité réside dans le fait que : « chaque français se voit comme un productif accablé par l'impôt et obligé de payer pour les autres qui sont des privilégiés ».

[300] ABIABAG (I.), op. cit., p. 81, Citant, Gaston JEZE, *L'évolution de l'impôt en France*, Revue de science et législation financière, 1946, p. 181 : « les gouvernants affirment toujours la vérité au pays sur la situation financière, c'est-à-dire sur l'importance relative des dépenses et des prélèvements. Rares sont les pays dans lesquels ces affirmations sont sincères ». Lire également, (dir.) TITI NWEL (P.), *De la corruption au Cameroun*, Étude réalisée par GERDDES Cameroun et publiée par FRIEDRICH EBERT STIFTUNG, Yaoundé, 1999, pp. 80-90 où il est démontré que la corruption fait perdre à l'État une part importante des recettes destinées à son développement. Ces pertes de recettes qui se font dans les secteurs clés de notre économie sont principalement le fait des fonctionnaires parmi lesquels ceux des administrations fiscales qui préfèrent bénéficier personnellement du paiement du contribuable au détriment de l'État, mais la grande corruption étant celle des hommes politiques à des niveaux plus élevés. Lire, Rapport Transparency international, décembre 2015, faisant de la DGI l'une des administrations les plus corrompues du Cameroun.

[301] V. (dir.) TITI NWEL (P.), op. cit., pp. 91-95 sur les conséquences de la corruption sur l'ensemble du corps social, mais surtout son impact négatif sur l'économie.

1- La corruption, entre amenuisement des finances publiques et chute programmée des entreprises

Tout en essayant dans ce travail de cerner avec précision le concept de « corruption », l'analyse distinguera son impact sur la mobilisation des recettes (a) ainsi qu'au niveau de la promotion de l'investissement, c'est-à-dire la chute des entreprises (b).

a- La corruption et la mobilisation des recettes fiscales

La corruption est un phénomène complexe et multidimensionnel[302]. Beaucoup d'auteurs s'accordent sur la difficulté à lui trouver une définition consensuelle[303]. Toute tentative de définition peut se heurter à deux obstacles : celui de l'appréhender dans une approche soit trop restrictive soit trop extensive, de manière à ne pas saisir le phénomène dans toute sa dimension[304].

De façon concrète, la corruption se matérialise par un acte de transfert de ressources tangibles entre un agent public et un agent privé en contrepartie d'un service rendu ou d'une promesse de service.[305] La corruption serait alors : « un acte de tout fonctionnaire ou agent public qui, pour lui-même ou pour un tiers, sollicite, agrée ou reçoit des offres, promesses, dons ou présents pour faire, s'abstenir de faire ou ajourner un acte de sa fonction »[306]. Les comportements de rente, de prédation,

---

[302] Ibid., pp. 43-50 où il est traité des différentes manifestations de la corruption. À l'analyse, il apparaît que celle-ci, non seulement elle touche à tous les secteurs clés d'activités, elle a plusieurs visages. Ainsi, selon l'auteur, elle touche aux marchés publics de tout ordre, la justice, l'économie, la finance, et même l'éducation. Ses visages sont : l'argent, la remise des biens en nature, le sexe pour les femmes.

[303] Il faut reconnaître que si de l'avis général la corruption suppose l'octroi d'un service avec pour contrepartie préalable la remise d'un don ou d'un présent en nature ou en numéraire, les formes que celle-ci peut prendre varient d'un contexte à un autre. V. à ce sujet, (dir.) TITI NWEL (P.), *De la corruption au Cameroun*, Étude réalisée par GERDDES Cameroun et publiée par FRIEDRICH EBERT STIFTUNG, Yaoundé, 1999, sur les formes et manifestations de la corruption au Cameroun.

[304] GBEWOPO ATTILA, *Corruption, fiscalité et croissance économique dans les pays en développement*, Thèse, Université d'Auvergne, Clermont-Ferrand 1, Faculté des sciences économique et de gestion, 2007, p. 3.

[305] Idem.

[306] GATSI (J.), op. cit., p. 95. Dans une autre définition, il la considère comme « des actes ou pratiques, y compris les infractions assimilées, prohibées par la Convention de l'Union africaine sur la prévention et la lutte contre la corruption », mais aussi comme « l'attitude de tout employé rémunéré sous quelque forme que ce soit qui, sans

et de corruption dans l'administration publique semblent affecter fortement les finances publiques et plus particulièrement le niveau des recettes fiscales[307].

Au Cameroun, il est constant de remarquer dans les différentes structures de l'administration fiscale une corruption avérée des agents fiscaux[308]. Ces derniers se voient souvent investis d'un « *pouvoir fiscal céleste* » qui leur donne la possibilité de renverser tout. Ils considèrent alors l'entreprise comme une *vache à lait* qu'on exploite à suffisance[309]. Face à ces situations difficiles, l'entreprise n'a pas souvent d'autre choix que de se conformer à la logique corruptive qui lui est présentée avec en arrière-plan la possibilité de voir ses impositions diminuées, ce qui est souvent la volonté réelle de l'agent fiscal. Ainsi, il existe comme un jeu d'équilibrisme, car, la recette globale qui devait entrer dans la caisse publique se trouve partagée entre l'État et l'agent. C'est ce qui a amené ALAKA ALAKA à écrire que : « l'administration fiscale camerounaise semble présenter les caractéristiques les plus négatives. (…) en dehors des problèmes strictement techniques (…), c'est essentiellement la façon dont les contribuables sont traités par les agents qui doit changer »[310]. Il en découle donc une relation négative entre ce fléau et la capacité réelle de mobilisation des recettes publiques qui contribuent plus à gonfler des comptes bancaires personnels que le budget de l'État.

La tendance généralisatrice de ce phénomène contribue ainsi à plomber sérieusement les investissements.

b- La corruption, frein à l'investissement

À côté des cadres juridiques, politiques et socio-économiques comme éléments déterminants dans la décision de l'investisseur d'implanter son affaire dans un pays donné, la mentalité des différents agents et responsables concernés dans les circuits administratifs est très

---

l'autorisation de son patron, reçoit des offres et dons pour faire ou ne pas faire un acte de son service ». V. également à ce sujet, CORNU (G.), op. cit., p. 274.

307 GBEWOPO ATTILA, op. cit., p. 11.

308 On peut pour s'y convaincre s'appuyer sur le rapport de décembre 2015 de Transparency international, où l'administration fiscale a été classée au troisième rang des structures nationales les plus corrompues.

309 ALAKA ALAKA (P.), op. cit., p. 132.

310 Idem.

importante[311]. Leur niveau élevé de probité, de transparence et de bonne gouvernance dans la gestion des affaires publiques peut contribuer efficacement à attirer le maximum d'investisseurs publics et privés. La corruption et tout ce qu'elle comporte comme corollaire à savoir le favoritisme et le clientélisme contribuent de façon dangereuse à faire fuir les investisseurs.[312]

Ces actes de corruption qui délestent le budget national de ressources importantes pour son développement et freinent l'établissement de nombreux investisseurs au Cameroun font assez de mal à notre pays. Il est d'ailleurs courant d'observer au Cameroun le blocage et le ralentissement de multiples projets de développement lorsque le responsable chargé de sa gestion ne trouve pas des dividendes personnels[313].

---

[311] Lire, LIPOP (E. R.), *Le rescrit en droit fiscal camerounais et la sécurité juridique des affaires*, Mémoire de master 2 (recherche) en droit des affaires, Université de Douala, 2014, pp. 2-3.

[312] Un sondage effectué auprès de 100 entreprises appartenant à la DGE et aux CIMES dans la ville de Yaoundé et Douala relativement à la nature des rapports qu'elles entretiennent avec le fisc ont révélé les constats suivants : 60 ont un sentiment de méfiance à l'égard du fisc, estimant qu'il ya comme un flou organisé et entretenu dans le but de spolier le contribuable. L'accentuation de l'arbitraire, et pour emprunter à monsieur ALAKA ALAKA, l'instauration d'une direction par objectifs (DPO) qui se fait parfois sur des bases arbitraires, et qui constitue normalement le critère essentiel d'évaluation et de promotion des cadres. Ce qui amène donc les différents responsables dans le but de se maintenir ou d'être promus à user de l'arbitraire, de l'arnaque et des pressions de toutes sortes sur les contribuables dans le seul but de réaliser leur DPO afin d'être bien vu par leur hiérarchie. D'où la nécessité urgente de repenser le mode et les critères d'évaluation qui, s'ils reposent sur des éléments quantitatifs objectifs doit surtout reposer sur la qualité des recettes, si on veut libérer l'investisseur des pressions et du chantage des agents fiscaux. Les 40 autres, trouvent qu'il ya eu des améliorations positives dans les rapports avec le fisc. Seulement, celles-ci ne sont pas fondamentales pour inverser une courbe déjà très négative. Car, si parfois on peut se réjouir d'un traitement fiscal précis, cela est souvent plus le fait des cas isolés plutôt qu'une tendance générale de changement de mentalité.

[313](dir.) TITI NWEL (P.), *De la corruption au Cameroun*, Étude réalisée par GERDDES Cameroun et publiée par FRIEDRICH EBERT STIFTUNG, Yaoundé, 1999, pp. 44-51. Il est démontré dans cette partie relative aux manifestations de la corruption dans le secteur des marchés publics que celle-ci est une véritable gangrène. Ainsi, que ce soit à l'étape de la signature, l'attribution effective du marché, l'exécution du marché ou la réception de celui-ci, il existe un vaste réseau de corruption bien installé et entretenu.

2- Les détournements des deniers publics comme obstacle au développement

Alors que la croissance mondiale est en berne[314] et que la tendance générale en matière de politique budgétaire est à la restriction des dépenses publiques[315], le Cameroun, comme souvent, semble ramer à contre-courant[316]. Depuis 2004, et sous la pression des bailleurs de fonds, une opération de nettoyage baptisée « *épervier* » a vu le jour. On a cru endiguer par là ce mal qui nuisait tant à la bonne marche des affaires publiques. Mais cela a été vite tempéré par l'ampleur insatisfaisante et surtout l'orientation politique prises par cette opération[317].

---

[314] Lire, Journal *Le Monde* du mercredi 6 janvier 2016 sous la titraille : « alerte sur la croissance mondiale », où la Banque mondiale révise à la baisse ses prévisions de croissance en 2016. La directrice du FMI avait déjà tiré la sonnette d'alarme dans le quotidien allemand *Handelsblatt* du 30 décembre 2015 lorsqu'elle déclare que : « les prévisions de croissance mondiale en 2016 sont décevantes et inégales ».

[315] Lire, « Rigueur et responsabilité dans la gestion des dépenses », Bibliothèque et archives nationales du Québec, Juin 2014, p. 1 où dans le propos liminaire on peut lire : « nous optons donc pour une gestion rigoureuse et responsable des dépenses publiques, car c'est ainsi que les Québécoises et les Québécois souhaitent que nous gérions l'argent provenant de leurs taxes et de leurs impôts ». V. SCHOUEL (S. A.), *La nécessaire réforme du_droit budgétaire Camerounais*, Mémoire de Master en Administration Publique, École Nationale d'Administration (ENA), Paris, 2006-2008, p. 23, où l'auteur relève que, l'essentiel en matière de discipline budgétaire est de savoir d'une part comment dépenser moins, mais également et surtout comment dépenser mieux. Lire enfin, ABIABAG (I.), op. cit., sur les développements liés au contrôle budgétaire, qui porte essentiellement sur la qualité de la dépense et les sanctions encourues en cas de non-respect des règles budgétaires.

[316] Au-delà des discours politiques qui ont cours au Cameroun sur la rationalisation de la dépense publique, et dont le but est de faire des dépenses justes, efficaces et efficientes, on observe au quotidien les dépenses énormes de nos administrations et nos dirigeants. Le train de vie de l'État va grandissant malgré les recommandations faites. Ces dépenses dissimulant mal les velléités de détournements qui y sont visibles et patents. On pourrait alors s'interroger sur la réelle volonté du gouvernement à combattre ce fléau. C'est d'ailleurs cette attitude d'indolence qui fait en sorte que l'opération de lutte contre les détournements et la corruption ne soit pas redoutée. Plusieurs institutions de lutte contre ce fléau ont vu le jour : la CONAC, l'ANIF, l'ANTIC, le TCS ; mais tout cela n'a pas contribué à faire reculer ce phénomène qui est plutôt grandissant. D'où la nécessité de se poser des questions sur l'efficacité de ces structures.

[317] Le caractère politique qu'on semble coller à cette opération tient à 2 types d'arguments non moins pertinents. D'abord le fait que certains anciens gestionnaires ayant fait l'objet d'accusation avérée et vérifiable de détournement de deniers publics

Les montants parfois colossaux des sommes détournées qui posent par ailleurs l'éternelle question de la gouvernance au Cameroun[318] ne sont pas seulement extravagants dans l'absolu. Ils sont surtout scandaleux au regard des impératifs nationaux de développement qu'ils auraient permis de juguler en termes de santé[319], d'éducation[320] et d'infrastructures[321], améliorant ainsi le quotidien de nombreux Camerounais. Plus de 70 % des Camerounais continuent à ce jour à vivre dans une indigence inacceptable au-delà des recettes fiscales énormes qui sont recouvrées dans le cadre de la fiscalité, dont la destination est autre que le bien-être des Camerounais.

Sur un autre plan, ces fonds détournés nous auraient évité la fastidieuse phase de recherche de financements et la signature de partenariats aux conditionnalités parfois restrictives et pas toujours avantageuses pour le Cameroun dans le cadre de la réalisation des projets structurants[322].

Au Cameroun, la liste des personnalités emprisonnées pour détournement de deniers publics est bien longue. On compte parmi ces personnes, d'anciens directeurs généraux d'entreprises publiques, d'anciens ministres et même un ancien premier ministre. Cela dénote bien la gourmandise et la boulimie financière qu'ont certains de nos dirigeants dans la gestion du produit de nos impôts[323].

---

restent libres et pas inquiétés, ensuite les procédures souvent viciées dans le but de maintenir ceux déjà en prison derrière les barreaux.

[318] V. NCHIMI MEBU (J. C.), « La problématique de la répression de la corruption en droit camerounais », RASJ, vol. 4, n° 1, 2007, pp. 79-93.

[319](dir.) TITI NWEL (P.), *De la corruption au Cameroun*, Étude réalisée par GERDDES Cameroun et publiée par FRIEDRICH EBERT STIFTUNG, Yaoundé, 1999, pp. 92-93.

[320] Idem.

[321] Ibid., p. 86, sur les conséquences de la corruption au Cameroun dans le domaine de l'économie.

[322] V. HUGON (Ph.), *L'économie de l'Afrique*, op. cit., pp.48-52, De l'endettement permanent au désendettement.

[323]Cf. affaires : ONDO NDONG et coaccusés (affaire FEICOM), BOOTO A NGON, EDOU Joseph et coaccusés (affaire Crédit Foncier), ETONDE EKOTTO, SIYAM SIEWE et coaccusés (affaire PAD), MOUNCHIPOU SEIDOU et coaccusés (affaire MINPOSTEL), ABAH ABAH Polycarpe et coaccusés (affaire MINFI et DGI) et d'autres multiples affaires encore en instance au niveau du Tribunal Criminel Spécial, juridiction d'exception créée pour connaître uniquement des cas d'atteintes à la fortune publique, et dont la compétence va à partir de 50 millions. La multitude des affaires pendantes devant cette juridiction et en provenance de tous les corps de

Le produit de la fiscalité doit être utilisé uniquement et exclusivement dans le cadre budgétaire pour le financement des projets et programmes de développement de l'ensemble de la communauté. C'est donc l'utilisation inappropriée de ces ressources qui contribue à maintenir nos peuples dans un sous-développement permanent[324]. Bien plus, la sacralisation de la fonction financière de l'impôt dans l'équilibre budgétaire au détriment des fonctions sociale et économique a remis en cause toute idée de promotion de l'investissement par facilitation de l'entrepreneuriat.

Paragraphe 2- La disparition progressive de la fonction socio-économique de l'impôt

Nous distinguerons tour à tour la perte de vitesse de la fonction sociale de l'impôt (A) puis de celle économique (B), toute chose qui est préjudiciable pour les investissements et le développement de l'État.

A- La disparition du rôle social de l'impôt

Bien que le choix d'une justice sociale adaptée aux structures économiques et sociales soit une condition essentielle pour tout décollage économique[325], le choix d'un impôt ou d'un taux d'imposition doit se faire sur la base d'éléments concrets et palpables[326].

Une structure fiscale doit être conçue et élaborée non par rapport à une situation abstraite ou à partir d'éléments pris dans un ou plusieurs pays, mais en fonction des données politiques, économiques et sociales propres au pays concerné[327]. La justice fiscale apparaît alors comme

---

métiers, mais surtout touchant à la haute élite dénote à suffisance l'ampleur de ce fléau au Cameroun. V. ABIABAG (I.), op. cit., p. 99. Lire enfin, MFOMO (S.-P.), *Lutte contre la corruption au Cameroun (1990-2006) : contribution à l'étude de l'élaboration et de la mise en œuvre d'une politique publique*, Thèse de doctorat en Sciences Politiques, Université de Yaoundé II, 2005-2006.

324 ABIABAG (I.), op. cit., p. 103 : la corruption pèse lourd dans le piétinement économique et social des nations. Son coût économique est très élevé, il se chiffre en milliards. Elle favorise des investissements improductifs, la distraction et le gaspillage des ressources. Elle détourne les richesses nationales au profit d'une minorité privilégiée et entretient le cercle vicieux de la pauvreté.

325 V. BASLE (M.), op. cit., p. 62 sur la justice de l'impôt.

326 HUGON (Ph.), op. cit., pp. 5-7.

327 V. HUGON (Ph.), op. cit., p. 7 sur la contextualisation sociohistorique des données économiques. V. également, BASLE (M.), op. cit., p. 63 sur la nécessité de la prise

étant l'égalité et l'équité devant l'impôt, c'est-à-dire la participation de tous et de chacun à l'effort fiscal selon le principe de la capacité contributive. Le système fiscal contemporain est aujourd'hui marqué par son extrême complexité et son absence totale de lisibilité pour le citoyen. La notion du rôle social de l'impôt est difficile à définir en raison du changement de l'espace et du temps. Ce rôle social ne peut être valablement appréhendé qu'au détour de la justice redistributive de l'impôt (1) et de l'équité fiscale (2).

1- La justice redistributive de l'impôt

L'expression la plus courante de la justice redistributive[328] dans une société est la vocation à satisfaire l'intérêt général[329]. La fiscalité étant un ensemble des prélèvements et des réaffectations des ressources opérées, la justice redistributive est perçue comme ce qui est acceptable socialement, mais surtout supportable logiquement par tous[330]. Ce rôle social s'opère soit par la progressivité fiscale soit par la sélectivité.

a- La justice redistributive par la progressivité fiscale

L'impôt n'a pas pour rôle de détruire les potentialités économiques d'un contribuable[331], d'où la progressivité par laquelle le taux d'impôt

---

en compte de l'histoire et la culture d'un peuple dans la détermination de son système fiscal. Lire, ONDOA (M.), *Introduction historique au droit camerounais : la formation initiale. Éléments pour une théorie de l'autonomie des droits africains,* op. cit., p. 37. V. ABDOULLAH CISSE « Pour une approche plurale du droit africain », in (dir) BOKALLI (V. E.) et autres, *De l'esprit du droit africain,* Mélanges en l'honneur de Paul Gérard POUGOUE, op. cit., pp. 7-8.

[328] Sur la notion de « justice redistributive », Lire, RAWLS (J.), *Théorie de la justice*, Éditions du Seuil, Paris, 1987, pp. 299-316. Selon cet auteur, cette notion rentre dans un cadre plus grand qui est celui de la « répartition des biens socio-économiques ». Il démontre que cette notion a pour fondement le second principe de la justice : « les inégalités sociales et économiques doivent être organisées de façon à ce que, à la fois (a) l'on puisse raisonnablement s'attendre à ce qu'elles soient à l'avantage de chacun et (b) qu'elles soient attachées à des positions et à des fonctions ouvertes pour tous ». La fonction redistributive a ainsi pour but de permettre une répartition équitable des droits et devoirs de tous, mais surtout l'affectation de l'effort commun au bien de tous.

[329] RAWLS (J.), op. cit., n° 43, p. 315.

[330] Lire à ce sujet, VILLEMOT (D.), op. cit., pp. 59 à 63 sur l'impôt comme instrument de justice sociale en France.

[331] TROTABAS (L.), COTTERET (J.-M.), op. cit., n° 42, p. 64 sur le poids de l'impôt sur l'économie.

s'accroît en fonction de la valeur de l'élément taxé[332]. Dans ce sens, la progressivité remplit donc une fonction d'équité sociale en favorisant une redistribution entre les bas et hauts revenus. Dans un tel système, les tranches fiscales les plus élevées payent pour les basses qui sont souvent soit exonérées, soit imposées, à un coût moindre[333].

Ainsi, le taux d'imposition augmente au fur et à mesure que le volume et le montant du revenu augmentent afin d'arriver à une certaine égalité des sacrifices entre les différentes catégories de contribuables[334]. Il faut admettre néanmoins avec TROTABAS et COTTERET que si la progressivité fiscale est facteur de justice fiscale[335], la nécessité de procéder à un aménagement de cette progressivité s'impose afin d'éviter qu'elle ne se transforme en une confiscation des revenus les plus élevés[336].

Au Cameroun, une telle politique est difficilement perceptible à ce jour. La loi des finances pour l'exercice 2015, en supprimant la progressivité en matière d'IRPP pour les catégories de revenus autres que les traitements et salaires, venait ainsi consacrer la légitimation des inégalités en taxant pareillement tous les types de revenus, et pour toutes les catégories sociales[337]. Dans un contexte où l'entrepreneuriat

---

[332] Ibid., n° 38-39, pp. 58-59, relativement à l'impôt progressif et l'aménagement de la progressivité.

[333] Idem.

[334] Idem. V. également à ce sujet, RAWLS (J.), op. cit., p. 300 ; les développements sur le concept de justice dans l'économie politique avec l'idée de justice distributive de façon égalitaire des devoirs économiques de tous.

[335] TROTABAS (L.), COTTERET (J.-M.), op. cit., n° 38, p. 58.

[336] Ibid., pp. 59-62. L'aménagement de la progressivité selon ces auteurs passe soit par la progressivité globale soit la progressivité par tranches. Ainsi, dans le premier cas, la matière imposable est classée en masses de plus en plus importantes, et on attribue à chaque masse un taux d'impôt de plus en plus élevé. La progressivité par tranches est celle adoptée au Cameroun pour les traitements et salaires par la Loi des finances 2015. Elle consiste en un découpage de la matière imposable en tranches successives par le tarif d'impôt. V. article 69(1) CGI.

[337] Avant la loi des finances 2015, le CGI en son article 69 consacrait le principe de la progressivité fiscale en matière d'IRPP pour toutes les catégories de revenus. Il s'agissait par cette disposition conçue sur la base d'un barème d'imposer plus les hauts revenus et moins les bas revenus. Ainsi, cet article disposait que : « sous réserve des conventions internationales, l'impôt sur le revenu des personnes physiques est calculé par application du barème ci-après sur le revenu net global arrondi au millier de francs inférieur : de 0 à 2 000 000 (10 %), de 2 000 001 à 3 000 000 (15 %), de 3 000 001 à 5 000 000 (25 %) et plus de 5 millions (35 %), (…) » cette disposition procédait ainsi

local est encore naissant et surtout chancelant au regard des nombreuses contraintes juridiques et financières qui lui incombent, et où les investissements étrangers d'ampleur ont beaucoup de réticence à s'implanter chez nous, l'édiction d'une telle disposition fiscale égalitaire serait préjudiciable à la promotion et l'éclosion des entreprises. L'AUSCGIE, en consacrant les différentes formes de société reconnues par l'OHADA, n'y a pas associé de condition contraignante pour leur création. C'était assurément une volonté du législateur OHADA de prendre en compte le contexte de précarité du monde des affaires en Afrique, et surtout de permettre une facilitation des affaires dans un cadre purement africain fait de réalités propres[338]. Il est donc souvent courant au Cameroun de voir des sociétés se créer avec beaucoup de facilité, le droit OHADA aidant, et pour la plupart avec une structuration unipersonnelle. Ces entreprises, quelle que soit

---

à une sorte de redistribution des inégalités sociales. Mais, depuis 2015, il ya eu une modification de cette disposition par la suppression de cette règle de la progressivité pour les revenus autres que les salaires. Ainsi, cet article dispose désormais que l'IRPP applicable aux salariés est calculé par application du barème présenté plus haut. Pour les autres catégories de revenus à savoir les BIC, les BNC, les BA et les RF, l'impôt est calculé par application du taux proportionnel de 33% (CAC inclus). L'analyse de cette disposition nouvelle nous conforte dans l'idée de la relégation au second plan du rôle social de l'impôt au détriment des préoccupations d'ordre budgétaire. Car le choix de la proportionnalité vise inéluctablement l'augmentation sans cesse des recettes. V. RAWLS (J.), op. cit., p. 93, on parlera d'injustice chaque fois que des inégalités conçues ne bénéficient pas à tous.

[338] Lire à ce sujet, FOKO (A.), op. cit. V. DIFFO TCHUNKAM (J.), « Actualité et perspective du droit OHADA des affaires après la réforme de l'Acte uniforme relatif au droit commercial général du 15 Décembre 2010 », credodoc@yahoo.fr. V. GONOMY (M.), « Le statut de l'entreprenant dans l'AUDCG révisé : entre le passé et l'avenir », Revue de l'ERSUMA, *Droit des affaires- Pratique Professionnelle*, n° 4, Septembre 2014. V. KENFACK (P. E.), « La contribution des normes au passage des agents économiques du secteur informel vers le formel : Enquête sur l'effectivité du statut de l'entreprenant au Cameroun », Intervention faite lors de la conférence organisée par la Faculté de Droit, Economie et Finance de l'Université de Luxembourg les 20 et 21 Novembre 2014 sur le thème général de : « L'effectivité du droit économique dans l'espace OHADA ». V. SOH FOGNO (D. R.), « La problématique du commerce des personnes physiques mineures dans l'espace OHADA », Intervention faite lors de la conférence organisée par la Faculté de Droit, Economie et Finance de l'Université de Luxembourg les 20 et 21 Novembre 2014 sur le thème général de : « L'effectivité du droit économique dans l'espace OHADA », www.ohada.com. V. enfin, KOUMBA (E. M.), « Les enjeux de l'extension des actes uniformes aux entreprises informelles africaines », Revue Congolaise de Droit et des affaires, n° 10, p. 15, ohadata D- 13-10.

leur forme juridique, ne pourraient concurrencer les sociétés bien structurées, tant au niveau de l'organisation interne que de la rentabilité, la gestion sociale de famille étant encore la chose la mieux partagée dans notre contexte. Le fait de refuser de prendre en compte ces facteurs non négligeables en imposant un taux proportionnel indépendamment de leur niveau d'organisation et de rentabilité ne saurait contribuer à encourager l'investissement. La progressivité devant plutôt aider à rééquilibrer ces inégalités.

b- La sélectivité de l'impôt comme élément de justice redistributive

La sélectivité de l'impôt prend en considération l'origine des revenus. La sélection se faisant en fonction de la nature du besoin, on pourra par exemple exonérer les consommations et produits de première nécessité, privilégiant par une telle mesure les couches sociales défavorisées et pauvres qui y ont recours en permanence. Par ailleurs, on imposera à un taux très modéré les consommations courantes, et à un taux très élevé les consommations de luxe. Nous ne nous prononcerons pas plus longuement sur cette question qui, si elle est fondamentale pour le consommateur final au regard de ses besoins, n'intéressera que les entreprises s'ouvrant à la vente de certains types de produits dont le droit d'accises[339] réglementé au Cameroun à travers les articles 138 à 142 du CGI.

[339] Le droit d'accises est un impôt indirect perçu sur la consommation de certains produits, en particulier le tabac et l'alcool, et sur les produits de luxe. Il repose non pas sur la valeur, mais sur la quantité. L'article 138 (3) CGI énumère les produits soumis au droit d'accises. À côté de ceux-ci, il faut aussi lister les produits de bijouterie. Sur le mot « accise », lire CORNU (G.), op. cit., p. 12, qui le définit comme : « un impôt sur la dépense qui frappe séparément la consommation de certains produits ».

2- L'équité fiscale

L'équité en tant que déterminant du rôle social de l'impôt repose sur l'égalité[340]. Gérard CORNU définit ce mot sous plusieurs angles[341]. Dans un premier sens, il le conçoit comme le devoir de rendre à chacun ce qui lui est dû, un principe qui commande de traiter également des choses égales. Plus loin, il l'appréhende comme une manière de résoudre les litiges en dehors des règles de droit, selon des critères tels que la raison, l'utilité, l'amour de la paix, la morale ; en d'autres termes, c'est une justice idéale.[342]

Parlant de l'équité fiscale, elle a deux versants : horizontale et verticale. L'équité horizontale repose à la fois sur l'égalité de traitement de tous les contribuables dont la capacité contributive est la même[343], et aussi sur la prise en compte de certaines caractéristiques des agents économiques par le système fiscal. Pour mieux comprendre cet argumentaire, il suffit, au plan individuel, de convoquer le cadre juridique de l'IRPP qui avait cours avant la réforme de l'IRPP en 2004 et qui se faisait à un niveau double[344]. Cela aujourd'hui n'est plus

---

[340] V. DUMAS (G.), op. cit., pp. 137-138. L'égalité dont il s'agit ici n'est pas une égalité arithmétique, mais plutôt une égalité proportionnelle en fonction des capacités contributives des uns et des autres. L'auteur à ce sujet relève que : « si vous décrétez que la misère exempte de l'honorable obligation de contribuer aux besoins de la patrie, vous décréterez l'avilissement de la partie la plus pure de la nation ; vous décréterez l'aristocratie de la richesse ». V. également, RAWLS (J.), *Théorie de la justice,* op. cit., pp. 40-41. Traitant de la question de la justice comme équité, l'auteur soulève deux principes qui sous-tendent cette théorie : l'égalité dans l'attribution des droits et devoirs, et ensuite la consécration des inégalités socio-économiques, ces dernières considérées comme justes si elles produisent en compensation des avantages pour chacune et, en particulier, pour les membres les plus désavantagés de la société. Il s'agit bien là d'une égalité fondée sur les facultés contributives.

[341] CORNU (G.), *Vocabulaire juridique*, Association Henri Capitant, PUF, Paris, 2014.

[342] CORNU (G.), op. cit, pp. 408-409. Lire, RAWLS (J.), op. cit., pp. 138-144, qui développe l'idée suivant laquelle l'équité doit aussi répondre aux exigences de devoirs naturels qui autorisent naturellement ou moralement de poser un acte positif face à une situation difficile touchant autrui.

[343] Sur l'équité horizontale, Lire, DUMAS (G.), *Politique fiscale : le naufrage*, op. cit., pp. 138-139 qui fait de cette forme d'équité, le fondement de la doctrine de la proportionnalité de l'impôt. Selon cette conception : « l'impôt doit être réglé en proportion des revenus ou des capitaux dont l'Etat assure la paisible jouissance ».

[344] Avant la réforme de l'IRPP en 2004, celui-ci se calculait suivant deux modalités combinées : la taxe proportionnelle et la surtaxe progressive. Ce système d'imposition prenait en compte le foyer fiscal et le quotient familial. Ce qui revenait pour deux

valable et autorise l'imposition de tous suivant la même modalité, ceci nonobstant les charges à assumer, ce qui sur le plan individuel est une renonciation au rôle social de l'impôt.

Au niveau de l'entreprise et de la gestion des sociétés au Cameroun, avant la promulgation de la loi des finances 2016[345], le cadre juridique fiscal ne prévoyait aucune mesure incitative ou avantageuse d'envergure pour les sociétés qui participaient à l'épanouissement social des populations dans leur cadre géographique d'activité ou celles qui participaient par des recrutements des jeunes diplômés à la résorption du taux de chômage, et contribuaient de ce fait à la création des emplois. Ces charges supplémentaires pour le bien-être social ne trouvaient donc pas des éléments de compensation en termes d'exonération ou d'exemption de certaines charges fiscales. Les sociétés délaissaient ce volet social pourtant indispensable, ce qui remettait fortement en cause la fonction sociale de la fiscalité.

L'équité verticale quant à elle prône la juste répartition de la charge fiscale entre contribuables aux revenus différents[346].

Les développements faits nous confortent dans l'idée de la disparition progressive du rôle social de la fiscalité au Cameroun ; qu'en est-il de sa fonction économique ?

---

personnes qui avaient le même revenu d'imposer moins celui qui avait une charge familiale abondante au regard par exemple du nombre d'enfants, et celui qui n'en avait pas supportait plus d'impôts.

[345] La loi des finances 2016 dans sa partie consacrée au CGI a pris un certain nombre de mesures allant dans le sens de promotion du rôle social de l'impôt, en encourageant les sociétés qui procédaient au recrutement dans le cadre d'un premier emploi des jeunes diplômés de l'enseignement supérieur, ceci contre exonérations sur certaines charges relatives aux contributions sociales. Dans les lois de finances antérieures, il était déjà procédé à une exonération totale ou partielle des sociétés qui intervenaient dans le cadre des projets structurants. Si ces mesures sont louables, elles demeurent très insignifiantes au regard du niveau de délabrement et d'indigence du corps social au Cameroun. V. les articles 105 et 106 CGI.

[346] V. DUMAS (G.), op. cit., p. 139, l'équité verticale ou exigence de solidarité est fondée sur la progressivité fiscale. Selon l'auteur : « on considère qu'une nation est une association d'individus où chacun est tenu de faire un effort égal pour le bien commun… celui-ci fait un effort plus grand quand il abandonne un dixième de son revenu s'il est pauvre que celui-là quand il abandonne un huitième de son revenu s'il est riche ». Lire, RAWLS (J.), op. cit., pp. 40-41, sur la question de la justice comme équité.

B- L'effritement de la fonction économique de l'impôt

Dans la plupart des pays en voie de développement comme le Cameroun, l'État occupe une place considérable dans l'économie. Les prélèvements fiscaux qui en assurent le financement sont au cœur de débats incessants et de réflexions en constant renouvellement. Les modalités de prélèvement, la structure générale du système fiscal et le contexte économique dans lequel s'inscrivent les prélèvements constituent autant d'éléments qui interagissent pour en déterminer les conséquences en termes de croissance, d'emploi, d'accumulation de capital, mais aussi de choix de consommation et d'épargne[347] et surtout d'orientation globale de développement économique.

Parce que l'impôt a pour principale cible les agents économiques qui dans le cadre de cette étude sont constitués par les sociétés, son niveau de prélèvement peut impacter positivement ou négativement sur la vie et le fonctionnement quotidien des structures économiques, et par voie d'incidence sur l'ensemble du système économique à travers d'une part la structure des prix des biens et services sur le marché, ce qui peut porter un coup sur les investissements, et d'autre part sur l'équilibre socio-économique de façon globale. L'impôt apparaît donc, du point de vue de sa fonction économique comme un stabilisateur et un régulateur de l'économie.

Les mouvements fiscaux en termes d'augmentation ou de réduction d'impôt, d'exonération ou d'exemption d'impôts doivent être fonction du contexte socio-économique ambiant à un moment donné. La nécessité d'entourer les entreprenants et les entreprises de certains privilèges objectifs pour promouvoir la bonne santé de l'activité économique et l'investissement s'impose. Cela suppose, de manière concrète que l'État peut en situation de morosité ou d'inflation et lorsque le pouvoir d'achat du citoyen est réduit et que de ce fait les entreprises ne peuvent plus faire d'entrées, baisser les impôts pour accélérer la consommation au regard de la baisse incidente des prix qui

[347] VILLEMOT (D.), op. cit., p. 56 : « la fiscalité intervient sur le plan économique de manière plus structurelle afin d'orienter les choix des agents vers tel ou tel bien ou produit. En consentant un avantage fiscal, l'État agit en effet sur le prix du bien et déplace de ce fait l'équilibre du marché »

va en découler[348]. Par voie de conséquence, cela va maintenir la ressource fiscale au regard de la stabilité de l'activité en entreprise.

En sens inverse, ce jeu fiscal peut aussi s'opérer par l'augmentation des impôts. L'incidence que cela va créer sur la hausse des prix sur le marché va diminuer l'activité économique des entreprises[349], et par voie de conséquence encourager l'épargne privée donc, l'investissement sur lequel l'État prélèvera toujours l'impôt pour renflouer ses caisses. Quoiqu'on dise, le rôle économique de l'impôt est fondamental dans l'équilibre du jeu économique pour promouvoir les activités des différentes entreprises, ceci en fonction des options fiscales de l'État.

Seulement, cette fonction est en perte de vitesse, on dirait même en disparition progressive. Au Cameroun, la tendance actuelle observée accorde plus d'importance à l'augmentation des recettes budgétaires par le biais du rehaussement des impositions ou l'élargissement de l'assiette. Il n'est pas courant de voir transparaître dans les modifications des textes fiscaux l'urgence de prendre en compte le volet économique de l'impôt, encore moins, les préoccupations relatives au devenir des entreprises.

Cette recherche effrénée de l'équilibre budgétaire par l'impôt avec pour corollaire le délaissement des entreprises s'observe également à travers les multiples techniques de mobilisation plus accrue des recettes ; toute chose qui constitue un poids pour la bonne santé des entreprises.

---

[348] VILLEMOT (D.) op. cit., p. 52, Citant les théories de John Maynard KEYNES relève que : une réduction d'impôt conjoncturelle peut, par le biais des multiplicateurs fiscaux, augmenter le revenu disponible des agents économiques, et donc leur demande de biens et services.

[349] Idem, p. 53 : « en période de surchauffe inflationniste, une augmentation des prélèvements fiscaux peut ralentir la machine économique qui s'est emballée ».

Conclusion chapitre 2

La fiscalité de maintien des investisseurs interroge l'efficacité de la structure organisationnelle des administrations[350], les techniques utilisées[351], la rationalité des procédures ainsi que les garanties dont dispose l'investisseur. Il faut pouvoir les rendre impartiales et bénéfiques pour l'entreprise.

Ainsi pouvons-nous affirmer à la fin de cette analyse que la fiscalité de maintien des investisseurs repose sur deux paramètres importants :

- D'une part la modernisation des organisations et des techniques fiscales[352] ;
- D'autre part, le dépassement de la fonction exclusivement budgétaire de la fiscalité et l'amélioration substantielle de la gouvernance des recettes fiscales dans le seul but de l'intérêt général.

---

[350] PEKASSA NDAM (G.), « Les transformations de l'administration fiscale camerounaise », in (dir) ONDOA (M.), *L'Administration publique camerounaise à l'heure des réformes,* op. cit., pp. 33-40, lorsque l'auteur évoque les transformations structurelles comme la réorganisation des services.

[351] PEKASSA NDAM (G.), « L'obligation déclarative en droit fiscal camerounais », in (dir) ANOUKAHA (F.), OLINGA (A. D.), *L'obligation,* Études offertes au Professeur Paul-Gérard POUGOUE, op. cit., p. 793, avec la consécration du caractère déclaratif du système fiscal camerounais qui offre ainsi une liberté au contribuable et lui accorde une présomption de sincérité.

[352] Idem.

Conclusion titre 1

Le tracé des chemins juridiques de la fiscalité de développement peut se faire à travers des voies multiples. Tout au long des analyses faites jusque-là, nous nous sommes appesantis sur la sécurité juridique et judiciaire comme éléments fiscaux d'attractivité des investissements. Nous avons également accordé un intérêt particulier à la modernisation de l'Administration, des techniques, et de la gouvernance fiscales sur ce chemin. Dans le même sens, une lutte acharnée contre la fraude et l'évasion fiscales est également un élément d'attractivité des investissements.

TITRE 2

L'ATTRACTIVITÉ PAR UNE LUTTE EFFICACE CONTRE LA FRAUDE ET L'ÉVASION FISCALES

La fuite devant l'impôt est un phénomène ancien[353], mais dont la résurgence dans les sociétés modernes est très forte aujourd'hui à travers le monde[354]. Il s'agit, de manière théorique, de voir comment le contribuable s'acquitte de son obligation fiscale[355]. Il existe comme une sorte de ressentiment négatif à l'égard de l'impôt qui a tendance à développer le phénomène d'évitement de l'impôt. Il provoque inéluctablement dans la société des conséquences multiples : sur le plan juridique, il dénature la justice fiscale[356] en faisant supporter aux uns la charge fiscale des autres. Sur le plan budgétaire, il réduit considérablement les rentrées fiscales et partant, empêche à l'État de réaliser ses politiques publiques dans les secteurs socio-économiques ; et enfin sur le plan économique, il est un instrument de concurrence déloyale entre les entreprises[357].

Les chemins de l'évitement devant l'impôt n'ont pas changé, ils ont même tendance à se perfectionner au fil des jours[358]. Ils sont multiples et conduisent à distinguer principalement la fraude (chapitre 1) de

---

353 DUMAS (G.), *Politique fiscale : le naufrage,* op. cit., pp. 28- 34.

354 (Dir.) LEROY (M.), *Fiscalité et évitement de l'impôt : une comparaison franco-russe*, L'Harmattan, Paris, 2003.

355 PEKASSA NDAM (G.), « L'obligation déclarative en droit fiscal camerounais », in (dir) ANOUKAHA (F.), OLINGA (A. D.), *L'obligation*, Études offertes au Professeur Paul-Gérard POUGOUE, op. cit., p. 793 : « Le droit à l'auto-évaluation des capacités contributives reconnu aux contribuables s'accompagne de l'obligation de déclarer leur situation fiscale ».

356 RAWLS (J.), *Théorie de la justice*, op. cit., p. 40.

357 Idem. Lire également, SELCUK ALTINDAG, *La concurrence fiscale dommageable : la coopération des États membres et des autorités communautaires,* L'Harmattan, Paris, 2011.

358 V. DUMAS (G.), op. cit., p. 28.

l'évasion fiscale (chapitre 2), tous deux véritables freins à l'investissement et au développement. Nous ne manquerons pas ici d'évoquer succinctement pour les évacuer des notions telles que l'abus de droit et l'optimisation fiscale qui, bien que voisines n'ont pas un intérêt particulier dans cette étude.

L'abus de droit est une notion juridique à connotation plurielle[359]. Dans un premier sens, il suppose : « l'usage illicite d'un droit licite en raison du caractère excessif de cet usage ou du mobile »[360]. Sur le plan fiscal dans un second temps, il signifie : « la volonté d'échapper à l'impôt par des procédés juridiques artificiels ; c'est un trucage réalisé par des juristes, une forme de manipulation par ceux qui comprennent trop bien le droit fiscal c'est-à-dire la fiscalité en tant que science juridique »[361]. Il s'agit de manière pratique pour le titulaire d'un droit de le détourner de sa finalité en dissimulant la portée véritable de l'acte dans le seul but d'éluder l'impôt, tout en gardant le caractère légal de l'acte[362]. L'optimisation fiscale quant à elle est un montage juridique effectué par le service fiscal ou juridique d'une entreprise dans le but de permettre à celle-ci de mieux gérer sa fiscalité, ou encore de payer le moins d'impôt possible, mais ceci sans toutefois enfreindre la loi.

Que ce soit dans l'un ou dans l'autre cas, il y a évitement de l'impôt, mais dans un cadre strictement légal, raison pour laquelle nous préférons l'écarter de l'analyse qui va suivre.

---

[359] Lire, DOUET (F.), *Contribution à l'étude de la sécurité juridique en droit fiscal interne français,* op. cit., pp. 254-259.

[360] V. GATSI (J.), *Nouveau dictionnaire juridique*, op. cit., p. 6. V. également, CORNU (G.), *Vocabulaire juridique,* op. cit. V. art. 33 CGI.

[361] Lire, LIPOP (E. R.), op. cit., p. 29, citant COZIAN (M.), « *La gestion fiscale et l'abus de droit* », Revue française de comptabilité, n° 229, 1991, p. 18.

[362] COZIAN (M.), « Qu'est-ce que l'abus de droit », *Les petites affiches,* 1991, n° 6, p. 5. V. également, ATANGA FONGUE (R.), *Contrôle fiscal et protection du contribuable dans un contexte d'ajustement structurel : le cas du Cameroun*, L'Harmattan, Paris, 2007, p. 174, Cit. BARILARI (A.), DRAPE (R.), *Lexique fiscal,* Dalloz, Paris, 1987, p. 1.

Chapitre 1 :

La fraude fiscale : un frein majeur à l'investissement

Le phénomène de la fraude fiscale est universel et inter temporel[363]. Il puise ses origines bien loin déjà dans les écrits bibliques[364]. La plupart des systèmes fiscaux à travers le monde ont consacré le système déclaratif comme référentiel en matière de déclaration et paiement des impôts[365]. Or, une telle initiative exige de la part des contribuables personnes physiques mais surtout morales, un niveau élevé de probité, un sens de l'honneur et un degré de sincérité avéré[366]. Ce qui n'est pas la chose la mieux partagée par ces derniers, surtout en Afrique au sud du Sahara où la culture des affaires et le civisme fiscal font sérieusement défaut[367].

Il n'est pas évident de nos jours d'appréhender les actes constitutifs de fraude fiscale au regard du caractère sophistiqué qui les entoure. Cette difficulté résulte du caractère pluriel et illégal de ce phénomène

---

[363] V. DUMAS (G.), *Politique fiscale : le naufrage,* op. cit., p. 34, où l'auteur relève que : « la fraude était florissante sous l'Empire romain ».

[364] Actes des apôtres, Chapitre 5, Versets 1-11.

[365] Lire, TROTABAS (L.), COTTERET (J.-M.), *Droit fiscal,* op. cit., p. 39 où il est fait mention du régime déclaratif des impôts par le contribuable. PEKASSA NDAM (G.), op. cit., in (dir) ANOUKAHA (F.), OLINGA (A. D.), op. cit., p. 793: « le système fiscal camerounais est déclaratif notamment parce qu'il revient au contribuable d'évaluer et liquider lui-même l'impôt après en avoir déclaré l'existence auprès des services fiscaux ».

[366] Idem.

[367] V. DUMAS (G.), op. cit., p. 34, Citant, MARTINEZ (J.-C.), *La fraude fiscale,* P.U.F, Paris, 1984, p. 4 : « la fraude fiscale devient un pari rationnel sur les carences de l'administration. En termes de risque et de gains, tout compte fait, le contribuable a intérêt à frauder ; le calcul des probabilités et une rationalisation des choix fiscaux le conduisent à la conclusion que la fraude est un des placements financiers les plus sûrs ». Lire à ce sujet, FOTSING (J.-B.), *Le pouvoir fiscal en Afrique,* LGDJ, Paris, 1995, pp. 260 et s. Selon cet auteur, la crise de l'impôt dans les pays en développement, notamment en Afrique, est liée à celle de l'État. L'évitement de l'impôt en Afrique serait le fait de la non-assimilation de l'État par les populations, les agents économiques dans leur ensemble éprouvent une grande allergie devant l'impôt étatique.

(section 1) même s'il faut reconnaître que l'ampleur grandissante de ce fléau est le fait d'un cadre répressif complaisant (section 2).

Section 1- La fraude fiscale : un phénomène pluriel et illégal

La fraude fiscale peut être définie comme étant une infraction à la loi fiscale ayant pour but d'échapper à l'impôt ou d'en réduire les bases[368]. Il s'agit d'un comportement délictueux à multiples facettes[369] (paragraphe 1) dont la prépondérance est très marquée dans les économies africaines comme le Cameroun[370] (paragraphe 2).

Paragraphe 1- Les multiples facettes de la fraude fiscale

Une fois établie comme acte délictueux répréhensible par la loi, la détermination des figures de la fraude fiscale passe préalablement par la prise en compte des déterminants qui la fonde comme infraction (A), avant d'évoquer les raisons qui militent pour l'expansion de ce phénomène (B).

A- La fraude fiscale : une infraction à la loi

Un acte, un comportement, pour être qualifié d'infraction, suppose la réunion de deux éléments majeurs encore appelés éléments constitutifs de l'infraction. Il s'agit d'un élément matériel (2), mais avant, d'un élément moral ou intentionnel (1)[371].

---

[368] V. MEHL (L.), BELTRAME (P.), op. cit., p. 22. Lire, (dir) GUINCHARD (S.), MONTAGNIER (G.), *Lexique des termes juridiques,* op. cit., p. 285. V. GATSI (J.), *Nouveau dictionnaire juridique,* op. cit., p. 155. V. enfin, CORNU (G.), *Vocabulaire juridique*, op. cit., p. 478.

[369] Lire, DUMAS (G.), op. cit., p. 38, sur les typologies de fraude.

[370] Il est important de relever que si la fraude fiscale est un phénomène mondial, il apparaît plus comme étant un phénomène des sociétés pauvres où l'informel a pris suffisamment d'envergure.

[371] Lire, STEFANI (G.), LEVASSEUR (G.), BOULOC (B.), *Droit pénal général*, Éditions Dalloz, Paris, 2000, p. 197.

1- L'élément intentionnel : la volonté ferme et irrévocable d'éluder l'impôt

L'infraction de fraude fiscale ne peut être retenue si l'élément intentionnel fait défaut[372]. Ce qui signifie que l'erreur, l'insuffisance ou l'omission de bonne foi[373] ne sont pas constitutives de fraude fiscale. Le contribuable pourra néanmoins encourir une pénalité fiscale qui de toutes les façons sera plus faible si la bonne foi est reconnue[374]. Il faut une intention délibérée de frauder. On distinguera pour une analyse claire et certaine les contours de la notion d'intention (a) et son rapport à la faute, c'est-à-dire éluder l'impôt (b).

a- Les contours de la notion

Au sens étymologique, l'intention (*intendere*) est la volonté ferme et irrévocable vers un but précis. Il s'agit d'une préparation psychologique, d'une décision ferme de poser un acte interdit par la loi[375]. De cette définition, il apparaît que l'intention dont il s'agit ici doit être non seulement contraire à la loi, mais également défendue par la loi[376]. Bien évidemment, il est important de relever que la volonté ferme de frauder la loi suppose au préalable une connaissance certaine de celle-ci[377].

Le législateur fiscal camerounais prend bien en compte l'intention au moment de la commission de l'infraction de fraude. Cela est perceptible à travers les notions de « bonne foi » et « mauvaise foi » dans la fixation du niveau des pénalités à lui appliquer[378].

---

[372] Cass. Crim., 15 juin 2005, n° 04-84.134 : Bull. Crim. 2005, n° 180, p. 636. Lire également, DI MALTA (P.), *Droit pénal fiscal,* PUF, coll. Fiscalité, 1992, p. 191 et s., n° 321 et s.

[373] V. NGOUMTSA ANOU (G.), « L'obligation de bonne foi dans le droit OHADA : analyse à partir de la vente commerciale », in (dir) ANOUKAHA (F.), OLINGA (A. D.), *L'obligation,* op. cit., p. 616. La bonne foi est « un comportement caractérisé par l'honnêteté, la franchise, et la prise en considération des intérêts de l'autre partie à la transaction ou à la relation en question ».

[374] Ibid., p. 624.

[375] STEFANI (G.), LEVASSEUR (G.), BOULOC (B.), op. cit., p. 230.

[376] Idem.

[377] V. MESSI (M.), *Nul n'est censé ignorer la loi fiscale, la recherche de la règle applicable*, L'Harmattan, Paris, 2007.

[378] Article L96 CGI : « les insuffisances, omissions ou dissimulations qui affectent la base ou les éléments d'imposition et qui ont conduit l'Administration à effectuer des redressements, mention expresse devant être faite dans la dernière pièce de procédure

La bonne foi est un terme juridique qui peut faire l'objet d'une double approche : dans un premier temps, il désigne la loyauté dans la conclusion et l'exécution des actes juridiques[379]. Dans une seconde approche, il signifie la croyance erronée qu'a une personne de se trouver dans une situation conforme au droit, et la conscience d'agir sans léser les droits d'autrui[380]. La mauvaise foi quant à elle est le fait de poser un acte contraire à la loi en toute connaissance[381]. Il s'agit là du prototype de la fraude[382], dol[383], déloyauté et dissimulation[384].

Sur le plan du droit fiscal camerounais, l'intention de frauder s'apprécie sur la base des éléments préalables et préparatifs de l'acte délictueux, la finalité escomptée de l'acte à venir. Cette intention irrévocable a pour but la faute.

b- Une intention fautive

La faute suppose la commission d'un acte illicite[385]. C'est une action volontaire ou non, une omission qui porte atteinte au droit d'autrui en lui causant un préjudice[386]. La faute, objet d'une infraction, et qui appelle un régime de responsabilité pour son auteur peut être intentionnelle ou non. S'agissant de cette étude, la notion de faute intentionnelle nous paraît appropriée, car l'appréciation de l'intention dans la commission de l'infraction de fraude fiscale est déterminante dans la sanction qui va suivre ou encore dans le type de sanction. Il faut

(…), donnent droit à l'application des majorations suivantes : 30 % en cas de bonne foi, 100 % en cas de mauvaise foi, 150 % en cas de manœuvres frauduleuses (…) ». NGOUMTSA ANOU (G.), « L'obligation de bonne foi dans le droit OHADA : analyse à partir de la vente commerciale », in (dir) ANOUKAHA (F.), OLINGA (A. D.), op. cit., pp. 613-628.

379 GUINCHARD (S.), MONTAGNIER (G.), *Lexique des termes juridiques,* Dalloz, 2003, op. cit., p. 78.

380 GATSI (J.), *Nouveau dictionnaire juridique,* op. cit., p. 52. V. CORNU (G.), op. cit., pp. 132-133.

381 CORNU (G.), op. cit., p. 645.

382 GATSI (J.), op. cit., p. 155. C'est un agissement contraire aux prescriptions légales, assimilé à la mauvaise foi. La fraude entraîne la nullité de l'acte accompli.

383 Ibid, p. 177. Le dol est le fait pour un cocontractant de forcer le consentement de l'autre à l'aide de mensonges ou autres manœuvres frauduleuses ou tromperies.

384 Ibid, p. 115.

385 CORNU (G.), op. cit., p. 446.

386 V. GATSI (J.), op. cit., p. 146. Lire également, Article 1382 C. civil : « tout fait quelconque de l'homme, qui cause à autrui un dommage, oblige celui par la faute duquel il est arrivé, à le réparer ».

néanmoins reconnaître que, même non intentionnelle, la fraude fiscale est sanctionnée.

La faute intentionnelle selon le doyen Gérard CORNU est une faute commise avec l'intention de nuire à autrui, plus généralement avec celle de causer un dommage[387]. En matière fiscale, l'acte de fraude, intentionnelle ou non fait l'objet d'une sanction, car cet acte a contribué par sa commission à délester le trésor public des recettes nécessaires pour la réalisation de ses politiques publiques. Seulement l'intention fautive ici ne se présume pas ou ne se déduit pas[388]. Elle doit être clairement établie. À ce niveau, tout dépendra alors du libre arbitre de l'agent fiscal dans l'appréciation et la qualification de l'acte. Cela remet donc en cause toute l'objectivité qui peut entourer un tel travail, et suscite une autre réflexion sur les possibilités de complaisance. Tout compte fait, il est admis que les sanctions fiscales de bonne ou mauvaise foi contribuent à montrer la prise en compte ou non de l'intention fautive dans la commission de l'infraction.

Dans tous les cas, il appartient au ministère public et à l'administration fiscale de démontrer le caractère intentionnel soit de la soustraction, soit de la tentative de se soustraire à l'établissement et au paiement des impôts.

2- La concrétisation de l'acte de fraude fiscale

Il s'agit dans cette phase de passer de l'étape de l'intention à l'acte proprement dit. En d'autres termes, certaines branches du droit à l'instar du droit pénal considèrent souvent comme élément matériel même la simple tentative de commettre une infraction, une fois que l'élément intentionnel existe déjà, mais que la survenue d'un fait extérieur a permis d'éviter la réalisation[389]. Ce raisonnement tient même en droit pénal fiscal où la fraude fiscale consommée ou tentée embrasse les

---

387 V. CORNU (G.), op. cit., p. 448.

388 Cass. Crim., 8 août 1990, n° 89-86.729, Katan : Bull. Crim. 1990, n° 303, p. 764, qui retient que le caractère volontaire de la dissimulation de sommes sujettes à l'impôt ou l'omission d'écritures comptables, élément intentionnel constitutif de fraude fiscale doit être clairement établies par la commission, de même que l'importance des carences déclaratives ou comptables, Cit., GICQUEL (E.), « La fraude fiscale », Contentieux, Revue de droit fiscal, J.-Cl., 12 juillet 2007, n° 28, Etudes n° 725, p. 10.

389 V. STEFANI (G.), LEVASSEUR (G.), BOULOC (B.), op. cit., p. 199. Lire, TIXIER (G.), ROBERT (J.-M.), *Droit pénal fiscal*, Dalloz, coll. Manuel Dalloz de droit usuel, 1980, p. 89 et s., n° 41 et s.

omissions volontaires de déclarations dans les délais prescrits, les dissimulations de matières imposables, l'organisation de l'insolvabilité[390].

L'élément matériel est donc déterminant, et peut prendre plusieurs formes.

a- La dissimulation matérielle de la matière imposable

Il s'agit ici de la forme la plus grossière et archaïque de la fraude. Dans la pratique, c'est le cas où la société ne déclare pas l'ensemble des revenus qui doivent faire l'objet d'imposition[391]. Elle dissimule ainsi une partie de celui-ci dans le but d'augmenter sa marge bénéficiaire. Le système fiscal étant déclaratif, il reste que c'est dans le cadre des différents contrôles fiscaux que le fisc pourra déceler ces insuffisances et procéder aux redressements nécessaires. La recherche de la bonne information pourra alors passer par des techniques telles que le contrôle de stock d'une part et d'autre part par un rapprochement avec les livraisons du fournisseur. Il serait facile dans une telle approche de relever des incohérences entre le niveau d'approvisionnement de l'entreprise auprès de son fournisseur et le niveau relativement bas des ventes et l'absence du différentiel en stock. On constatera rapidement que l'entreprise ne déclare pas l'intégralité de ses revenus.

b- La dissimulation comptable

C'est une forme élaborée de la fraude fiscale qui consiste en la pratique de bilans multiples[392]. Un bilan qui sera déposé au fisc pour l'établissement des impositions, et un autre bilan commercial qui sera utilisé pour les besoins bancaires, mais aussi les besoins personnels. Dans le premier bilan à présenter au fisc, le comptable de l'entreprise prendra généralement soin de relever au maximum le niveau des charges déductibles qui viendront en diminution du résultat imposable, et entraînera par voie de conséquence la diminution du bénéfice fiscal. Cette augmentation exagérée des charges passera par l'établissement

---

[390] V. GICQUEL (E.), op. cit., p. 10.

[391] Cass. Crim., 2 juillet 1998, n° 97-83.483, T. : Bull. crim. 1998, n° 213, p. 612 ; Dr. fisc. 1998, n° 31-36, p. 1042, qui relève que la seule dissimulation volontaire de sommes sujettes à l'impôt caractérise le délit de fraude fiscale, sans qu'il soit nécessaire d'établir l'existence des manœuvres frauduleuses.

[392] V. GICQUEL (E.), op. cit., n° 13, p. 12.

des fausses factures[393] qui n'auront aucune référence auprès d'un quelconque fournisseur, mais également par l'octroi d'avantages fictifs pour réduire au maximum la base de calcul de l'impôt et supporter au final le moins d'impôt possible. Ce phénomène de fausses factures a pris une ampleur remarquable surtout en matière de remboursement de crédits TVA où des entreprises se font souvent rembourser des crédits d'impôt sur la base des dossiers montés à l'aide de ces factures, délestant ainsi le trésor public d'énormes ressources financières. Par contre, le bilan commercial qui retrace la réalité des opérations de l'entreprise sera utilisé par le gestionnaire de l'entreprise pour avoir une lisibilité claire sur la situation de l'entreprise afin de déterminer les choix et les options d'investissements à venir. Ce bilan est celui qui servira également auprès des banques pour solliciter des crédits ceci en démontrant la bonne santé financière de l'entreprise, car il serait difficilement possible pour une banque d'octroyer des crédits à une structure en décrépitude financière et ne présentant pas de garantie suffisante de rentabilité.

c- La dissimulation juridique

Il s'agit précisément ici des techniques juridiques qui consistent à donner à un acte juridique une qualification autre que celle qui est réelle[394]. C'est un mécanisme qui a pour but de cacher la situation réelle et ne présenter que celle apparente qui a un caractère normal, ceci dans le seul but d'éluder l'impôt[395]. C'est ainsi qu'un acte de mutation de propriété ou de fonds de commerce sera dissimulé et présenté comme un acte de location gérance dans le but d'éviter de se voir appliquer un taux de 15 % pour la formalité d'enregistrement au détriment d'un droit inférieur pour mutation de jouissance. Il sera important pour l'agent du fisc, dans son contrôle, d'aller au-delà de la situation apparente pour se

---

[393] V. LAMBERT (T.), « Les pouvoirs de l'administration et les garanties du contribuable dans le contrôle fiscal français », in (dir), LEROY (M.), *Fiscalité et évitement de l'impôt : une comparaison franco-russe,* op. cit., p. 111, où l'auteur, citant, LOPEZ (Ch.), STOLOWY (N.), *La facturation de complaisance dans les entreprises,* L'Harmattan, coll. « Finances publiques », 2001, relève que les fraudeurs sont imaginatifs au point où les montages juridiques visant à se soustraire à l'impôt sont multiples avec des techniques comme les fausses factures.

[394] Lire, article L33 LPF.

[395] DJOMENI KOLOKO (E.), *La fiscalité des investissements et l'optimisation fiscale, cas du Cameroun,* Mémoire de Master 2 professionnel en fiscalité appliquée, Université de Douala, 2008, www.memoireonline.com, consulté le 7 avril 2016 à 21 h 30 min.

saisir de la véritable identité de l'opération. Il s'agit de façon plus précise de l'acte d'abus de droit qui trouve son fondement juridique fiscal au Cameroun à travers l'article L33 LPF[396]. Le fisc a alors la possibilité de requalifier l'acte du contribuable et d'opérer les redressements nécessaires.

d- La manipulation de certains postes comptables

Il s'agit généralement ici pour l'entreprise de procéder au gonflement des charges par l'attribution à certains postes comptables des montants loin de la réalité. C'est le cas des rubriques comme : « frais généraux[397] » ou « services extérieurs » qui sont souvent mis à contribution dans le cadre de ce type de manipulation. On y retrouve souvent enregistré les dépenses personnelles des dirigeants sociaux, l'enregistrement des charges qui n'ont aucun rapport avec l'activité de l'entreprise ou encore l'enregistrement de certaines charges à des taux supérieurs que ceux prévus par la loi. Devant ce type de maladresse, le fisc dans le cadre des contrôles procède à la réintégration[398] de ces charges dans le bénéfice fiscal imposable afin qu'il soit soumis à taxation.

e- L'expansion du secteur informel comme élément de fraude fiscale

L'expansion du secteur informel est un véritable problème pour notre économie[399], et contribue même à fragiliser celle-ci dans le domaine de la compétitivité des économies du monde. L'organisation fiscale et comptable du milieu des affaires au Cameroun impose

---

[396] Article L33 LPF : « toute opération conclue sous la forme d'un contrat ou d'un acte juridique quelconque dissimulant une réalisation ou un transfert de bénéfices ou revenus effectués directement ou par personnes interposées n'est pas opposable à l'administration des impôts qui a le droit de restituer à l'opération son véritable caractère et de déterminer en conséquence les bases des impôts sur les sociétés ou sur le revenu des personnes physiques ».

[397] Lire, Article 7 A CGI.

[398] V. CORNU (G.), op. cit., p. 877. La réintégration est une opération de redressement consistant pour l'administration fiscale, à incorporer dans le revenu imposable d'un contribuable les sommes qui en ont été indûment déduites ou qui ont été dissimulées.

[399] V. BACKINY YETNA (P.), « Secteur informel, fiscalité et équité : l'exemple du Cameroun », in *Le journal statistique africain,* n° 9, Novembre 2009, p. 317. Lire également, GAUTIER (J. -F.), ROUBAUD (F.), RAKOTOMANANA FALY, *Revue tiers monde,* n° 168, vol 42, 2001, *La fiscalisation du secteur informel : recherche impôt désespérément,* pp. 795-815.

certaines obligations aux entreprises[400]. Ces dernières, lorsqu'elles exercent dans un cadre formel sont assujetties aux obligations fiscales et comptables qu'elles doivent souscrire selon une certaine périodicité. Pour échapper donc à ce formalisme, et se soustraire au paiement de l'impôt, les entreprises préfèrent souvent fonctionner dans la clandestinité en dehors des circuits formels d'activités,[401] pour ne pas avoir à supporter l'impôt à quelque titre que ce soit, ou alors supporter le moins d'impôt possible en présentant le visage d'une activité qui n'a rien de réel. Cela est d'ailleurs l'un des facteurs de la croissance continue de notre secteur informel.

Toutes ces formes de fraude fiscale relevées démontrent bien que ce phénomène gagne du terrain dans nos entreprises et constitue un frein énorme au plein épanouissement de nos finances publiques[402]. Quelles sont les raisons qui peuvent justifier ce phénomène ?

B- Les causes de la fraude fiscale

Les causes de la fraude fiscale sont nombreuses et peuvent être classées pour les besoins de cette étude en deux catégories. Il s'agira dans un premier temps d'envisager celles qui sont générales, c'est-à-dire communes à tout système fiscal (1), et dans un second temps celles propres au pays en voie de développement tel que le Cameroun (2).

1- Les causes communes de la fraude fiscale

On distinguera ici les causes économiques et techniques (a) des causes sociopolitiques (b).

a- Les causes économiques et techniques

Sur le plan économique, l'entreprise procède souvent à une sorte de balance pour peser les avantages et les inconvénients de l'acte de fraude. Il s'agit souvent pour elle d'apprécier son gain, son profit

---

[400] Lire, articles L 2, L 4, L 5, L 7 LPF.

[401] ABDOULLAH CISSE, « Pour une approche plurale du droit africain », in (dir) BOKALLI (V. E.) et autres, op. cit., p. 7 : « Le secteur informel appelé également secteur non structuré, non normalisé, d'économie solidaire ou de stratégie de survie se caractérise par sa non-soumission aux lois de l'État (...). ».

[402] Lire, BAZART (C.), *La fraude fiscale : modélisation du face à face État-contribuables*, Thèse de doctorat en sciences économiques, Université Montpellier I, 2010, 373 p.

économique dans un tel acte.[403] La situation économique personnelle du chef d'entreprise peut ainsi déterminer son attitude ici, ou la situation financière de l'entreprise.

L'une des caractéristiques des entreprises camerounaises réside dans la fraude par souci d'accumulation des revenus destinés aux impôts. C'est presque devenu un réflexe pour les chefs d'entreprises, celui de développer des artifices pour spolier l'État des recettes fiscales, et ceci à des fins personnelles d'enrichissement illicite. Cela démontre à suffisance que la cause économique de la fraude est fondée sur la volonté des entreprises à s'enrichir frauduleusement au détriment de l'État.

Sur le plan technique, la fraude fiscale se justifierait par la pression fiscale d'une part et d'autre part par la complexité des systèmes fiscaux.

S'agissant de la pression fiscale, il ne fait pas de doute qu'un impôt exorbitant justifierait comme tout abus flagrant de pouvoir, la résistance de la part du peuple[404]. La complexité fiscale quant à elle procède tant des modalités de calculs des impôts que des techniques fiscales liées à l'appréciation de certaines données qui contribuent souvent à rehausser les impositions telles que les réintégrations sur le bénéfice fiscal.

b- Les causes sociopolitiques

Il s'agit principalement de l'affectation qui est faite des recettes publiques qui sont principalement financées par la fiscalité. C'est la question de l'utilisation à bon escient des fonds publics.

Lorsque les citoyens d'un État font le malheureux constat que l'argent de leurs impôts, au lieu d'être utilisé pour financer les besoins d'intérêt général, les services sociaux de base, est plutôt utilisé à des fins personnelles d'enrichissement illicite de la classe dirigeante, ou sert à financer les dépenses somptuaires, fantaisistes et arrogantes de la

---

[403]Lire, LEROY (M.), « La sociologie du contribuable face à la taxation », in, (dir) LEROY (M.), *Fiscalité et évitement de l'impôt : une comparaison franco-russe,* op. cit., p. 23, où l'auteur relève que, pour les économistes, la fraude est considérée comme un risque qui dépend du gain objectif espéré. Ce gain se calcule par rapport au taux d'imposition, à la probabilité de vérification fiscale, à la probabilité d'être pris, au montant des pénalités applicables.

[404] V. (dir) GASTELLU (J.-M.), MOISSERON (J.-Y.), POURGET (G.), *Fiscalité, développement et mondialisation,* op. cit., p. 92. V. également, BENSUSSAN (E. M.), *Le fisc mis en examen*, op. cit., p. 15.

bourgeoisie régnante, il se développe un sentiment de réticence au paiement de l'impôt. Les techniques de fraude fiscale voient ainsi le jour pour se soustraire au maximum au paiement de l'impôt qui paraît dès lors comme un moyen de financement du train de vie princier de certains dirigeants.

C'est dire au regard de ces éléments d'analyse que, les agissements des politiques contribuent fortement à justifier les actes de fraude fiscale qui sont permanents dans les pays en développement, dont les motivations, au-delà des éléments sus-évoqués, relèvent d'un type d'arguments différents qui s'ajoutent aux premiers.

2- Les causes spécifiques aux pays en développement : le cas du Cameroun

La crise de l'impôt dans les pays en développement, notamment en Afrique, est liée à celle de l'État[405]. Les facteurs spécifiques qui justifient la fraude fiscale en Afrique en général et au Cameroun en particulier reposent fondamentalement sur deux éléments : l'utilisation inadéquate des recettes publiques et l'absence d'une culture fiscale. La conjugaison de ces éléments crée un incivisme caractérisé qui s'apparente à une sorte de « délinquance fiscale ».

L'impôt devient un élément fédérateur, un élément de consensus sociopolitique lorsque sa gestion et son utilisation sont faites suivant des règles démocratiques d'intérêt général[406]. Il est constant au Cameroun de réaliser que l'utilisation des recettes publiques est faite de manière insatisfaisante, sa gestion par les gouvernants répondant difficilement ou très peu aux priorités sociales des citoyens[407]. Lorsque les citoyens et les entreprises qui supportent l'impôt observent la

---

[405] Lire, SINDJOUN (L.), *L'État ailleurs, entre noyau dur et case vide*, Economica, 2002, 332 p. V. enfin, BAYART (J.-F.), *La greffe de l'État*, Paris, 1997.

[406] V. LEROY (M.), « La sociologie du contribuable face à la taxation », in (dir), LEROY (M.), *Fiscalité et_évitement de l'impôt : une comparaison franco-russe*, op. cit., p. 26. L'auteur relève que l'impôt est constitutif de l'État. L'utilisation de l'argent public constitue pour le citoyen un des critères de la légitimité politique de l'impôt. Les diverses formes de résistance à l'impôt, en particulier les révoltes fiscales, traduisent souvent une opposition à la légitimité de la taxation, ressentie comme arbitraire.

[407] L'utilisation à des fins personnelles des budgets par les gouvernants au Cameroun est très remarquable de nos jours. L'opération de lutte contre la corruption et les détournements de deniers publics engagée l'a démontré à suffisance avec l'emprisonnement de plusieurs gestionnaires publics.

gestion désordonnée des fonds publics, ils ont le sentiment de financer l'enrichissement de la classe dirigeante, ce qui ouvre forcément sur le rejet de l'impôt à travers la fraude et les révoltes fiscales[408].

Il existe par ailleurs l'absence d'une culture fiscale qui est très marquée au Cameroun. Cette attitude est liée à l'histoire même de l'impôt dans nos États d'Afrique, mais aussi, et surtout au niveau de pauvreté et de déliquescence de nos populations et de nos entreprises.

S'agissant de l'histoire de l'impôt, les citoyens et les entreprises ont encore en esprit jusqu'à une période relativement récente, l'existence de l'impôt forfaitaire qui apparaît comme une survivance de l'impôt colonial, et par lequel les assujettis étaient contraints même par corvées ou travaux forcés à son paiement[409]. Cette contrainte pouvait même aller jusqu'à une privation de liberté. Cette situation a créé une sorte d'antipathie envers l'impôt, de sorte que même les schémas actuels visant à humaniser et à rendre la fiscalité conviviale n'ont pas définitivement chassé ces idées préétablies.

La pauvreté est également un facteur majeur de la fraude fiscale au Cameroun.

Dans une économie pauvre, l'extension de l'activité fiscale semble assez délicate, de sorte qu'elle exige des méthodes de travail particulières touchant tant à l'assiette qu'aux modalités de liquidation des impositions[410]. C'est la raison pour laquelle on observe la croissance exagérée du secteur informel qui s'explique uniquement par la volonté de ses acteurs d'échapper à tous les circuits formels en termes d'enregistrement et d'imposition.

Ne serait-il pas dès lors nécessaire d'évaluer l'ampleur et l'impact de ce phénomène dans notre économie ?

---

[408] DUMAS (G.), op. cit., pp. 23-26. Lire, GWENOLA (Trotin), *Essais sur la fraude à l'impôt sur le revenu,* Thèse de doctorat, Université d'Aix-Marseille, FSEG, 2012, p. 13. Selon l'auteur, l'absence de contrepartie directe et de visibilité sur l'utilisation des fonds collectés contribue à développer le sentiment d'évitement de l'impôt.

[409] Idem.

[410] Idem.

Paragraphe 2- L'ampleur et l'impact de la fraude fiscale sur le développement

Il s'agira d'opérer une distinction en démontrant d'une part la prépondérance du phénomène de fraude fiscale dans notre économie (A), et d'autre part son impact à travers la surtaxation pour combler les déficits, ce qui est source de fuite des investisseurs (B).

A- L'évaluation de l'ampleur de la fraude fiscale : un phénomène difficile à quantifier

La fraude fiscale étant un acte illégal, elle est par principe empreinte de secret. Aucune mesure exacte de son ampleur ne peut donc être considérée comme totalement fiable[411]. La multiplicité des pratiques de fraude rend le travail d'évaluation encore plus complexe[412]. Les méthodes d'estimation de la fraude fiscale dans un pays sont basées sur l'évaluation du potentiel fiscal[413]. La valeur de la fraude fiscale est évaluée par la différence entre le montant théorique des recettes fiscales et celles effectivement collectées par l'administration fiscale[414]. Il existe ainsi deux méthodes d'évaluation de la fraude fiscale[415] que nous utiliserons ici pour en certifier la prépondérance dans notre économie : les méthodes d'estimation globale fondées sur la comptabilité nationale et les données des redressements fiscaux d'une part (1) et d'autre part les enquêtes spécifiques basées sur une typologie de contribuables, d'activités et d'impôts (2).

---

[411] GWENOLA (T.), *Essais sur la fraude à l'impôt sur le revenu*, Thèse de doctorat, Université d'Aix-Marseille, FSEG, 2012, p. 14

[412] Ibidem.

[413] Lire, GAUTHIER (J.-F.), « La fraude fiscale : estimation et caractéristiques sur l'impôt sur les bénéfices industriels à Madagascar », Projet MADIO, n° 9830/E, Juillet 1998, 26 p.

[414] Idem.

[415] Idem. V. également, GWENOLA (T.), *Essais sur la fraude à l'impôt sur le revenu*, Thèse de doctorat, Université d'Aix-Marseille, FSEG, 2012, p. 14, où l'auteur relève qu'il existe deux types de méthodes d'évaluation de l'ampleur de la fraude fiscale : les méthodes directes et les méthodes indirectes. Les premières utilisent la confrontation des informations comprises dans les déclarations des contribuables avec un échantillon des déclarations intensivement contrôlées, les secondes évaluent le niveau d'économie occulte en se servant des traces qu'elle laisse sur les marchés et les agrégats économiques. V. enfin, FARRIOL (B.), *Conséquences économiques, financières et sociales de l'économie non déclarée*, Conseil Economique Social et Environnemental, Les éditions des journaux officiels, République française, Juin 2014, p. 8.

1- Les méthodes globales ou directes d'évaluation

Elles reposent sur les éléments de comptabilité nationale et les redressements fiscaux. De manière concrète, il s'agit ici d'opérer des rapprochements entre le potentiel fiscal et les recettes effectivement recouvrées, c'est-à-dire les recettes devant normalement être générées si l'ensemble du tissu économique était pris en compte d'avec les recettes effectivement perçues[416]. L'écart relevé doit alors être considéré comme représentatif du niveau de fraude[417]. Seulement, une telle analyse comporte une insuffisance quant à la totale fiabilité du résultat obtenu, car, le potentiel fiscal pris en compte porte uniquement sur le secteur formel, identifié et fiché. Le secteur informel n'étant pas pris en compte ici, cela crée quelques limites dans cette analyse. Néanmoins, cette méthode demeure pertinente pour cette étude.

S'agissant de la comptabilité nationale, cette méthode permettra à partir du nombre total d'entreprises répertoriées sous chacune des formes juridiques prescrites par l'OHADA d'une part, et d'autre part de l'ensemble de celles recensées dans le cadre des activités informelles, de déterminer par rapport au budget national les recettes fiscales attendues pour chaque type d'impôt. Cette projection se fait sur la base du budget de fonctionnement ou d'investissement pour des impôts tels que les droits d'enregistrement des marchés, la TVA et l'impôt sur le revenu prélevés sur ces prestations. Par la suite, le niveau global de la consommation nationale permet également de se faire des projections sur la contribution des impôts indirects dans les recettes fiscales. Cette technique de la comptabilité nationale permet donc de faire un rapprochement entre les recettes théoriques attendues sur la base de ces projections, et celles recouvrées par l'administration fiscale[418].

Au niveau du Cameroun, l'Institut National de la Statistique, qui est la structure dédiée pour les questions de comptabilité nationale[419], présente au cours de chaque exercice un recensement général des entreprises (RGE) suivant leur forme juridique, les attentes qu'on peut

[416] GAUTHIER (J.-F.), « La fraude fiscale : estimation et caractéristiques sur l'impôt sur les bénéfices industriels à Madagascar », Projet MADIO, n° 9830/E, Juillet 1998, 26 p. Lire également, GWENOLA (T.), *Essais sur la fraude à l'impôt sur le revenu,* Thèse de doctorat, Université d'Aix-Marseille, FSEG, 2012, p. 14.
[417] Idem.
[418] Idem.
[419] RGE/INS, 2009. Lire, EESI (2), 2005.

se faire d'elles en termes de contributions fiscales et sociales et le niveau d'informalisation de notre économie. D'autre part, il existe au niveau de la Direction Générale des Impôts, une Division des simulations fiscales[420]. Cette structure a également pour mission d'opérer des études prospectives sur les rendements potentiels attendus, ceci sur la base d'exploitation de certaines données. Le niveau de fraude fiscale s'appréciera ici sur la base des écarts négatifs de chiffres observés par rapport au niveau de recettes attendues.

S'agissant de l'autre technique d'évaluation qui tient toujours des méthodes globales ou directes, celle des données des redressements fiscaux, elle consiste par extrapolation des différents types de contrôles fiscaux opérés sur l'ensemble des entreprises et agents économiques identifiés, de déterminer à partir du niveau global des redressements fiscaux effectués et des chefs de redressements retenus l'ampleur de la fraude fiscale dans un système[421]. C'est une technique expérimentée en France depuis les années 1977[422].

En explorant l'environnement juridique fiscal du Cameroun, il existe plusieurs variétés de contrôles fiscaux[423] qui peuvent contribuer à déceler les insuffisances du système déclaratif d'imposition, mais surtout les corrections des actes de fraude fiscale, et même l'ampleur du phénomène. Le contrôle fiscal est le moyen par excellence qui permet d'apprécier le niveau de civisme fiscal et de sincérité des contribuables, et partant, de voir le niveau de fraude et de la sanctionner.

---

420 V. Magazine IMPOTS-Infos, n° 004, Septembre 2016, p. 11, avec la désignation d'un responsable à cette fonction, et la détermination exacte de ses missions.

421 GWENOLA (T.), *Essais sur la fraude à l'impôt sur le revenu,* Thèse de doctorat, Université d'Aix-Marseille, FSEG, 2012, p. 14. V. également, GAUTHIER (J.-F.), « La fraude fiscale : estimation et caractéristiques sur l'impôt sur les bénéfices industriels à Madagascar », Projet MADIO, n° 9830/E, Juillet 1998, 26 p.

422 Technique relevée lors du troisième rapport du Conseil National des Impôts de France en 1977.

423 Lire à ce sujet, les articles L11 à L20 LPF qui traitent des vérifications sur place, qui se font en entreprise, et qui sont de plusieurs types : la vérification générale de comptabilité (VG) qui porte sur tous les impôts et taxes sur une période non prescrite de 4 ans, la vérification partielle (VP) qui porte soit sur tous les impôts et taxes sur une période inférieure à 4 ans, soit sur certains impôts bien précis sur toute la période de 4 ans. Il existe aussi en matière de vérification sur place, le contrôle ponctuel qui porte sur une période inférieure ou égale à l'année. L'article L21 LPF quant à lui traite du contrôle sur pièces (CSP) qui est un contrôle de cohérente des déclarations effectuées, il se fait à partir des bureaux du fisc.

Au cours des exercices 2014 et 2015, le niveau des redressements fiscaux effectués a atteint une cote très élevée, au regard du montant des avis de mise en recouvrement (AMR), dont la situation inquiétante a même attiré l'attention des bailleurs de fonds[424]. La question fondamentale est donc celle de savoir si au regard de l'ampleur des créances fiscales issues des contrôles, la porte de la fraude fiscale n'est pas suffisamment grande au Cameroun et pourquoi pas relever que ce phénomène a tendance à s'ériger comme une règle de sorte que frauder l'impôt est désormais un principe, et payer normalement ses impôts, une exception.

Les méthodes globales ou directes expérimentées ici à travers la comptabilité nationale et les redressements fiscaux permettent valablement d'apprécier l'ampleur de la fraude, même si les résultats obtenus posent souvent des soucis de totale fiabilité.

Les méthodes spécifiques ou indirectes ne présentent-elles pas plus d'assurance quant à la fiabilité de l'évaluation ?

2- Les enquêtes spécifiques ou méthodes indirectes

Il s'agit précisément ici d'interroger une population fiscale bien déterminée, ceci sur la base d'un questionnaire préétabli[425]. L'échantillon de population fiscale choisi devra ainsi apporter son avis sur le montant global des revenus générés par son activité, dire si l'ensemble de ces revenus proviennent d'activités formelles et ordinaires, ou s'il y en a qui sont issues d'activités informelles[426]. Par la suite, il s'agira alors de se prononcer pour dire si la déclaration

---

[424] Lors de la réunion des experts du FMI au Cameroun au second semestre 2015, il s'est posé le problème du niveau très préoccupant de la dette intérieure. Selon les bailleurs de fonds, le pays a suffisamment des créances recouvrables qu'il n'aurait pas besoin en permanence de solliciter des emprunts à faire supporter aux générations futures et parfois pas pour un usage adéquat. Une part non moins importante de cette dette est constituée par les créances fiscales issues pour l'essentiel des opérations de contrôles, à l'issue desquels les manquements constatés qui sont souvent le fait des multiples formes de fraude fiscale sont redressés, augmentant de façon permanente et continuelle ces créances. Cela paraît donc assez suffisant pour évaluer l'ampleur de ce phénomène.

[425] GAUTHIER (J.-F.), « La fraude fiscale : estimation et caractéristiques sur l'impôt sur les bénéfices industriels à Madagascar », Projet MADIO, n° 9830/E, Juillet 1998, 26 p. V. GWENOLA (T.), *Essais sur la fraude à l'impôt sur le revenu*, Thèse de doctorat, Université d'Aix-Marseille, FSEG, 2012, p. 14.

[426] Idem.

souscrite auprès du fisc porte sur l'ensemble de ces revenus, ou s'il y a une partie qui est non déclarée. On pourra par-là apprécier le niveau de la courbe de la fraude fiscale, les secteurs les plus touchés, les motivations personnelles des entreprises de se lancer dans une activité aussi risquée et partant, l'estimation globale de la fraude.

Une autre technique dans le cadre de la même méthode consistera toujours dans le cadre d'une population fiscale, à interroger le niveau d'acceptation par rapport aux différents impôts[427]. On pourra par exemple chercher à savoir l'impôt qui est le plus rejeté par un secteur d'activité, et les mécanismes souvent mis en branle pour contourner cet impôt. Les résultats ainsi obtenus feront l'objet d'une confrontation avec les prévisions de l'administration fiscale par rapport aux attentes qu'elle se fait sur ces impôts précis[428].

Cette méthode a été expérimentée auprès de 150 entreprises des villes de Douala et Yaoundé (soit 75 dans chaque ville). Ces entreprises étaient réparties selon les formes juridiques suivantes : 70 sociétés anonymes, 40 sociétés à responsabilité limitée et 40 sociétés de personnes. Elles étaient gérées par des structures fiscales différentes soit : 35 à la direction des grandes entreprises et 115 dans les centres des impôts des moyennes entreprises. Les domaines d'activités de prédilection des entreprises enquêtées étaient : le commerce général, les bâtiments et travaux publics, la fourniture des biens et services.

La question fondamentale posée à cette population fiscale était celle de la proximité qui pouvait exister dans son comportement déclaratif entre les principaux impôts auxquels elle était assujettie face à la fraude fiscale, ou mieux la question de la sincérité de ses déclarations par rapport aux différents impôts. Les réponses ont été multiples, mais avec pour dénominateur commun la fraude fiscale qui est un phénomène sérieusement encré dans la gestion et la manipulation comptable au quotidien dans nos différentes entreprises publiques comme privées. Toutes ces démarches visent fondamentalement à échapper aux impôts dont les principaux à l'issue de notre enquête sont : la TVA et l'impôt sur les revenus de capitaux mobiliers (IRCM) de même que la taxe sur les revenus versés à l'étranger (TSR), et accessoirement, l'IS.

427 Idem.

428 Idem.

Ce phénomène est de plus en plus croissant chaque jour, il a un impact négatif dans le développement socio-économique du pays.

B- L'impact négatif de la fraude fiscale

L'impact de la fraude fiscale est doublement perceptible : premièrement au niveau des entreprises en termes de surtaxation des entreprises formellement identifiées pour combler les déficits créés par les fraudeurs ainsi que la concurrence déloyale, tout ceci ayant pour conséquence la fuite des investisseurs[429] (1), deuxièmement au niveau général de l'État à travers le ralentissement et même parfois l'arrêt des programmes de développement du fait de l'absence des recettes[430] (2).

1- La fuite des investisseurs

Les entreprises qui travaillent dans la légalité subissent de la part de celles qui exercent dans l'illégalité une concurrence déloyale[431]. Elles devront respecter une réglementation fiscale et sociale parfois exigeante. Il se crée alors des distorsions de concurrence préjudiciable aux entreprises en règle. On assiste même parfois à l'éviction des premières par les secondes[432]. Un tel environnement des affaires n'est pas de nature à attirer et à maintenir les investisseurs dans l'exercice de leurs activités.

a- La surtaxation des entreprises formelles

Le développement de l'économie de la fraude constitue un manque à gagner important pour les comptes publics, car il réduit la base taxable. Il s'agit d'une perte de recettes pour l'État au titre soit de l'IRPP à travers les revenus non déclarés ou minorés, soit de l'IS par la minoration du bénéfice perçu par l'entreprise, soit au titre de la TVA à

---

[429] NDIKUMANA (L.), « Fuite des capitaux et paradis fiscaux : Impact sur l'investissement et la croissance en Afrique », Revue d'économie de développement, Éditions Deboeck, 2014, pp. 143-149. Lire également, LEROY (M.), « La sociologie du contribuable face à la taxation », in (dir) LEROY (M.), *Fiscalité et évitement de l'impôt : Une comparaison franco-russe,* L'Harmattan, Paris, 2003, pp. 21-36.

[430] HERKENRATH (M.), « Paradis fiscaux et fuite des capitaux en provenance des pays en voie de développement : Implications sociales et politiques », Revue d'économie de développement, Éditions Deboeck, 2014, vol. 22, pp. 151-156.

[431] FARRIOL (B.), « Conséquences économiques, financières et sociales de l'économie non déclarée », Conseil Economique Social et Environnemental, Les éditions des journaux officiels, République française, Juin 2014, p. 13.

[432] Idem.

travers des prestations non facturées ou des facturations de complaisance. Un cercle vicieux risque alors de s'enclencher. L'érosion de la base fiscale peut en effet conduire l'État à augmenter les taux d'imposition, afin de compenser le manque à gagner, et pousser ainsi des contribuables exaspérés à sortir de l'économie formelle[433]. L'État est donc obligé par la hausse de ces impositions, de faire subir aux entreprises formellement fichées des taxes supplémentaires[434]. Cette surtaxation qui est souvent mal perçue par les investisseurs qui voyent ainsi leur bénéfice sérieusement diminué, préfèrent donc migrer vers d'autres zones fiscales où la fiscalité est plus raisonnable. On rentre ainsi dans la théorie de l'économiste ARTHUR LAFFER selon laquelle « *trop d'impôt tue l'impôt* ».

Au Cameroun, cette surtaxation prend plus la forme d'un harcèlement fiscal à travers des contrôles intempestifs subis par les entreprises[435]. Ainsi, au cours d'un exercice fiscal, il est récurrent de constater qu'une entreprise fait l'objet de plusieurs types de contrôles, soit sur la base des recoupements effectués, soit sur des besoins financiers pour atteindre des objectifs fixés. On rencontre parfois une entreprise qui subit à la fois des contrôles sur pièces, des contrôles ponctuels et des vérifications de comptabilité. C'est pour mettre un terme à ces situations que l'administration fiscale camerounaise a pensé qu'au cours de l'exercice 2016, les différents contrôles à effectuer doivent faire l'objet d'une programmation préalable, avec l'interdiction de programmation de deux types de contrôles pour la même entreprise au cours de la même année. Ainsi, une entreprise ne doit désormais subir qu'un seul contrôle en une année[436].

---

[433] FARRIOL (B.), « Conséquences économiques, financières et sociales de l'économie non déclarée », Conseil Economique Social et Environnemental, Les éditions des journaux officiels, République française, Juin 2014, p. 13.

[434] Idem.

[435] Pour régler le problème de la forte présence du fisc en entreprises assimilable à du harcèlement fiscal, lire, Circulaire-cadre n° 011/MINFI/DGI/DEPSCF du 3 juin 2016 fixant les modalités des interventions des services fiscaux auprès des entreprises dans le cadre des contrôles et investigations fiscaux.

[436] Décision prise à la suite de la communication du directeur général des impôts face aux hommes d'affaires lors de la conférence annuelle des services centraux et extérieurs du MINFI pour l'exercice 2016 au palais des congrès de Yaoundé.

b- La concurrence déloyale des activités frauduleuses

Il est constant de relever que les entreprises exerçant de manière frauduleuse ou qui ne déclarent pas la totalité de leurs revenus et bénéfices, jouissent des avantages illicites en termes de gain de trésorerie, et sont de ce fait souvent amenées à vendre des prestations ou des biens à moindre coût, et attirer le maximum de la clientèle. Pour une même prestation à faire valoir, pendant que l'entreprise exerçant dans la légalité et la sincérité déclarative prendra en compte dans la facturation de sa prestation l'ensemble des charges supportées, celle exerçant dans l'économie non déclarée ou dissimulant une part de ses revenus et bénéfices offrira une facturation à moindre coût. Il se crée alors des distorsions de concurrence préjudiciable à l'entreprise respectant la légalité qui se trouve ainsi mise en minorité dans ses activités.

2- L'affaiblissement de la morale fiscale et le ralentissement des projets

Le développement de l'économie non déclarée, ou encore fraude fiscale, provoque un affaiblissement de ce qu'on appelle « *la morale fiscale* »[437] et plus généralement de la morale citoyenne et de la confiance dans l'État de droit. Le phénomène de fraude fiscale pose ainsi le problème de l'égalité devant l'impôt, et surtout de la capacité des structures de contrainte de l'État à amener tous les assujettis au respect de la légalité fiscale. La participation proportionnelle de tous au financement des charges publiques renforce la citoyenneté républicaine en tous.

Seulement, la volonté exacerbée des uns à vouloir éluder l'impôt dans le seul but de se faire des gains anormaux de trésorerie fait ainsi reposer par voie de conséquence la charge fiscale sur d'autres structures économiques. Ces dernières, pour éviter de se retrouver comme victime du refus de l'impôt à travers les surtaxations, choisissent alors la voie de l'informel, et aussi de la fraude. Il se crée alors un développement de la délinquance fiscale, et un affaiblissement de la morale

---

[437] ABDOULLAH CISSE, op. cit., in (dir) BOKALLI (V. E.) et autres, op. cit., p. 7, où l'auteur relève que, le secteur informel ou économie non déclarée développe souvent ses propres normes en contradiction avec le droit de l'État.

citoyenne[438]. Face à ces situations, on observe une rareté ou un amenuisement énorme des recettes publiques ne permettant pas à l'État de réaliser ses programmes de politiques publiques[439].

À côté de tous ces éléments qui font de la fraude fiscale un véritable frein pour le développement des sociétés de droit OHADA et même du cadre étatique, il faudrait y ajouter le caractère assez léger et complaisant des sanctions de ce phénomène.

Section 2- La fraude fiscale : un phénomène faiblement sanctionné

Le phénomène de la fraude fiscale se fait de plus en plus croissant et prend même des formes très sophistiquées. Il se pose alors le problème de la pertinence et l'efficacité des sanctions appliquées qui, si au demeurant ont un caractère faible et complaisant, dénote de leurs limites (paragraphe 2), la nécessité de faire un état des lieux du dispositif juridique sanctionnant la fraude fiscale s'impose (paragraphe 1).

Paragraphe 1- Le dispositif juridique de répression de la fraude fiscale

Dans le cadre de l'exposé de la juridicité de la répression de la fraude fiscale, nous distinguerons les sanctions fiscales ou administratives (A) des sanctions complémentaires encore appelées déchéances (C) en passant par les sanctions pénales (B).

A- Les sanctions fiscales ou administratives

Il s'agit essentiellement ici des mesures de répression mises en place par l'administration fiscale pour sanctionner les actes de fraude fiscale. Elles consistent principalement au paiement en principal et en pénalités

---

438 ABDOULLAH CISSE, op. cit., in (dir) BOKALLI (V. E.) et autres, op. cit., p. 7, où l'auteur relève que, le secteur informel ou économie non déclarée développe souvent ses propres normes en contradiction avec le droit de l'État.

439 NDZANA BILOA (A. S.), *La fiscalité, levier pour l'émergence des pays africains de la zone franc : Le cas du Cameroun*, L'Harmattan, coll. Études africaines, Paris, 2015, 348 p. L'auteur dans cet ouvrage démontre le rôle prépondérant de l'impôt dans la mise en œuvre des politiques publiques. Ainsi, il relève que le paiement du juste impôt par tous, et la bonne gouvernance fiscale et publique conduisent à cette fin. Lire, OCDE, « Fiscalité et croissance économique », in *Réformes économiques : Objectif croissance*, Édition OCDE, n° 5, pp. 146-168.

de l'impôt éludé par l'entreprise auteur de l'infraction de fraude, ainsi que le redevable de l'impôt compromis[440]. Il s'agit alors de procéder à une reprise des droits dus augmentés des pénalités au taux le plus élevé. Ces sanctions en cas de récidive font l'objet d'un doublement de peine[441]. L'infraction de fraude subit la sanction fiscale la plus sévère non seulement parce qu'elle est constitutive de la mauvaise foi manifeste de son auteur de contourner l'impôt, mais également parce qu'il s'agit par cette sanction, de dissuader les éventuels fraudeurs en évitant que de tels actes ne se généralisent et deviennent alors un handicap sérieux dans la mobilisation des ressources publiques.

Les actes de fraude fiscale peuvent prendre plusieurs formes. Les sanctions fiscales ou administratives interviendront à chaque fois qu'il sera démontré qu'un comportement d'action ou d'omission a pour finalité l'évitement de l'impôt[442].

Une autre sanction fiscale de la fraude réside dans la technique de la taxation d'office consacrée par les articles L 29[443] et suivants[444] du LPF. Elle est enclenchée en cas d'omission volontaire de déclaration dans les délais prescrits, mais également dans les cas de dissimulation des bases réelles d'imposition telles que le chiffre d'affaires, le revenu, les bénéfices. L'administration, pour sanctionner ces situations, arrête d'office ces bases et y applique le taux d'impôt majoré de pénalités de mauvaise foi. Pour l'essentiel, les sanctions dont il est fait allusion dans ce cadre procèdent uniquement du paiement en numéraire des sommes

---

[440] Article L109 LPF : « Tous ceux qui ont fait l'objet d'une condamnation définitive en application des dispositions de l'article L107 du présent livre sont tenus, avec le redevable de l'impôt compromis, au paiement de cet impôt, et des pénalités y afférentes ».

[441] Article L110 LPF : « En cas de récidive, les peines prévues à l'article L107 du présent livre sont doublées ».

[442] CLÉMENT (G.), CLÉMENT (B.), « Les poursuites pénales pour fraude fiscale », in (dir) LEROY (M.), *Fiscalité et évitement de l'impôt : une comparaison franco-russe*, L'Harmattan, Paris, 2003, p. 178 : l'évitement de l'impôt peut se réaliser par divers moyens : omission volontaire de déclaration dans les délais prescrits, dissimulation volontaire de sommes sujettes à l'impôt, organisation d'insolvabilité ou manœuvres mettant obstacle au recouvrement.

[443] Article L29 LPF : « Sont taxés d'office les contribuables qui n'ont pas déposé dans le délai légal les déclarations qu'ils sont tenus de souscrire (…) ».

[444] Article L30 LPF : « La procédure de taxation d'office s'applique également : lorsque le contribuable s'abstient de produire les détails et sous-détails de certains éléments spécifiques de comptabilité (…) ».

éludées. Il s'agit plus précisément de faire rentrer dans la caisse du trésor public les sommes qui ont failli lui échapper, pour une destination autre que l'intérêt général. Le trésor public, dans le cadre de cette opération, sort même gagnant en ce sens que sa trésorerie se trouve majorée du montant des pénalités qui n'étaient pas préalablement comptabilisées si l'opération avait été saine. C'est ainsi que les articles L95[445] et L96[446] LPF consacrent d'autres sanctions fiscales allant dans ce sens.

Seulement, pour dissuader les entreprises de ne pas se verser dans ce genre de pratiques au regard de la croissance actuelle du phénomène de fraude fiscale, le législateur a pensé y associer des sanctions pénales.

B- La répression pénale de la fraude fiscale

La finalité des poursuites pénales est le prononcé par les tribunaux correctionnels de sanctions de privation de liberté à l'encontre des auteurs des délits fiscaux[447]. Une fois les sanctions fiscales ou administratives épuisées, le paiement auprès du fisc des sommes éludées n'entraîne pas l'arrêt des poursuites[448]. La juridiction administrative se prononce selon les règles de preuve qui lui sont propres alors qu'au pénal, le délit de fraude fiscale s'établit par tous les

---

[445] Article L95 LPF : « Les insuffisances, omissions ou inexactitudes qui affectent la base ou les éléments d'imposition et qui ont conduit l'administration à effectuer des redressements donnent lieu à l'application d'un intérêt de retard de 1,5 % par mois (…) ».

[446] Article L96 LPF : « Les insuffisantes, omissions ou dissimulations qui affectent la base ou les éléments d'imposition et qui ont conduit l'administration à effectuer des redressements, mention expresse devant en être faite dans la dernière pièce de procédure, en sus de l'intérêt de retard prévu à l'article L95 ci-dessus, donnent droit à l'application des majorations suivantes : 30 % en cas de bonne foi ; 100 % en cas de mauvaise foi ; 150 % en cas de manœuvres frauduleuses, sans préjudice des poursuites pénales (…) ».

[447] V. CLÉMENT (G.), CLÉMENT (B.), « Les poursuites pénales pour fraude fiscale », in (dir) LEROY (M.), op. cit., p. 177, Citant, LAMBERT (Th.), « La place des sanctions pénales dans le dispositif général de lutte contre la fraude fiscale », in *Les sanctions pénales fiscales*, L'Harmattan, Coll. « Finances Publiques », 2000, pp. 13-37.

[448] Crim 29 mai 1973, Bull. crim, n° 245. Il a été décidé dans cette instance que la décision administrative n'a pas au pénal l'autorité de la chose jugée.

moyens de preuve[449]. Le juge n'est pas tenu par les conclusions du travail administratif[450].

La répression pénale de la fraude fiscale trouve tout son fondement juridique autour des articles L107 et L108 du LPF.

Ainsi, l'article L107 LPF dispose que : « Sans préjudice des sanctions fiscales applicables, est passible d'un emprisonnement d'un (1) à cinq (5) ans et d'une amende de cinq cent mille (500 000) à cinq millions (5 000 000) de francs ou de l'une de ces deux peines seulement, quiconque :

- Se soustrait frauduleusement ou tente de se soustraire frauduleusement à l'établissement, au paiement, au reversement total ou partiel des impôts, droits et taxes visés dans le CGI ;
- Refuse expressément de faire sa déclaration dans les délais prescrits ;
- Dissimule une part des sommes sujettes à l'impôt ;
- Organise son insolvabilité ou mets obstacle au recouvrement de l'impôt ;
- Obtiens par des manœuvres frauduleuses un remboursement de crédits de TVA ».

L'article L108 LPF quant à lui, dispose que : « Est également puni des peines visées à l'article L107 ci-dessus quiconque :

- Omet de passer ou de faire passer des écritures ou fait passer des écritures inexactes ou fictives dans les livres journaux et d'inventaire prévus par l'Acte Uniforme OHADA, ou dans les documents qui en tiennent lieu ainsi que toute personne qui est convaincue d'avoir établi ou d'avoir aidé à établir de faux bilans ;
- Par voie de fait, de menaces ou manœuvres concertées, organise ou tente d'organiser le refus collectif de l'impôt, ou incite le public à refuser ou à retarder le paiement de l'impôt ;

---

449 CLÉMENT (G.), CLÉMENT (B.), « Les poursuites pénales pour fraude fiscale », in (dir) LEROY (M.), op. cit., p. 199.
450 Idem.

- Produit des pièces fausses ou reconnues inexactes en vue d'obtenir, en matière d'impôts et taxes, des dégrèvements ou remboursements de quelque nature que ce soit ».

La fraude fiscale est une infraction sévèrement sanctionnée, et dont la peine principale est l'emprisonnement, car la privation de liberté est un moyen fort de dissuasion dans la sanction.

S'agissant de la procédure de répression pénale de la fraude fiscale, il faut relever d'emblée qu'elle ne fait pas l'objet d'une saisine d'office par le ministère public[451], même si elle obéit aux règles générales du droit pénal. L'action est engagée à la suite d'une plainte préalablement déposée par le MINFI après avis de la commission des infractions fiscales,[452] ceci à la suite des procès-verbaux d'un inspecteur des impôts ayant pris part personnellement et directement à la constatation des faits constitutifs de l'infraction sous peine d'irrecevabilité[453]. Ces plaintes déposées par le MINFI n'exigent pas au préalable la régularisation de la situation du contribuable[454]. La commission des infractions fiscales intervient au titre de la garantie de procédure en faveur du contribuable et doit se prononcer sur les faits et non sur la qualité de la personne physique ou morale. Sa saisine et son avis sont des formalités obligatoires pour la mise en mouvement de l'action publique. Une fois cela fait, le MINFI est seul juge de l'opportunité des poursuites.

Le tribunal compétent pour connaître de cette infraction est celui où l'un des impôts querellés aurait dû être acquitté[455]. L'action du fisc est prescrite par quatre ans jusqu'à la fin de la quatrième année au cours de laquelle l'infraction a été commise[456]. La saisine de la commission des infractions fiscales suspend le délai de prescription pendant six (6) mois jusqu'à l'avis de celle-ci[457]. Une fois le juge pénal saisi, il peut, s'agissant des mesures d'instruction : ordonner une enquête préliminaire, citer directement la ou les personnes visées par la plainte

---

[451] Ibidem. V. également, RICARD (Th.), « L'originalité de la procédure pénale en matière fiscale » : Dr. Fisc. 2007, n° 3, étude 57.
[452] Cass. Crim., 16 nov. 1992, n° 91-86.669 : Bull. crim. 1992, n° 375, p. 1034.
[453] V. Article L112 LPF.
[454] Article L113 LPF.
[455] Article L114 LPF.
[456] Article L113 al. 2 LPF.
[457] Article L113 al. 3 LPF.

à comparaître devant le tribunal, requérir l'ouverture d'une information judiciaire.

Il existe également des peines complémentaires pour cette infraction.

C- Les sanctions complémentaires : les déchéances

Le terme « déchéance » peut faire l'objet d'approches multiples. Il peut dans un premier temps désigner « la perte du délai accordé pour l'exécution d'une obligation »[458], puis dans un second temps : « la destitution ou l'exclusion de toutes fonctions, emplois ou offices publics »[459]. Dans le cadre de cette réflexion, ce terme sera utilisé dans la seconde approche. Ainsi, ces déchéances trouvent leur fondement légal en l'article L111 LPF, qui dispose que : « Le tribunal correctionnel peut à titre de peine complémentaire :

- Prononcer les déchéances prévues aux articles 30 et 31 du Code Pénal ;
- Interdire temporairement, pendant une période n'excédant pas cinq (5) ans, le droit d'exercer directement ou par personne interposée, pour son compte ou le compte d'autrui, toute profession industrielle, commerciale ou libérale ».

Il s'agit précisément, par ces déchéances, d'exclure du champ d'exercice de certaines professions des personnes physiques ou morales qui se sont rendues coupables de certaines infractions. Pour ce qui est de l'infraction de fraude fiscale, il est admis que le contribuable qui, par utilisation de certaines manœuvres, a délesté l'État des ressources nécessaires pour son développement, devrait être exclu de toute activité ayant trait au prélèvement fiscal, ou qui supporte ce prélèvement, en l'occurrence le commerce, l'industrie, les professions libérales[460].

---

458 GATSI (J.), *Nouveau dictionnaire juridique*, op. cit., p. 101. V. également, l'article 1188 Code civil.

459 Idem.

460 La justification de cette exclusion d'exercer certaines professions tient au fait qu'il faut écarter le fraudeur de toute activité ayant trait à l'impôt d'une part, et d'autre part éviter la contagion des actes de fraude.

Paragraphe 2- La faiblesse des sanctions actuelles de la fraude fiscale

En dépit des efforts et sanctions infligées pour endiguer la fraude fiscale, le phénomène continue à prendre de l'ampleur[461]. Cela dénote bien de l'inefficacité des sanctions appliquées jusqu'ici et la nécessité de les renforcer (B). Mais il faudra au préalable s'appesantir sur la fonction et les caractères d'une sanction (A).

A- Les fonctions et les caractères de la sanction

On distinguera les fonctions (1) des caractères de la sanction (2), ceci pour mieux apprécier son efficacité par rapport à la nature de l'infraction.

1- Les fonctions de la sanction

Toute loi prise a pour finalité de prévenir l'action socialement dangereuse qu'elle encadre[462]. Les sanctions qui en découlent doivent être suffisamment dissuasives[463]. C'est ainsi donc que la peine sanctionnant une infraction pour atteindre son objectif de dissuasion se doit de remplir les fonctions suivantes[464] :

- La fonction d'intimidation ;
- La fonction de rétribution ;
- La fonction de réadaptation.

Un accent particulier sera mis sur la première fonction, au regard de son caractère fondamental et déterminant dans la logique de l'éradication à sa plus simple expression du phénomène de fraude qui est très préoccupant au regard de l'ampleur des dégâts socio-économiques qu'elle cause.

---

[461] L'économie non déclarée, essentiellement constituée des activités informelles et illicites couvre en leur sein un pan important de la fraude fiscale, à côté des autres formes, parce que étant par essence le lieu idéal de dissimulation des activités, des revenus générés et surtout de toute traçabilité. Lire à ce sujet, KWEMO (S.), op. cit., sur l'ampleur du secteur informel dans l'économie camerounaise, et son impact sur l'émergence de cette économie.

[462] Lire, STEFANI (G.), LEVASSEUR (G.), BOULOC (B.), *Droit pénal général*, Éditions Dalloz, Paris, 2000, n° 464, p. 388.

[463] Idem.

[464] Ibid., pp. 388-391.

La fonction d'intimidation occupe une place primordiale dans le choix des sanctions. C'est donc par elle que le législateur applique les sanctions les plus fortes pour les actes qui causent les troubles sociaux les plus graves[465]. Le législateur persiste à penser que la crainte d'un châtiment exemplaire est de nature à faire hésiter les éventuels délinquants. Plus encore, l'intimidation paraît nécessaire pour le juge ou même l'administration lorsqu'il constate la multiplication de certaines infractions, et qu'il a l'impression que les délinquants ont été encouragés à commettre leurs actes par la faiblesse des sanctions habituellement appliquées à des agissements analogues. La sévérité lui paraît alors le meilleur moyen d'arrêter la contagion[466].

On observe de nos jours la multiplication du phénomène de fraude fiscale[467]. Il s'agit d'un véritable fléau dans l'économie et la finance modernes. Les nouvelles formes et stratégies de fraude se mettent en place au quotidien. Cela démontre bien l'insuffisance des moyens de sanctions utilisés jusque-là. L'intimidation s'avère donc être le moyen efficace pour réguler cette situation, ceci à travers la sévérité dans les sanctions fiscales et pénales.

2- Les caractères de la sanction

Ils sont étroitement liés à la fonction de la sanction. Mais quoi qu'on dise, toute sanction se reconnaît par trois traits caractéristiques :

- Un caractère afflictif ;
- Un caractère infamant ;
- Un caractère déterminé.

Sans toutefois vouloir rentrer dans l'analyse détaillée de toutes ces notions parce que ne rentrant pas dans l'objet principal de cette étude, on se contentera d'en faire un aperçu qui nous sera utile dans

[465] Idem.

[466] Ibid., p. 389.

[467] V. CLÉMENT (G.), CLÉMENT (B.), « Les poursuites pénales pour fraude fiscale », in (dir) LEROY (M.), op. cit., p. 178 : l'évitement de l'impôt peut se faire par divers moyens : omission volontaire de déclaration dans les délais prescrits, dissimulation volontaire des sommes sujettes à l'impôt, organisation d'insolvabilité ou manœuvres mettant obstacle au recouvrement.

l'appréciation de la nature et du degré de sanction infligée en matière de fraude fiscale, afin d'en déterminer l'efficacité ou la faiblesse.

Le caractère afflictif de la sanction tient au fait que la sanction infligée est un châtiment. Elle doit être ressentie par son auteur comme quelque chose de pénible, une souffrance[468]. L'auteur de l'acte sanctionné doit pouvoir sentir une gêne sensible et énorme[469], au point d'être suffisamment dissuadé de ne plus recommencer au regard de la perte énorme, voire irréversible subie.

Le caractère infamant quant à lui expose le délinquant face à la société. Sa sanction doit être présentée aux yeux de la société comme la contrepartie exemplaire de la faute commise[470]. La sanction infligée doit par ailleurs donner la possibilité au délinquant de revenir dans la société dans une sorte de resocialisation en déterminant l'espace temporel et matériel de celle-ci, car la sanction ne signifie pas le rejet total et définitif de la société : c'est en cela que réside le caractère déterminé de la sanction[471].

Seulement, l'impôt, objet de cette étude étant un bien commun pour le développement de tous, son évitement par les structures économiques à travers la fraude va créer un manque à gagner à l'État d'une part et d'autre part la destruction du tissu commercial et industriel par la fuite des investisseurs. Cela met donc l'État dans une panne générale, et un blocage total dans le financement de son développement. Cette situation grave impose un cadre de répression administratif et pénal rigoureux pour éviter une généralisation de tels actes qui pourrait même ouvrir sur une crise grave. En l'état actuel et tel que cela a été exposé, ce cadre juridique de sanction nous semble encore assez souple et complaisant, raison pour laquelle les fraudeurs fiscaux n'ont pas l'air inquiets, et continuent à développer ce phénomène.

B- L'inefficacité actuelle des sanctions de fraude fiscale

L'analyse de l'inefficacité actuelle des sanctions de fraude fiscale peut se faire à un double niveau : premièrement, la faiblesse des sanctions appliquées par rapport aux gains engrangés par cette

---

468 V. STEFANI (G.), LEVASSEUR (G.), BOULOC (B.), *Droit pénal général*, Éditions Dalloz, Paris, 2000, n° 464, p. 393.
469 Idem.
470 Ibid., p. 394.
471 Ibid., p. 396.

activité (1), deuxièmement par l'absence totale des peines privatives de liberté pour cause de fraude fiscale (2).

1- La faiblesse des sanctions par rapport au gain engrangé : un motif d'encouragement de la fraude fiscale

Si le constat du phénomène grandissant de la fraude fiscale est apparent de nos jours, avec toutes les conséquences qu'elle cause en termes de sous-développement des États et des entreprises qui participent au financement du développement, c'est dire qu'il s'agit là d'une infraction suffisamment grave qui peut porter atteinte au bien-être de l'État dans toutes ses composantes. On la qualifie même sous d'autres législations surtout occidentales de « crime économique ». Cela dénote bien de la gravité de cette infraction, et surtout de la rigueur et la sévérité avec laquelle elle doit être sanctionnée. Or, en l'état actuel, on pourrait facilement observer que si le phénomène s'amplifie, c'est dû au fait que les fraudeurs trouvent dans cette activité un gain supérieur aux sanctions prévues et appliquées, qui n'ont rien d'intimidant, d'afflictif et d'infamant.

En prenant par exemple la gamme des sanctions fiscales ou administratives prévues par notre dispositif juridique, on constate que les actes de fraude fiscale connaissent exclusivement des redressements fiscaux[472] comme sanction. Il s'agit en pratique, à la suite d'un contrôle ou sur la base des recoupements effectués, de procéder à un rappel des droits dus majorés de pénalités que le contribuable doit acquitter. La sanction ici s'analyse généralement en termes d'application du taux le plus élevé de pénalités. Or, à y voir de près, on constate que dans bien des cas, l'acte de fraude est tellement bien organisé et structuré qu'il serait rarement possible pour le fisc d'appréhender celui-ci dans sa globalité. Ainsi, les redressements opérés par les vérificateurs ne sont que le côté visible. Or, dans ce genre de situation, l'aspect invisible est souvent important en termes de bénéfices réalisés. C'est la raison pour

---

[472] GATSI (J.), Nouveau dictionnaire juridique, op. cit., p. 268, le redressement fiscal est une procédure par laquelle l'administration fiscale rectifie la base d'imposition d'un contribuable. CORNU (G.), op. cit., p. 861, c'est une rectification, par l'administration fiscale, de la base d'imposition d'un contribuable accompagnée de la réclamation à ce dernier du complément de droits qu'elle estime exigibles. Lire, ATANGA FONGUE (R.), *Contrôle fiscal et protection du contribuable dans un contexte d'ajustement structurel : Le cas du Cameroun*, L'Harmattan, Paris, 2007, pp. 180-187. V. les articles L23 et suivants LPF.

laquelle le fraudeur se sentira rarement inquiété et intimidé par des redressements effectués, qui ne sont fondés que sur des éléments visibles, l'aspect caché étant le plus rentable. Il acceptera donc sa condition de fraudeur permanent, et sera tenté de recommencer tout le temps. Cette attitude peut donc faire des émules auprès des entreprises citoyennes qui respectent la légalité, et multiplier ce phénomène.

Tout compte fait, la fraude fiscale est un crime économique dont la sanction doit être la plus sévère possible au regard de ses conséquences. En matière pénale, dans la catégorisation des infractions, le crime apparaît comme l'infraction la plus grave, et qui dans ce cadre fait souvent l'objet des sanctions les plus sévères. Or en matière de fraude fiscale, on assiste à une sorte d'attentisme et même de complaisance dans l'application des sanctions pénales qui, si elles sont très souples, sont difficilement appliquées.

2- La souplesse des sanctions fiscales pénales et l'ineffectivité de leur application

En parcourant le dispositif répressif de la fraude fiscale, il apparaît aux termes de l'article L107 LPF que cette infraction n'est passible que d'un emprisonnement d'un (1) à cinq (5) ans et d'une amende de cinq cent mille (500 000) à cinq millions (5 000 000) de francs[473].

On peut néanmoins comprendre la position flexible du législateur pénal camerounais en matière de fraude fiscale, ceci au regard de la loi n° 2003/008 du 10 juillet 2003 portant prévention et répression des infractions contenues dans les Actes Uniformes OHADA. Il s'agit bien des infractions commises par tous les intervenants dans la vie des affaires à savoir : commerçants, dirigeants sociaux, professionnels et tous les autres acteurs de la vie des affaires. Une remarque évidente est que cette loi place toutes les infractions d'affaires au rang de délits[474], avec des peines privatives de liberté allant de 15 jours à 10 ans[475]. Cette souplesse peut s'expliquer par le fait que plusieurs de ces infractions sont commises au nom et pour le compte d'une personne morale. C'est dire que la personne qui commet cette infraction engage la

[473] Lire, Articles L107 et L108 LPF.

[474] Lire, ESSONO EDOU (A. G.), *La lutte contre la criminalité financière au Cameroun*, Mémoire de DEA en droit privé, Université de Yaoundé 2, 2012, www.memoireonline, consulté le 23 avril 2016 à 11heures 45 minutes.

[475] V. article 21 alinéa 1 (b) CP.

responsabilité de la personne morale, de même que le résultat recherché bénéficie principalement à la personne morale concernée. La personne morale à qui bénéficie la réalisation de l'infraction était, jusqu'à une période relativement récente, couverte par une immunité liée au principe de l'irresponsabilité pénale des personnes morales. On peut aujourd'hui être rassuré, car, le nouveau Code pénal consacre désormais le principe de la responsabilité pénale des personnes morales[476]. La punition très sévère d'une personne physique représentant la société apparaît quelque peu disproportionnée au regard des intérêts en présence. C'est la raison pour laquelle les peines d'amendes et d'emprisonnement sont complétées par des sanctions telles que : la fermeture de la société, l'interdiction d'exercice d'activités commerciales, la rectification des mentions inexactes[477].

Seulement, pour une infraction aux conséquences aussi graves fut-elle une infraction d'affaires, la fermeture définitive d'établissement ainsi que la saisie et la vente des stocks de marchandises doivent être sérieusement envisagées une fois la mauvaise foi établie, si on veut véritablement voir la fraude fiscale disparaître de notre environnement des affaires. Cela pourra fortement dissuader les potentiels fraudeurs fiscaux.

Les sanctions telles que les fermetures temporaires d'établissements sont constantes, mais peu efficaces, de même que les redressements fiscaux fondés sur les recoupements des éléments fraudés. Mais, on a rarement observé les emprisonnements pour fraude fiscale.

Cette ineffectivité tire son fondement dans la procédure de saisine du juge pénal pour cette infraction. Seul le ministre des Finances a l'initiative des poursuites, ceci après avis de la Commission des infractions fiscales. C'est dire qu'il n'est pas possible ici, comme en d'autres matières, pour le Procureur de la République, de se saisir d'office d'une affaire de fraude fiscale et mettre en mouvement l'action publique. Cela confère également un pouvoir arbitraire au MINFI étant entendu que les grands fraudeurs sont généralement des sociétés qui ont pour principal associé ou actionnaire des dignitaires de la classe gouvernante, mais aussi au regard des missions étendues de ce ministre qui ne lui donneront pas le temps matériel nécessaire pour apprécier ces

---

[476] Lire, les articles 25 (2), 25 (3) et 74 (1) Code pénal.
[477] V. loi n° 2003/008 du 10 juillet 2003 portant prévention et répression des infractions contenues dans les Actes Uniformes OHADA.

situations. Cela peut donc justifier le niveau relativement nul de saisine du juge pénal, d'où l'ineffectivité des sanctions pénales.

Il serait donc important aujourd'hui, pour voir ce domaine des sanctions évoluer, de permettre au Procureur de pouvoir se saisir d'office de ces infractions, d'élargir au maximum les possibilités de saisine du juge pénal, cela permettra aux prétoires d'avoir suffisamment des affaires en instance, et aux juges de sanctionner effectivement au regard de l'ampleur du phénomène.

Les chemins de la fraude sont multiples comme ceux de l'évasion fiscale[478], et les conséquences sur le développement très visibles[479]. La bataille pour son éradication réside essentiellement sur le droit, et la capacité pour les institutions de l'appliquer véritablement. On peut tout de même se satisfaire de la consécration par le nouveau Code pénal de la responsabilité pénale des personnes morales.

Conclusion chapitre 1

La fraude fiscale, frein à l'investissement et au développement : tel est l'intitulé de ce chapitre dont les travaux de réflexion nous ont permis d'arriver à la conclusion qu'elle est une véritable gangrène pour le développement. Deux arguments forts nous confortent dans cette position :

- D'une part, la fraude fiscale est un phénomène illégal et pluriel dont les manifestations et techniques multiples contribuent à délester l'État des ressources nécessaires pour son développement.

[478] GATSI (J.), *Nouveau dictionnaire juridique*, op. cit., p. 139, l'évasion fiscale est la mise en œuvre en toute légalité de dispositions autorisant une diminution de la base d'imposition ou un allègement de l'impôt. V. CORNU (G.), op. cit., p. 421, c'est le fait d'échapper à l'impôt par des procédés ou des manipulations non réprimées par la loi.

[479] NDIKUMANA (L.), « Fuite des capitaux et paradis fiscaux : Impact sur l'investissement et la croissance en Afrique », Revue d'économie de développement, Éditions Deboeck, 2014, pp. 111-113. Lire, HERKENRATH (M.), « Paradis fiscaux et fuite des capitaux en provenance des pays en voie de développement : Implications sociales et politiques », Revue d'économie de développement, Éditions Deboeck, 2014, vol. 2, pp. 151-156.

- D'autre part, la fraude fiscale est un phénomène faiblement sanctionné en l'état actuel du dispositif juridique de contrainte applicable, ce qui tend plutôt à faire de ce fléau une donnée majeure et persistante de notre économie.

Face à cet état de choses, il n'est pas évident pour un investisseur de s'implanter dans un pays où le niveau de fraude est élevé[480]. Aujourd'hui, au Cameroun, les entreprises ont de la peine à s'implanter au regard de la concurrence fiscale déloyale des entreprises qui bénéficient de ce phénomène et qui, en contrepartie, usent de cela dans le cadre des pratiques commerciales anti concurrentielles à travers la baisse des prix de leurs produits ou de leurs prestations. Il est important, si l'on veut attirer le maximum d'investisseurs, de régler ce problème aux conséquences multiples. Pour cela, il serait urgent de revoir les mécanismes de sanctions de ce phénomène pour instaurer un véritable cadre de contrainte qui soit de nature à dissuader les potentiels fraudeurs. On contribuerait ainsi par une telle démarche à mobiliser le maximum de ressources fiscales qui se perdent à travers ce fléau et permettre alors à l'État de mettre en place ses politiques publiques de développement, mais surtout de rassurer l'investisseur quant à la garantie qu'il peut se faire sur la pérennité et la rentabilité de son investissement.

---

[480] Rapport *Doing business* dans les États membres de l'OHADA en 2012. Lire, Rapport Transparency international de 2015 sur la corruption au Cameroun.

Chapitre 2 :

L'évasion fiscale : une délocalisation illicite des richesses

Le terme « évasion fiscale » est couramment retenu par le législateur et les professionnels de la finance et la fiscalité pour désigner la fuite des capitaux hors du territoire national[481], mais celui-ci n'est jamais réellement défini. Aussi convient-il au préalable ici d'en préciser les contours.

Le Professeur Maurice COZIAN explique que « pour que l'on puisse parler d'évasion fiscale proprement dite, il faut pénétrer dans la zone extra-légale, là où la loi n'a tracé aucun interdit ni davantage indiqué les voies que les contribuables sont autorisés à emprunter. C'est le domaine du non légiféré, le contribuable se prend en charge lui-même »[482]. Le concept d'évasion fiscale recouvre des phénomènes de transfert d'actifs à l'étranger sensiblement différents selon les moyens utilisés même s'ils restent initialement toujours légaux[483], se distinguant de la fraude fiscale internationale. Cette expression qui se caractérise essentiellement par la fuite des capitaux semble la plus pertinente pour inclure la dimension légale et illégale de ce phénomène. Il exige l'utilisation des complexités et failles juridiques pour contourner la loi fiscale. S'il est prépondérant dans les économies développées[484], il s'est depuis longtemps implanté en Afrique en général et au Cameroun en particulier sous des formes variées avec pour dénominateur commun l'évitement de l'impôt en toute légalité[485]. Il faut reconnaître que les formes de ce phénomène diffèrent selon qu'on est sur le plan national à travers l'abus de droit et l'optimisation

---

[481] Lire, BRUEDER (M.), *Le droit fiscal à l'épreuve de la fuite des capitaux*, Mémoire de master 2 professionnel, Université Panthéon-Assas, 2012-2013.
[482] COZIAN (M.), « La gestion fiscale et l'abus de droit », Revue française de comptabilité, n° 229, Décembre 1991, p. 18.
[483] Ibidem.
[484] On a encore présent à l'esprit l'affaire « Panamas papers », déclenchée au cours du mois d'avril 2016, et par laquelle il a été révélé l'ouverture de plus de mille comptes bancaires off shore à travers des prête-noms, et des délocalisations d'entreprises dans des paradis fiscaux pour éluder l'impôt.
[485] Lire, Article L33 LPF.

fiscale[486] qui fondent le caractère légal et frauduleux de l'évasion fiscale (section 1), et sur le plan international, la délocalisation d'entreprises et des capitaux vers des paradis fiscaux[487] (section 2), toutes choses qui laissent des trous béants dans les comptes publics de l'État.

Section 1- L'évasion fiscale : le clair-obscur d'un phénomène légal, mais frauduleux

L'évasion fiscale, à la différence des autres techniques d'évitement de l'impôt, ne viole pas la loi. C'est cela qui fonde sa légalité (paragraphe 1). Seulement, son caractère frauduleux quant à la finalité recherchée est lourd de conséquences fiscales (paragraphe 2).

Paragraphe 1- Un phénomène clair : l'absence de violation de la loi par l'abus de droit et l'optimisation fiscale

On explorera comment l'abus de droit (A) d'une part, et l'optimisation fiscale (B) d'autre part, en tant que deux techniques d'évasion fiscale largement exploitées par les sociétés exerçant au Cameroun, procèdent pour éluder l'impôt sans toutefois enfreindre la loi.

A- L'évasion fiscale par abus de droit

Pour une compréhension claire de la notion d'« abus de droit », il s'agira dans un premier temps de la définir en général (1), puis en dégager sa connotation en droit fiscal (2).

1- Qu'est-ce que l'abus de droit ?

Le terme « abus de droit » est une notion complexe en droit[488]. Pour le Professeur GATSI Jean, c'est : « l'usage illicite d'un droit licite en raison du caractère excessif de cet usage ou du mobile. L'abus a pour

---

486 V. COZIAN (M.), « Qu'est-ce que l'abus de droit ? », *Les petites affiches*, Janvier 1991, n° 6, p. 5. Lire également, BURGER (J.), *Les délits pénaux fiscaux : une mise en perspective des droits français, luxembourgeois et internationaux*, Thèse de doctorat, Université Nancy 2, Janvier 2011, p. 8.

487 V. BURGER (J.), op. cit., pp. 187 et suivants.

488 Lire, LIPOP (E. R.), *Le rescrit en droit fiscal camerounais et la sécurité juridique des affaires*, Mémoire master 2 (recherche), Université de Douala, 2012-2013, p. 28.

conséquence l'atteinte aux droits d'autrui »[489]. Il s'agit d'actes juridiques irréprochables en la forme, mais qui en plus ne violent aucune prescription légale.

L'abus de droit passe à juste titre pour une théorie obscure et difficile dont le juge n'aime pas faire une franche application, car, l'admettre c'est faire prévaloir la loi morale sur la loi écrite, l'équité sur la règle de droit[490]. C'est aussi favoriser une contestation permanente entre l'exercice d'un droit par une personne physique ou morale, et la compétence de l'autorité publique de suspecter ce droit d'abus[491]. On se trouve ici, semble-t-il, à la limite extrême de l'univers juridique, là où les impératifs de la morale sociale l'emportent sur les préoccupations de technique juridique[492]. Si le législateur et le juge intègrent la finalité sociale comme élément juridique, c'est afin de maintenir l'ordre social dont l'ordre juridique n'est qu'un reflet[493]. Cela conduit donc forcément à concevoir l'élaboration d'une théorie générale de l'abus de droit dont les éléments caractéristiques et déterminants iront au-delà des particularismes des différentes branches du droit, pour définir les bases objectives et universelles de son approche. Car jusqu'ici, au-delà de ce dénominateur commun sus-évoqué qui est la nécessité de transgresser le droit écrit pour faire prévaloir les considérations sociales d'intérêt général, cette notion dans ses spécificités a un contenu différent selon les chapelles juridiques.

- **L'abus de droit en droit des sociétés OHADA**

Réfléchir sur l'abus de droit en droit des sociétés OHADA, invite à confronter des notions floues. En la matière, l'ambiguïté provient de la complexité sur la notion d'intérêt social[494]. C'est en prenant appui sur les principes fondamentaux de l'AUSCGIE que l'abus de droit trouve utilement sa consécration dans le droit OHADA[495]. En effet, les

[489] GATSI (J.), op. cit., p. 6.

[490] Lire, DUBOUIS (L.), « La théorie de l'abus de droit et la jurisprudence administrative », Revue internationale de droit comparé, LGDJ, Paris, 1964, vol. 16, n° 1, pp. 231-233, Préface GUILLOT (A.).

[491] Idem.

[492] Idem.

[493] Idem.

[494] V. LIPOP (E. R.), op. cit., p. 30.

[495] Idem.

associés peuvent prendre part à la vie de la société soit en la dirigeant, soit simplement en votant dans les différentes assemblées.

Seulement, il peut arriver que les associés veuillent user de ce droit qui leur est reconnu de façon abusive. C'est là qu'apparaît donc l'abus de droit qui, de manière simple, est un usage injustifié ou excessif d'un pouvoir par son titulaire. L'AUSCGIE pour éviter cela, a codifié pour l'intérêt de la société les notions d'abus de majorité[496] et d'abus de minorité[497].

- **L'abus de droit en droit du travail**

Dans le cadre d'un contrat de travail liant l'employé à l'employeur, l'abus de droit peut être envisagé des deux côtés. Il s'agit de façon simple d'abuser d'un droit normalement reconnu à une partie au contrat. Ainsi, il peut s'agir par exemple pour l'employé d'user abusivement du droit de grève qui lui est reconnu par la législation, mais qui est strictement encadré, et ne devant se faire que pour la défense ou la revendication des droits, ceci dans le strict respect des lois et règlements. Or, il peut arriver que l'employé fasse usage de ce droit non pas pour une revendication sociale ou salariale, mais dans le but de porter atteinte au bon fonctionnement de l'entreprise. On dit alors qu'il y a abus de droit, car il n'existe aucun rapport entre la revendication et sa finalité.

L'employeur de son côté a le droit de procéder par exemple au licenciement d'un employé indélicat conformément aux dispositions contenues dans le Code du travail[498], ceci au motif des fautes bien répertoriées dans ce Code[499]. Seulement, on constate régulièrement que les employeurs usent abusivement de ce droit, et sans fondement légal, procèdent au licenciement abusif de leur personnel. Dans l'un ou dans l'autre cas, il s'agit de l'exercice d'un droit par son titulaire dans des conditions telles que cet exercice constitue une faute et peut être sanctionné.

---

[496] Lire, GATSI (J.), op. cit., p. 7.
[497] Idem.
[498] Articles 39-40 Code du travail.
[499] Idem.

- **L'abus de droit en droit des obligations**

En droit des obligations, et plus précisément en matière contractuelle, on parle généralement de la « rupture abusive du contrat » pour signifier qu'au-delà de la liberté contractuelle qui est un principe fondateur du droit des contrats et qui autorise la liberté de rompre la relation contractuelle, celle-ci est strictement encadrée et doit se faire selon les règles de l'art. En cas de non-respect de ces règles, la partie lésée peut exiger de l'autre des dommages et intérêts pour rupture abusive de contrat.

Le passage rapide opéré plus haut dans le but de saisir la plénitude du concept d'abus de droit nous a conduit à l'explorer pour constater que cette notion est utilisée dans plusieurs branches du droit, avec comme dénominateur commun l'usage illicite d'un droit licite. Il s'agit d'un droit reconnu comme légal, mais utilisé pour une finalité frauduleuse ou détournée, et c'est en cela que réside l'abus. Qu'en est-il en matière fiscale ?

2- L'abus de droit en fiscalité

Selon le lexique fiscal, l'abus de droit est le « fait pour le titulaire d'un droit de le détourner de sa finalité. C'est le cas d'un acte dissimulant la portée véritable d'un contrat ou d'une convention sous l'apparence de stipulations :

- Qui donnent ouverture à des droits moins élevés (droits d'enregistrement, impôts sur les grandes fortunes, taxe sur la propriété foncière) ;
- Qui déguisent une réalisation, un transfert de bénéfice ou de revenus ;
- Qui permettent d'éviter tout ou partie d'un paiement d'une taxe sur le chiffre d'affaires.

Les actes de cette nature, dès lors que l'intention frauduleuse est la seule motivation, ne sont pas opposables à l'administration »[500].

---

[500] V. ATANGA FONGUE (R.), *Contrôle fiscal et protection du contribuable dans un contexte d'ajustement structurel : le cas du Cameroun*, L'Harmattan, 2007, p. 174, citant BARILARI (A.) et DRAPE (R.), *Lexique fiscal,* Paris, Dalloz, 1987, p. 1. Lire également, Éditions FRANCIS LEFEBVRE, *Paradis fiscaux et opérations internationales : Mesures anti-évasion, Lutte contre le blanchiment, Pays et zones à fiscalité privilégiée*, Paris, 2005, n° 600-606, p. 101.

Le droit fiscal camerounais consacre cette notion dans le CGI en son article L33 LPF[501]. Il s'agit des hypothèses où l'entreprise, pour s'acquitter d'un montant très réduit d'impôt, exploite soit les vides juridiques, en s'appuyant sur la maxime « *ce qui n'est pas expressément interdit par la loi est autorisé* », soit en exploitant des montages du droit privé pour une utilisation fiscale. Bien évidemment, si le réalisme du droit fiscal empêche souvent ces virtuoses du droit fiscal de contourner l'impôt[502], cela impose une vigilance accrue et une expertise avérée des agents du fisc dans la qualification de certaines opérations juridiques à incidence fiscale. Ces situations font souvent perdre à l'État des ressources nécessaires pour son développement.

L'évasion fiscale par abus de droit procède souvent par simulation ou déguisement[503] de l'opération authentique et par fraude à la loi[504].

L'abus de droit par simulation ou déguisement repose sur un acte fictif destiné à dissimuler la véritable intention. Sur le plan du droit, c'est un acte légal, irréprochable sur la forme, un montage juridique dont le but est de réduire le montant des impositions mises à la charge de l'entreprise[505]. L'administration fiscale pourra, soit valider cette opération en l'état ; ceci sur le fondement de la théorie de l'apparence,[506] et perdre ainsi des recettes du fait de la méconnaissance de l'acte occulte, soit alors mettre en mouvement la procédure de répression de l'abus de droit[507] de l'article L33 LPF en démontant l'acte de simulation qui peut revêtir trois formes[508] :

- La simulation par acte fictif, qui porte sur l'existence même de l'acte. Ainsi, la finalité de l'acte caché est d'anéantir l'acte

---

[501] Article L33 LPF : « Toute opération conclue sous la forme d'un contrat ou d'un acte juridique quelconque dissimulant une réalisation ou un transfert de bénéfices ou de revenus effectués (…) l'Administration des impôts qui a le droit de restituer à l'opération son véritable caractère (…) ».
[502] V. COZIAN (M.), « Qu'est-ce que l'abus de droit ? », *Les petites affiches*, Janvier 1991, n° 6, p. 5.
[503] V. DOUET (F.), *Contribution à l'étude de la sécurité juridique en droit fiscal interne français,* op. cit., n° 467, p. 258.
[504] Ibid, n° 468, p. 259.
[505] DOUET (F.), op cit., p. 258.
[506] Ibid, p. 255.
[507] Ibid., p. 256.
[508] Ibid., pp. 256-257.

apparent qui est censé n'avoir existé que pour les besoins d'un avantage fiscal, puis disparaître après[509].

- La simulation par acte déguisé ; ici, l'acte existe bel et bien, mais est masqué derrière un autre acte juridique, ceci pour se voir appliquer un régime fiscal plus avantageux[510].
- La simulation par interposition de personne. Ici, une personne figure comme partie à l'acte apparent, alors que le véritable bénéficiaire est désigné dans un acte caché[511].

S'agissant de l'abus par fraude à la loi, il n'y a pas acte fictif, c'est-à-dire aucune volonté délibérée de son auteur de tromper le fisc, simplement, une manipulation erronée de la règle de droit qui aurait été de nature à tromper le fisc.

Dans tous les cas, l'évasion fiscale par abus de droit vise un contournement légal de la loi, ceci dans le but de payer le moins d'impôt possible en dissimulant la portée véritable des actes et opérations juridiques en présence.

Au Cameroun, la rigueur du système fiscal des sociétés amène souvent les entreprises à trouver par cette voie une issue favorable pour une fiscalité allégée et supportable. C'est dans cette optique que nombre d'entre elles recourent aujourd'hui aux services d'expertise comptable, fiscale et juridique pour envisager toutes les stratégies pour que les sociétés dont ils ont la charge soient fiscalisées le moins possible[512]. Le constat fait généralement dans le cadre des vérifications de comptabilité révèle que l'abus de droit par simulation s'avère être l'acte quotidien des entreprises sur le chemin de l'évasion fiscale. C'est ainsi qu'on a : des personnels fictifs ou le gonflement fictif des salaires pour augmenter les charges salariales, la simulation de la vente d'un fonds de commerce ou d'un immeuble en mutation de jouissance, avec pour conséquence l'application d'un taux réduit et la diminution de la base taxable pour la perception des droits d'enregistrement, la conclusion par

[509] Idem.
[510] Idem.
[511] Idem.
[512] V. ROUET (G.), « Les professions de juristes et fiscalistes dans l'entreprise : état des lieux et évolution », in (dir) LEROY (M.), *Fiscalité et évitement de l'impôt : une comparaison franco-russe*, op. cit., p. 84. L'auteur relève que les chefs d'entreprises ont intérêt à recruter des juristes et des fiscalistes en interne afin de répondre aux besoins de disponibilité, de qualité et de coût fiscal.

le propriétaire d'un immeuble d'un bail fictif pour en déduire les charges locatives et diminuer le bénéfice imposable.

À côté de l'abus de droit, l'optimisation fiscale apparaît comme l'autre volet non négligeable de l'évasion fiscale surtout quand elle est faite pour une finalité frauduleuse.

B- L'optimisation fiscale

Nous distinguerons ici le contenu (1) et les techniques (2) d'optimisation fiscale, tout en relevant que l'optimisation fiscale diffère fondamentalement de l'abus de droit dans la mesure où pendant que le second est un droit légal reconnu à son utilisateur, mais dont l'usage a une finalité frauduleuse, le premier réside dans une recherche permanente par des professionnels de la fiscalité et de la comptabilité des techniques de paiement des impôts à des coûts réduits par le choix des options fiscales avantageuses[513].

1- Le contenu de la notion

Encore appelée « options fiscales », l'optimisation fiscale est en soi une technique légale et régulière qui n'a rien de suspect encore moins frauduleux[514]. Seulement, en pratique, les professionnels fiscaux ont généralement tendance à la détourner de son cadre normal pour l'installer dans une perspective illicite dès lors qu'ils usent maladroitement de ce droit dans le but d'éluder l'impôt. Ceci est d'ailleurs assez récurrent dans les entreprises.

L'optimisation fiscale est « le choix que le contribuable exerce entre deux ou plusieurs régimes fiscaux applicables à la même situation telle que définie par la loi (...). C'est le droit accordé par la loi fiscale, au contribuable placé dans une situation juridique déterminé au regard de l'impôt, d'exercer librement un choix qui l'engage et s'impose à l'administration »[515]. Il s'agit donc de manière simple d'un choix offert au contribuable entre des techniques fiscales. De manière pratique, l'évasion fiscale par l'optimisation fiscale consiste pour le contribuable de choisir la voie la moins fiscalisée pour ses bénéfices à travers soit les

---

513 V. DOUET (F.), op. cit., p. 63, Cit. ROBBEZ-MASSON (C.), *La notion d'évasion fiscale en droit interne français*, préc. n° 126.

514 Idem.

515 DOUET (F.), op. cit., p. 64, Cit. AGOSTINI (A.), *Les options fiscales*, préc. n° 48, pp. 7-8.

mesures incitatives ou d'exonérations prévues par la loi[516], soit en exploitant les failles de la loi. C'est dans ce sens qu'on peut valablement relever que l'exercice d'une option fiscale doit aboutir à un résultat de sous-imposition au bénéfice du contribuable[517]. La fiscalité optionnelle est donc une technique d'incitation économique par diminution des charges fiscales normalement exigibles[518]. Ces techniques ont bien évidemment pour but de sous-imposer le contribuable au détriment de l'État. Mais dans certains cas, l'optimisation est utilisée comme paravent d'une situation frauduleuse masquée.

2- Les techniques d'optimisation fiscale

Il s'agit essentiellement des options offertes par la loi fiscale, et devant profiter aux entreprises remplissant les conditions requises. Le CGI offre un cadre juridique pour les options fiscales qui résident essentiellement dans les exonérations totales ou partielles. Ces exonérations et exemptions fiscales qui constituent l'essentiel de la dépense fiscale sont souvent évaluées pour déterminer le niveau de perte de recettes fiscales de l'État.

L'article C12(1) du CGI exonère par exemple les entreprises nouvelles du paiement de la patente[519]. Dans le même sens, les entreprises affiliées à un Centre de Gestion Agréé bénéficient d'une deuxième exonération de patente[520], et pour le calcul de leur impôt sur le revenu ou sur le bénéfice, la base d'imposition est constituée de la moitié du bénéfice imposable[521]. On peut également relever l'ensemble des avantages fiscaux prévus par la loi n° 2013/004 du 18 avril 2013 fixant les incitations à l'investissement privé en République du Cameroun et son texte d'application. Ces avantages résident

---

[516] Ibid, pp. 66-67.
[517] Ibid, p. 65.
[518] Idem.
[519] Article C12(1) CGI : « Les entreprises nouvelles bénéficient d'une exonération de la contribution des patentes pour une période d'un (1) an ».
[520] Article C12(3) CGI.
[521] Lire, Décret n° 2011/1137/PM du 12 mai 2011 portant organisation des activités des Centres de Gestion Agréés et fixant les avantages fiscaux des adhérents. V. également, article 119(1) CGI.

essentiellement dans l'exonération de moitié de l'IS, l'IR/BIC, l'IRCM, et des droits d'enregistrement[522].

Mais il faut relever que certaines entreprises camerounaises utilisent ces techniques à des fins frauduleuses.

Paragraphe 2- Un phénomène obscur : une finalité frauduleuse

L'évasion fiscale par sa forme, présente un caractère légal et clair qui est rapidement terni dans le fond par l'intention frauduleuse (A) qui sous-tend l'acte dans sa finalité, ce qui fonde son caractère obscur qui ouvre inévitablement sur des sanctions (B). Il serait important de relever d'emblée que l'évasion fiscale est plus encrée dans des pays développés où les entreprises s'attachent plus les services d'experts comptables, fiscaux, juridiques, et bancaires dans le cadre de leurs opérations. Ces experts sont donc souvent mis à contribution dans les opérations de contournement de la loi, car maîtrisant mieux les failles de celle-ci. De plus en plus, ce phénomène gagne du terrain en Afrique et même au Cameroun où on observe en permanence des actes et velléités d'évasion fiscale.

A- L'intention frauduleuse : finalité de l'évasion fiscale

Il est clairement démontré que l'évasion fiscale du point de vue formel n'a rien de proscrit, elle repose d'ailleurs sur une légalité de forme. Ainsi, que ce soit l'abus de droit ou l'optimisation fiscale, le montage juridique en lui-même est irréprochable. Seulement, c'est au niveau du but, c'est-à-dire de la finalité qu'apparaissent les éléments intentionnels qui fondent le caractère frauduleux qui repose essentiellement sur l'évitement de l'impôt.

Les techniques d'évasion fiscale ont pour finalité de payer le moins d'impôt possible, ou mieux l'évitement total de l'impôt. C'est donc à travers cet aspect intentionnel, que l'évasion fiscale se rapproche de la fraude fiscale dans la volonté ferme d'user d'une technique quelconque pour éluder l'impôt. Ainsi, si s'agissant de la fraude fiscale le moyen utilisé pour éluder l'impôt est illicite et la finalité illicite également, l'évasion fiscale diffère en ce que le moyen utilisé est licite, mais la finalité illicite. Or, c'est dans la finalité de l'acte que s'apprécie

---

[522] Lire, Loi n° 2013/004 du 18 avril 2013 fixant les incitations à l'investissement privé en République du Cameroun. V. également, Arrêté n° 00366/MINFI/SG/DGI/DGD du 19 novembre 2013.

l'infraction. Les moyens utilisés permettent juste de qualifier ou de catégoriser cette infraction de manière précise. Il apparaît donc au regard de tous ces éléments que l'évasion fiscale est une infraction tant dans l'intention frauduleuse qui réside dans la volonté ferme et irrévocable de frauder l'impôt en mettant en place toutes les stratégies pour y arriver que dans sa matérialité à travers l'acte final d'évitement de l'impôt. Il s'agit alors ici pour déceler l'acte délictueux d'analyser de façon rigoureuse les stratégies utilisées. Il faudrait aller au-delà de leur caractère légal pour questionner l'intention finale de son auteur au moment de sa commission, ou mieux la finalité recherchée.

B- L'évasion fiscale : un phénomène sanctionné

L'évasion fiscale comme la fraude fiscale, sont des infractions fiscales sévèrement sanctionnées tant par le législateur fiscal[523] que pénal[524]. Parce que dans les deux cas, il s'agit d'agissement frauduleux dont le but ultime est de vider au maximum la caisse publique de son contenu, mais surtout rompre les principes de l'égalité de tous devant l'impôt et la légalité de l'impôt. Cela suppose donc que le principe de l'égalité contributive sur les charges publiques est battu en brèche.

Pour éviter cela et prévenir de tels agissements, surtout au regard de l'impact négatif que cela cause sur l'équilibre des finances publiques ainsi que de la remise en cause systématique de toutes les politiques d'investissement, et partant de croissance économique, l'ensemble du processus de développement se trouvant hypothéqué, les modes de répression prévus sont identiques à ceux relevés en matière de fraude.

Section 2- L'évasion fiscale par la délocalisation d'entreprises et la fuite des capitaux : obstacles au développement

On entre là bien évidemment dans le cadre de la fiscalité internationale[525], et surtout de l'évasion fiscale internationale. Il arrive dans plusieurs cas que les entreprises exerçant dans un pays donné, pour se soustraire au paiement de l'impôt, veuillent diluer leurs activités dans des opérations qui d'apparence n'ont rien d'illicites et remplissent

---

[523] Articles L 107 et suivants LPF.

[524] Articles 25 (2 et 3) et 74 (1) Code pénal.

[525] Editions FRANCIS LEFEBVRE, *Paradis fiscaux et opérations internationales. Mesures anti-évasion, lutte contre le blanchiment, pays et zones à fiscalité privilégiée*, 4e édition, 2005.

d'ailleurs toutes les conditions de la légalité, mais au fond, cachent des opérations frauduleuses dont le seul but est d'éluder l'impôt. Le phénomène s'étant alors transporté au-delà des frontières d'un État[526], on se trouve ainsi dans la sphère de l'international qui impose de ce fait le concours d'une coopération bilatérale ou multilatérale pour endiguer le phénomène, et permettre ainsi aux États de bénéficier des ressources qui leur échappent et qui sont nécessaires pour leur développement. Ce phénomène mondial qui cause aux États, même les plus riches des dégâts socioéconomiques énormes, s'avère plus grave encore dans les pays en développement comme le Cameroun où la modicité des ressources publiques impose un suivi rigoureux de celles-ci partout où elles se trouvent, sinon tous les programmes de développement seraient en péril.

Pour mieux appréhender ce phénomène, on fera une étude distincte des formes et techniques de délocalisation ou d'expatriation d'entreprises et bénéfices (paragraphe 1), mais aussi de la notion de paradis fiscaux dans la fuite des capitaux (paragraphe 2), élément incontournable dans le processus d'évasion fiscale internationale.

Paragraphe 1- L'expatriation d'entreprises et des bénéfices fiscaux

On distinguera d'une part les opérations de délocalisation d'entreprises (A) vers des pays au régime fiscal allégé, et d'autre part les transferts indirects des bénéfices fiscaux (B) consacrés par le CGI en son article 19[527] et par le LPF en son article L19bis[528]. Que ce soit

---

[526] Lire, DUMAS (G.), op. cit., p. 28, lorsqu'il relève que la délocalisation s'est développée de nos jours à la faveur de l'ouverture des frontières.

[527] L'article 19 CGI : « Pour l'établissement de l'impôt sur les sociétés dû par les entreprises qui sont sous la dépendance ou qui possèdent le contrôle d'entreprises situées hors du Cameroun, les bénéfices indirectement transférés à ces dernières soit par voie de majoration ou de diminution des prix d'achat ou de vente, soit par tout autre moyen, sont incorporés aux résultats accusés par les comptabilités. (…) ». Lire également, ATANGANA (A.), *Évolution et perspectives du contrôle des prix de transfert en Afrique,* Mémoire de master professionnel en droit des affaires et fiscal, École Supérieure de Commerce de Rouen, 2007, memoireonline, consultée le 10 mai 2016 à 14 heures 50 minutes. V. enfin, AYANGMA AYANGMA (J.), *La pratique du contrôle des prix de transfert dans l'espace CEMAC, le cas du Cameroun,* L'Harmattan, Cameroun, Avril 2015, 364p.

[528] Article L19bis LPF : « Lorsque dans le cadre d'une vérification de comptabilité, l'administration a réuni des éléments faisant présumer que l'entreprise a opéré un

dans l'un ou dans l'autre cas, ces différents astuces et artifices sont mis en place dans le seul but de contourner licitement la loi fiscale.

A- La délocalisation d'entreprises : l'expatriation de la ressource fiscale et de l'emploi

La délocalisation des entreprises est un phénomène très ancien dans le processus d'évitement de l'impôt[529]. Seulement, il s'est sérieusement développé de nos jours à la faveur de l'ouverture des frontières, ainsi que des progrès observés dans les domaines des transports et des télécommunications[530]. Il est important d'emblée de relever que la délocalisation d'entreprises poursuit généralement un triple objectif : un objectif fiscal, celui de localiser ses activités dans un pays ou une zone à fiscalité allégée[531], un objectif de diminution des coûts de production avec la recherche des pays ou zones où la main-d'œuvre est moins exigeante[532] et un objectif de rentabilité[533] en fixant son entreprise dans des pays à fort taux de consommation.

Le Cameroun, en tant que membre de l'OHADA au même titre que 16 autres pays, applique un droit des affaires commun à tous ces États. Cette harmonisation de la législation des affaires suppose ainsi que, quelle que soit la localisation d'une entreprise dans cet espace, la législation applicable sera identique. Il s'ouvre alors une sorte de concurrence entre ces pays dans le but d'attirer le maximum d'investisseurs sur les aspects juridiques et économiques qui ne rentrent pas dans le champ d'application de cette harmonisation pour faire valoir

---

transfert indirect de bénéfices, au sens de l'article 19 du CGI, elle peut demander à cette dernière, des informations et documents précisant : - la nature des relations (…) entre cette entreprise et une ou plusieurs entreprises, sociétés ou groupements établis hors du Cameroun. – la méthode de détermination des prix des opérations (…) qu'elle effectue avec les entreprises, sociétés ou groupements et les éléments qui la justifient ainsi que les contreparties consenties. (…) ».

529 V. DUMAS (G.), *Politique fiscale : le naufrage,* op. cit., n° 17, p. 28, lorsqu'il relève que la délocalisation fut dès le Bas-Empire romain un moyen d'échapper aux prétentions du fisc.

530 Ibid, n° 18, p. 28. Lire, BOKALLI (V. E.), *« Le comportement du transporteur et l'obligation de réparer les dommages survenus en cours de transport »*, in (dir) ANOUKAHA (F.), OLINGA (A. D.), *L'obligation,* Études offertes au Professeur Paul-Gérard POUGOUE, op. cit., p. 149.

531 Idem.

532 Idem.

533 Ibid, n° 22, p. 31.

ses éléments d'attractivité. L'un des éléments majeurs dans cette politique n'est rien d'autre que la fiscalité. La situation actuelle ne nous a pas présenté jusqu'ici un engouement très marqué des entreprises camerounaises à se lancer dans la voie de la délocalisation soit de l'entreprise tout entière, soit d'un pan important de son activité, soit de son siège social avec tout ce que cela comporte comme incidence fiscale. Mais, cela reste et demeure une hypothèse envisageable dans un contexte de concurrence fiscale où chaque État veut tirer le maximum de ressource des potentiels investisseurs à venir pour pouvoir booster le développement.

On pourrait à titre d'exemple citer les cas de la société camerounaise de banque dénommée « Afriland First Bank » qui a délocalisé certaines de ses agences en Afrique de l'Ouest en l'occurrence en Côte d'Ivoire, en Guinée et au Bénin. On a également observé une pareille délocalisation à une période relativement récente d'une autre banque « Commercial Bank of Cameroon ». Il faut relever que ces structures supportent des impôts dans ces pays, et contribuent par ces paiements au développement de ceux-ci.

Par ailleurs sur le volet de l'emploi, la délocalisation d'entreprises est un moyen efficace de création d'emploi dans les États où les entreprises s'installent ; ce qui au niveau national contribue davantage à accroître le taux de chômage, car, les emplois qui auraient pu bénéficier aux locaux dans les différentes branches d'activités, se perdent par l'expatriation. L'un des éléments majeurs justifiant la délocalisation des entreprises est la rigueur de la législation du travail. Le Code du travail impose certaines obligations à l'employeur à l'égard de ses employés en termes de conditions décentes de travail[534], salaires respectant la réglementation en fonction des catégories et échelon par

[534] V. les articles 95 à 103 du Code du travail sur la sécurité et la santé au travail. Lire, DJUIKOUO (J.), « L'obligation de sécurité de l'employeur en droit camerounais », in (dir) ANOUKAHA (F.), OLINGA (A. D.), *L'obligation*, Études offertes au Professeur Paul-Gérard POUGOUE, op. cit., pp. 221-247. MIENDJIEM (I. L.), « Réflexions sur le champ d'application du droit du travail dans l'espace OHADA », in (dir) BOKALLI (V. E.) et autres, De l'esprit du droit africain, Mélanges en l'honneur de Paul Gérard POUGOUE, op. cit., pp. 451-452. Les articles 81 et 82 sur les conditions de travail de nuit, les articles 83 à 87 sur le travail des femmes, des jeunes gens et des enfants, l'article 88 sur le repos hebdomadaire, et enfin les articles 89 à 94 sur les congés et les transports.

rapport au diplôme de recrutement[535]. La pratique offre néanmoins une marge de manœuvre énorme à ces entreprises au regard du niveau élevé du chômage et la crainte de ne pas avoir un emploi. Cette situation a donc entraîné la croissance du sous-emploi, et des travailleurs occasionnels[536].

Les délocalisations ne sont pas nécessairement une calamité économique en tant que telle. Elles peuvent pour beaucoup, témoigner d'un dynamisme lorsqu'en interne, il existe également une politique d'attraction des investisseurs qui eux aussi pourraient délocaliser leur entreprise à notre profit. Il s'agit là d'une question de politique économique interne.

B- L'expatriation des bénéfices fiscaux

L'expatriation des bénéfices fiscaux dans le cadre de l'évasion fiscale se fait essentiellement au détour des transferts indirects de bénéfices (2), ceci à l'intérieur des groupes de sociétés (1).

1- La notion de « groupes de sociétés »

Selon le Professeur GATSI Jean, un groupe de sociétés est un ensemble formé par des sociétés unies entre elles par des liens divers qui permettent à l'une d'elles de contrôler les autres[537]. De cette

---

[535] Lire, les articles 61 à 67 du Code du travail sur la détermination du salaire, les articles 67 à 74 sur le paiement du salaire. Voir, FOKO (A.), « La rémunération du travail et la paix sociale », in (dir) BOKALLI (V. E.) et autres, *De l'esprit du droit africain*, Mélanges en l'honneur de Paul Gérard POUGOUE, op. cit., pp. 279-304.

[536] L'article 25 (4) de la loi n° 92/007 du 14 août 1992 portant Code du travail opère une distinction entre un travailleur temporaire, un travailleur occasionnel et un travailleur saisonnier. Ainsi, selon cette disposition, un travail temporaire a pour objet soit le remplacement d'un travailleur absent ou dont le contrat a été suspendu, soit l'achèvement d'un ouvrage dans un délai déterminé nécessitant l'emploi d'une main-d'œuvre supplémentaire. Un travail occasionnel a pour objet la résorption de l'accroissement conjoncturel et imprévu des activités de l'entreprise ou l'exécution de travaux urgents pour des accidents imminents, organiser des mesures de sauvetage ou procéder à des réparations de matériel, d'installations ou de bâtiments de l'entreprise présentant un danger pour les travailleurs. Un travail saisonnier quant à lui est lié à la nature cyclique ou climatique des activités de l'entreprise.

[537] V. GATSI (J.), *Nouveau dictionnaire juridique*, 2è édition, PUL, Douala, 2009, p. 162. Lire également, (dir.) GUINCHARD (S.), MONTAGNIER (G.), *Lexique des termes juridiques*, op. cit., p. 296, pour qui le groupe de sociétés est « un ensemble de sociétés juridiquement indépendantes, mais formant une même unité économique en raison de liens financiers étroits ». V. enfin, CORNU (G.), *Vocabulaire juridique*, op.

définition, il ressort qu'il s'agit de plusieurs sociétés ayant chacune une existence juridique autonome, mais liées entre elles tant au niveau de la décision économique et financière que du contrôle interne[538].

De manière pratique, le groupement des sociétés ou entreprises repose généralement sur deux éléments qui dénotent la volonté claire et manifeste de son auteur d'influencer ou de dominer sur le fonctionnement de l'autre[539]. Il s'agit d'un élément matériel et d'un élément moral. L'élément matériel se caractérise par la détention par une société d'une fraction significative des actions ou parts sociales d'une autre société[540]. L'élément moral quant à lui suppose la volonté manifeste d'exercer une domination ou une influence sur la société qui a émis les actions ou les parts sociales[541]. Le groupement de sociétés peut se faire suivant deux modalités : la prise de participation et l'affiliation.

Il y a prise de participation lorsqu'une société possède dans une autre une fraction de capital égale ou supérieure à 10 % et inférieure ou égale à 50 %. On dit en ce moment que la première participe au capital de la seconde[542].

S'agissant de la seconde modalité, une société est la société mère d'une autre quand elle possède dans la seconde, plus de la moitié du capital. On dit alors que la seconde est une filiale de la première[543].

---

cit., p. 497, qui définit un groupe de sociétés ou d'entreprises comme « un ensemble de sociétés ayant chacune une existence juridique distincte souvent constitué par une société mère et une ou plusieurs filiales ». Lire, Article 173 AUSCGIE.

538 POUGOUE (P.-G.), NGUEBOU TOUKAM (J.), ANOUKAHA (F.), *Acte uniforme relatif au droit des sociétés commerciales et du groupement d'intérêt économique,* op. cit., pp. 379-380. S'agissant du pouvoir de contrôle, lire articles 174 et 175 AUSCGIE.

539 Idem.

540 Idem.

541 Idem.

542 Idem. V. également, MODI KOKO (H. D.), *Le contrôle de la gestion des filiales par la société-mère dans le droit uniforme des sociétés commerciales en Afrique*, Mélanges GUYON, Dalloz, 2003, pp. 845-880.

543 Lire, articles 179 et 180 AUSCGIE. V. également, POUGOUE (P.-G.), NGUEBOU TOUKAM (J.), ANOUKAHA (F.), op. cit, p. 380. V. MODI KOKO (H. D.), *Le contrôle de la gestion des filiales par la société-mère dans le droit uniforme des sociétés commerciales en Afrique*, Mélanges GUYON, Dalloz, 2003, pp. 845-880. Lire enfin, KENMOE KAMGANG (F. F.), *La notion de groupe de sociétés en droit*

Il serait important ici d'évacuer un débat qui a souvent cours en pratique, et qui a tendance à rapprocher la filiale de la succursale, et qui contribue d'ailleurs à faire croire que ces deux concepts sont synonymiques. En effet, si dans l'un et dans l'autre cas il s'agit de société ou d'entreprise liée ou rattachée à une société mère dont elle tire toutes ses décisions de gestion, elles diffèrent en ce que la succursale, bien qu'appartenant à une société mère, n'a pas de personnalité juridique autonome[544] comme c'est le cas pour la filiale[545]. Il faut relever qu'il existe entre les sociétés de groupe des liens étroits dans la gestion quotidienne et le contrôle[546]. Sur le plan fiscal, celles-ci ont généralement tendance à profiter de ces liens dans leurs rapports réciproques pour poser des actes d'apparence légale, mais à finalité illicite. Seulement, le principe du réalisme fiscal[547] qui impose plus la réalité économique que les montages juridiques[548], s'intéresse donc de près à toutes les transactions entre ces sociétés pour détecter et fiscaliser toutes celles qui ont pour finalité l'évasion fiscale, et dont la principale technique réside dans les transferts illicites de bénéfices à travers les accords préalables des prix de transfert.

OHADA : Réflexion sur la problématique du contrôle d'une société par une autre, Mémoire DEA, FSJP-Université de Yaoundé II, Avril 2003.

[544] Articles 116 à 120 AUSCGIE. Lire également, BOISSEAU CHARTRAIN (O.), « Quel avenir pour les succursales des sociétés étrangères dans l'OHADA », Revue de droit des Affaires Internationales, n° 3, 2000, pp. 358 et suivants.

[545] POUGOUE (P.-G.), NGUEBOU TOUKAM (J.), ANOUKAHA (F.), op. cit., p. 380 : la filiale a sa propre personnalité juridique et tous les attributs qui en découlent (dénomination sociale, siège social, nationalité, etc.).

[546] NANDJIP MONEYANG (S.), « Les concentrations d'entreprises en droit interne et en droit communautaire CEMAC », Juridis périodique, n° 73, Janvier-février-mars 2008, pp. 65-76.

[547] Le réalisme fiscal signifie que le fisc peut taxer directement la réalité économique sans se soucier de l'habillage juridique. Ainsi, la loi fiscale frappe des états de fait et non des situations de droit. Le principe joue notamment dans les cas de discordances entre l'apparence juridique présentée au fisc et la situation réelle qu'elle masque. Il permet au fisc de bousculer les constructions juridiques astucieuses utilisant la force des règles du droit privé pour faire échec à la loi fiscale. V. DOUET (F.), *Contribution à l'étude de la sécurité juridique en droit fiscal interne français*, op. cit., pp. 240-253.

[548] DOUET (F.), *Contribution à l'étude de la sécurité juridique en droit fiscal interne français*, op. cit., pp. 254-260.

2- L'évasion fiscale par transfert indirect des bénéfices

On distinguera d'une part la technique utilisée (a) ainsi que leur taxation (b) d'autre part.

a- Les techniques de transfert indirect de bénéfices

Le transfert indirect de bénéfices suppose l'utilisation de moyens détournés pour récupérer les bénéfices réalisés par une société implantée à l'étranger[549]. Il s'oppose au transfert direct de bénéfices qui se fait dans un cadre légal[550] à travers le paiement des dividendes aux actionnaires ou associés domiciliés à l'étranger, ou encore par la remontée des bénéfices d'une succursale ou une filiale vers le siège[551].

Il existe plusieurs techniques ou méthodes de transfert indirect de bénéfices qui ne peuvent véritablement être appréhendées qu'au détour des rapports et transactions multiples et divers opérés par les sociétés d'un même groupe. On distingue donc entre autres :

- **Les majorations ou minorations de prix**

Il y aura majoration ou minoration dans le cadre des ventes de marchandises ou prestations de services entre sociétés appartenant à un même groupe en fonction de la politique du groupe, mais aussi en fonction de l'objectif recherché. Ainsi, on observera par exemple en pratique que pour supporter le moins d'impôt possible, la société du groupe située dans un pays à fiscalité élevée va, à un moment donné, vendre ses biens ou services à une autre société du même groupe située

---

[549] ATANGANA (A.), *Évolution et perspectives du contrôle des prix de transfert en Afrique*, Mémoire de master professionnel en droit des affaires et fiscal, École Supérieure de Commerce de Rouen, 2007, consulté le 17 juin 2016 à 16h 15minutes.

[550] Ibidem, le transfert direct des bénéfices se fait à travers la distribution des dividendes entre associés. Celle-ci suit une procédure juridique précise à la suite de la tenue de l'assemblée générale d'approbation des comptes et d'affectation du résultat. C'est donc à la suite de cette assemblée que l'on décidera de l'affectation des bénéfices. Ainsi, il peut être décidé à procéder soit à la répartition en dividendes conformément à l'article 346 AUSCGIE, soit procéder au réinvestissement, soit enfin constituer un fonds de réserve. Lire également, Éditions FRANCIS LEFEBVRE, *Paradis fiscaux et opérations internationales : Mesures anti-évasion, Lutte contre le blanchiment, Pays et zones à fiscalité privilégiée,* 2005, n° 5 et s., pp. 18-19.

[551] V. ATANGANA (A.), *Évolution et perspectives du contrôle des prix de transfert en Afrique*, Mémoire de master professionnel en droit des affaires et fiscal, École Supérieure de Commerce de Rouen, 2007. V. Éditions FRANCIS LEFEBVRE, op. cit.. , n° 22 et 13, p. 21.

dans un autre pays à fiscalité allégée à un prix suffisamment minoré ceci pour déplacer l'essentiel du bénéfice du groupe afin de payer moins d'impôt, ou encore acheter auprès d'une société du groupe des biens et services à un prix très élevé ceci dans le même objectif[552]. Face à de tels cas, tout sera fonction de l'appréciation qui sera faite par l'administration fiscale dans le cadre des vérifications de comptabilités, et des arguments que fera valoir le groupe. Tout compte fait, l'administration fiscale même en recherchant la vérité par rapprochement avec les opérations de même type effectuées par les sociétés n'appartenant pas à un même groupe pour en déterminer la réalité des prix aura souvent la difficulté à se prononcer au regard du principe de la liberté des affaires.

- **Prêts consentis à des conditions plus avantageuses que celles du marché**

Il s'agit ici d'hypothèses où une société du groupe basée dans un pays à fiscalité allégée octroie un prêt à une autre du même groupe située dans un pays à fiscalité élevée à un taux d'intérêt très élevé par rapport au taux normal. L'opération a pour seul but de voir transférer l'essentiel des bénéfices de cette filiale sous le couvert de remboursement de prêt consenti, et voir ainsi le groupe supporter le moins d'impôt possible[553], sauf si cette société vient à démontrer que ce prêt a été octroyé dans ces conditions parce qu'il y avait une contrepartie attendue et qui s'est réalisée.

- **Versements de redevances excessives sans contrepartie**

Les redevances sont généralement payées ou reçues par unc entreprise en rémunération de certains services spécifiques notamment la concession d'une licence d'exploitation, d'un brevet ou d'un procédé de formule de fabrication, d'une marque, de l'assistance dans les domaines technique, scientifique, commercial ou administratif. On assiste donc très souvent à des situations où une filiale paye ces redevances à sa société mère. Dans ce cas, il est important de démontrer l'existence d'un contrat en bonne et due forme qui justifie ces versements, et s'assurer que celles-ci reçoivent non seulement une

[552] Idem.

[553] Idem. V. également, CE 9 mars 1979, n° 10454, Plén. ; RJF 4/79, n° 193. V. CE 7 juill. 1958, n° 35977, CE 14 juin 1963, n° 57457- Dupont 1963, n° 4330. Lire enfin, Éditions FRANCIS LEFEBVRE, op. cit., n° 35-45, pp. 25-27.

contrepartie effective, mais qu'elles ne sont pas exagérées par comparaison avec des prestations de même type dans d'autres sociétés. En pratique, ces versements la plupart du temps se justifient simplement par la volonté de supporter le moins d'impôt possible au niveau des filiales et constituer au final un gain de trésorerie pour le groupe[554].

En droit fiscal camerounais, les sommes versées pour l'utilisation des brevets, marques, dessins et modèles en cours de validité, lorsqu'elles profitent à une société située hors de la CEMAC et participant directement ou indirectement à la gestion ou au capital d'une entreprise camerounaise, sont présumées constituer des distributions de bénéfices[555].

- **Prise en charge des frais d'un employé du groupe**

La plupart des grands groupes qui ont des filiales dans plusieurs pays à l'échelle internationale utilisent généralement un personnel administratif ou technique à forte mobilité. Ainsi, ce personnel peut être appelé à intervenir de façon temporaire ou permanente sur le site de l'une des filiales du groupe en cas de nécessité[556]. Dans ce cas, les frais de détachement de ce personnel peuvent être supportés soit par la filiale soit par la société mère. Or, il arrive très souvent que la filiale fasse semblant de débourser d'énormes sommes en termes de prise en charge des frais d'un tel personnel, alors qu'il s'agit tout simplement d'un transfert indirect de bénéfices vers la société mère, ce personnel faisant déjà l'objet d'une prise en charge par cette dernière.

- **Abandons de créances**

Un abandon de créances peut être consenti à une filiale étrangère dans le but de lui permettre d'équilibrer son compte d'exploitation[557]. Mais il faut relever que le législateur camerounais opère une distinction entre les créances abandonnées et les créances irrécouvrables. Les premières sont celles qui n'ont pas fait l'objet d'une volonté manifeste

---

[554] ATANGANA (A.), *Évolution et perspectives du contrôle des prix de transfert en Afrique*, Mémoire de master professionnel en droit des affaires et fiscal, École Supérieure de Commerce de Rouen, 2007.

[555] Lire à ce sujet, l'article 7.A.1.d-3 CGI.

[556] Idem. V. également, ATANGANA (A.), op. cit., Éditions LEFEBVRE, op. cit., n° 75-79, p. 34.

[557] Ibidem. Lire, CE 30 avril 1980, n° 16153, Plén. ; RJF 6/80, n° 467. Éditions LEFEBVRE, op. cit., n° 70-74, pp. 33-34.

et obstinée de son auteur de les recouvrer ; elles ne peuvent donc pas être considérées comme charges déductibles et rentrer en diminution du bénéfice imposable. Les secondes, quant à elles sont celles ayant fait l'objet d'épuisement de l'ensemble des voies et moyens de recouvrement amiable ou forcé prévus par l'Acte Uniforme OHADA portant Organisation des Procédures Simplifiées de Recouvrement et des Voies d'Exécution[558] ; elles sont considérées comme charges déductibles et rentrent donc en diminution du bénéfice[559].

b- La taxation des transferts indirects de bénéfices

Dans la plupart des législations fiscales, on retrouve des dispositions destinées à appréhender et à sanctionner les transferts indirects de bénéfices[560]. Cela bien évidemment est fait dans le but de réduire à sa plus simple expression l'évasion fiscale qui est un véritable mal pour les économies des pays en développement comme le Cameroun. C'est dans ce sens que l'article 19 du CGI dispose que « Pour l'établissement de l'impôt sur les sociétés dû par les entreprises qui sont sous la dépendance ou qui possèdent le contrôle d'entreprises situées au Cameroun, les bénéfices indirectement transférés à ces dernières soit par voie de majoration ou de diminution des prix d'achat ou de vente, soit par tout autre moyen, sont incorporés aux résultats accusés par les comptabilités. Il est procédé de même à l'égard des entreprises qui sont sous la dépendance d'une entreprise ou d'un groupe possédant également le contrôle d'entreprises situées hors du Cameroun (…) »[561].

---

558 KERE KERE (G.), *Les voies d'exécution en droit OHADA,* op.cit., 164 p.

559 Lire, article 7.C. du CGI. Lire également, articles L55 à L70 du LPF sur les poursuites de droit commun (mise en demeure valant commandement de payer, saisie et vente), articles L71 à L80 du LPF sur les poursuites particulières (avis à tiers détenteur, contrainte extérieure, blocage de comptes bancaires, fermeture de l'établissement, exclusion des marchés publics, mise en fourrière d'un véhicule). Lire enfin, DIOUF Ndiaw, Acte uniforme portant organisation des procédures simplifiées de recouvrement et des voies d'exécution, op. cit.

560 Lire à ce sujet, article 57 CGI français, qui est le texte intégral en droit fiscal camerounais de l'article 19 CGI.

561 Article 19 CGI. Lire également, article L19bis du CGI : « Lorsque, dans le cadre d'une vérification de comptabilité, l'Administration a réuni des éléments faisant présumer que l'entreprise a opéré un transfert indirect de bénéfices, au sens des dispositions de l'article 19 du présent Code, elle peut demander à cette dernière des informations et des documents précisant :) la nature des relations entrant dans les prévisions de l'article 19 susvisé, entre cette entreprise et une ou plusieurs entreprises, sociétés ou groupements établis hors du Cameroun, la méthode de détermination des

Ces transferts indirects de bénéfices étant considérés sur le plan fiscal comme des distributions de bénéfices, ils sont alors incorporés d'abord au résultat fiscal pour être soumis à l'impôt sur les sociétés[562], puis à l'impôt sur les revenus de capitaux mobiliers en tant que distribution occulte[563]. Mais toujours est-il que pour arriver là, il faudrait pouvoir déceler au préalable l'acte de transfert indirect de bénéfices qui n'est pas aisé en pratique au regard de tout le secret et la subtilité qui entourent de telles pratiques.

C'est donc pour éviter les désagréments d'un redressement fiscal fondé sur ces motifs au regard du caractère sévère de la sanction que les groupes internationaux optent pour les accords préalables sur les prix de transfert (APP)[564] dans le cadre des diverses transactions entre leurs filiales. Si cette solution est louable, son efficacité reste questionnable, car même au détour des APP, les groupes internationaux réussissent toujours à éluder l'impôt. C'est dire que les chemins de l'évasion fiscale sont multiples.

Paragraphe 2- La fuite des capitaux à travers les paradis fiscaux

On évoquera d'entrée la notion globale de paradis fiscaux et son approche camerounaise (A), avant de dégager son impact négatif dans les recettes fiscales et le développement de l'économie nationale (B).

---

prix des opérations (...) qu'elle effectue avec les entreprises du groupe, les éléments qui la justifient ainsi que les contreparties consenties. (...) ».

562 Idem.

563 Articles 35(2)-a et 45 du CGI.

564 L'expression « Accords préalables sur les prix de transfert » vise les relations entre entreprises appartenant à un même groupe et situées dans des États différents au regard des prix et conditions des marchandises, des services et des actifs qu'elles peuvent s'échanger ou se vendre. L'objectif ici étant d'effectuer des majorations ou minorations dans le cadre des transactions intragroupes ceci pour dégager in fine un gain de trésorerie au profit du groupe, en payant le moins d'impôt possible. Si l'OCDE aujourd'hui a tendance à vouloir clarifier et harmoniser les règles régissant les APP, en pratique cela est difficile au regard des intérêts contradictoires eu présence : maximiser les recettes fiscales des Etats et l'objectif économique de rentabilité des entreprises. Sur la question des « APP », lire, Editions LEFEBVRE, op. cit., n° 140-143, pp. 46-47, et n° 3500-3511, pp. 503-504.

A- « Les paradis fiscaux » : la complexité du concept

Il n'existe pas une définition législative universellement consacrée pour désigner les « paradis fiscaux »[565]. Toutefois, l'Organisation pour la Coopération et le Développement Economique (OCDE) considère qu'il faut quatre critères pour les définir : fiscalité inexistante ou insignifiante, absence de transparence, législation empêchant l'échange d'informations à caractère fiscal avec d'autres administrations et la tolérance envers les sociétés-écrans ayant une activité fictive[566]. Il s'agit précisément d'un pays ou un territoire où la fiscalité est très faible par rapport à ce qui peut être considéré comme la norme. Vu sous ce prisme, il existe comme une sorte de relativité dans l'appréhension du concept au-delà des éléments sus évoqués, ceci en fonction du niveau de taxation propre à chaque pays. La zone franche étant considérée comme un paradis fiscal à l'intérieur d'un pays où la fiscalité est élevée.

Ce phénomène, qui peut encore prendre le vocable d'expatriation fiscale suppose le changement par une entreprise ou un particulier de sa résidence fiscale uniquement pour des raisons fiscales[567].

Les paradis fiscaux recueillent essentiellement les fonds spéculatifs, les grandes entreprises et firmes internationales qui y installent généralement leurs filiales, de même que les fonds issus de la corruption et des détournements publics[568].

Le législateur fiscal camerounais s'est fortement intéressé à ce phénomène. Il déclare ainsi que tout pays ou territoire où le taux d'IS est égal au tiers de celui appliqué au Cameroun est considéré comme un paradis fiscal.

On a encore souvenance du scandale dénommé *« panama papers »*, qui a révélé un vaste réseau à l'échelle internationale de fuite de capitaux vers des paradis fiscaux dans le seul but de fuir l'impôt.

Au niveau du Cameroun, le phénomène peut avoir une double appréhension : dans un premier temps, les grandes entreprises exerçant localement, mais dont les sièges sociaux sont basés dans des pays ou

---

565 Journal français *Le Monde*, du 4 avril 2013 sous la titraille : *Qu'est-ce qu'un paradis fiscal ? consulté le 11 mai 2016 à 21 h.*

566 Idem. Lire, DUHAMEL (G.), *Les paradis fiscaux,* Éditions Grancher, coll. « Les Pratiques citoyens », Paris, 2006, p. 57.

567 V. BRUEDER (M.), op. cit., p. 7.

568Le Monde.fr du 4 avril 2013, consulté le 11 mai 2016 à 21h 50minutes.

zones à fiscalité allégée, et dans un second temps le vaste mouvement de détournements des fonds publics qui semble prospérer au Cameroun, mais dont la destination des fonds est souvent peu ou pas connue, mais généralement utilisés pour financer les activités des entreprises basées dans des zones à fiscalité privilégiée.

Au cours de l'exercice 2015, dans le cadre de l'opération de lutte contre la corruption et les détournements massifs de deniers publics dont le Cameroun est victime, le Chef de l'État avait commis une mission en Europe auprès de certaines banques et dans certains pays à l'effet d'identifier les comptes bancaires de certains barons du régime, ainsi que les soldes de ces différents comptes. Il s'agissait plus précisément d'une opération visant à rapatrier les fonds illicitement expatriés et qui faisaient l'objet soit de blanchiment dans certains pays dans le cadre d'activités apparemment licites, soit logés dans des paradis fiscaux. Cette opération n'a pas produit les résultats escomptés, ce qui pouvait alors dans une certaine mesure s'analyser comme la difficulté à démanteler ces réseaux et à recueillir une information dans un paradis fiscal puisque les paradis fiscaux se nourrissent essentiellement de tels revenus[569]. Ainsi, les activités disponibles dans un paradis fiscal sont de trois types :

- Placements d'avoirs dans des établissements bancaires neutres, loin des ponctions incessantes[570] ;
- Création de structures plus ou moins « *fantômes* » pour dégager des profits en amont, en marge et en aval des activités commerciales[571] ;
- La possession des comptes anonymes ou comptes à numéro dont seul le banquier maîtrise le titulaire[572].

Tout compte fait, les paradis fiscaux relèvent d'une complexité très grande, qu'il n'est pas toujours aisé de les saisir. Ils peuvent signifier

[569] Lire, Éditions FRANCIS LEFEBVRE, op. cit., n° 2604-2608, pp. 360-361.
[570] DUHAMEL (G.), op. cit., p. 63.
[571] Idem.
[572] Ibid., p. 32.

des pays à fiscalité privilégiée[573] ou des zones à fiscalité privilégiée[574]. Dans le second cas, cela montre bien qu'il peut exister même à l'intérieur d'un pays à fiscalité normale comme le Cameroun, des zones précises à fiscalité incitative. On parle encore de zones franches, généralement reconnues pour la spécificité du cadre juridique et fiscal très incitatif pour les entreprises qui s'y installent, et dont la multiplication de telles zones pourrait s'avérer dangereuse et contre-productive pour les finances publiques ; d'où la nécessité de les réguler sérieusement. Ils peuvent également signifier des régimes de privilèges, c'est-à-dire par exemple l'exercice d'activités spécifiques dans des zones précises[575].

Le phénomène de paradis fiscaux avec pour corollaire la fuite des capitaux s'intensifie de plus en plus dans le monde de la finance internationale, ceci au préjudice des économies nationales qui s'effondrent progressivement. L'internationalisation croissante des relations d'affaires, le besoin de se financer au plus faible coût et le légitime souci de réduire au maximum leur charge fiscale ont développé l'imagination des opérateurs du commerce international[576]. Pour des économies encore fragiles comme celle du Cameroun, ces multiples techniques utilisées pour éluder l'impôt à travers les opérations illicites de blanchiment de capitaux dont usent certains nationaux, et de transferts illicites de bénéfices des groupes internationaux basés au Cameroun, contribuent fortement à délester le pays des ressources capitales pour son développement.

---

[573] V. Éditions FRANCIS LEFEBVRE, op. cit., n° 2005-2385, sur les spécificités des différents paradis fiscaux basés dans des pays en Europe (Andorre, Iles Anglo-Normandes, Jersey, Guernesey, Ile de Man, Gibraltar, Liechtenstein), aux Caraïbes (Anguilla, Aruba, Bahamas, Barbade, Bermudes, Antilles néerlandaises, Iles Caïmans, Iles Turques et Caïques, Iles vierges britanniques, Panama).

[574] Lire, DIFFO TCHUNKAM (J.), *Élucidation de la zone franche du point de vue du droit international : l'exemple du Cameroun,* Thèse de doctorat, Université René Descartes, Paris V, 1998, pp. 125-129 sur les exonérations, allègements et mesures incitatives fiscales des zones franches.

[575] On peut à ce sujet lire, Éditions FRANCIS LEFEBVRE, op. cit., n° 2450-2950 par l'énumération en Europe des pays comme la Belgique avec ces centres de coordination, de distribution et de services qui sont des espaces à régime privilégié, la France avec les investissements outre-mer, Monaco, le Portugal avec ses centres financiers offshore, les sociétés de services offshore, la Suisse pour l'activité bancaire, en Afrique avec le Maroc et la Tunisie dans la zone méditerranéenne.

[576] Ibid, p. 3.

B- La fuite des capitaux comme facteur de sous-développement

La fuite des capitaux vers les paradis fiscaux constitue de nos jours l'un des plus graves fléaux de l'évasion fiscale internationale, et un handicap sérieux pour le développement socio-économique des pays en voie de développement comme le Cameroun qui y voient passer une part importante de leurs recettes publiques. Les paradis fiscaux en tant que structures d'encouragement des fuites de capitaux liées à la fiscalité[577] (1), nuisent à la bonne gouvernance et faussent les politiques économiques[578], tout en fragilisant la stabilité sociale[579] (2).

1- Les paradis fiscaux : structures d'encouragement des fuites des recettes fiscales

Les flux de capitaux vers les paradis fiscaux proviennent généralement des sources irrégulières telles la corruption, les détournements de deniers publics, contrebande, fraude fiscale. On les qualifie de flux financiers illicites parce qu'il s'agit en réalité de l'argent gagné illégalement, et transféré ailleurs.

Pour le cas du Cameroun, ce phénomène qui s'opère au travers des détournements de fonds publics devenus aujourd'hui un véritable problème de société[580] et des transferts indirects de bénéfices, destine ces fonds soit dans des paradis fiscaux où leur localisation est difficile, soit auprès des banques occidentales. Cette situation crée ainsi des pertes fiscales au regard de la délocalisation de la matière imposable, car, les revenus qui devaient faire l'objet de taxation au Cameroun et produire de ce fait des ressources pour le trésor public se perdent soit au profit d'autres économies, soit font l'objet d'une sous taxation, et partant entraîne un enrichissement illicite de la part de son auteur. Il y

---

[577] V. HERKENRATH (M.), *« Paradis fiscaux et fuite des capitaux en provenance des pays en voie de développement : implications sociales et politiques »*, Revue d'Economie de Développement, Editions Deboeck, 2014, vol. 22, pp. 151-156.

[578] Idem.

[579] Idem.

[580] V. NCHIMI MEBU (J. C.), « La problématique de la répression de la corruption en droit camerounais », RASJ, vol. 4, N° 1, 2007, pp. 79-93. Lire également, MFOMO (S.-P), *Lutte contre la corruption au Cameroun (1990-2006) : contribution à l'étude de l'élaboration et de la mise en œuvre d'une politique publique,* Thèse de doctorat en Sciences Politiques, Université de Yaoundé II, 2005-2006.

a donc une perte des gains potentiels qui auraient pu résulter de l'investissement des capitaux partis à l'étranger[581].

Les économies des pays en voie de développement perdent à travers ce phénomène d'importantes ressources fiscales qui ne peuvent faire l'objet d'aucune récupération au regard de l'opacité qui entoure les paradis fiscaux, et qui semblent de plus en plus sollicitées de nos jours[582]. Malgré les efforts de l'OCDE qui multiplie les institutions et cadres de lutte contre ce phénomène à l'instar du « forum mondial sur la transparence des échanges d'informations à caractère fiscal », cadre dans lequel les juridictions fiscales se rencontrent chaque année pour discuter des bonnes pratiques fiscales, et les mesures à prendre pour diminuer au maximum ce phénomène.

2- La fuite des capitaux et le ralentissement des politiques économiques

La mise en place des politiques économiques nationales se fait sur la base des prévisions budgétaires qui reposent essentiellement sur la fiscalité, en tant que principal levier de financement du développement de l'État. Ces prévisions fiscales quant à elles s'appuient sur le potentiel des agents économiques, et sur le niveau de la richesse national. Or, lorsque des situations imprévues comme l'évasion fiscale provoquent une fuite des capitaux internes, il se crée un déficit qui ne permettra plus de réaliser les programmes socio-économiques qu'on s'est fixés au départ. C'est donc en cela que réside l'incidence de la fuite des capitaux sur l'investissement national[583]. La fuite des capitaux est un fléau pour notre économie et un frein majeur pour le développement du Cameroun qui, au regard de l'étroitesse de ces ressources conjuguée aux ambitions d'émergence qui sont les nôtres, compte sérieusement sur l'ensemble du potentiel fiscal qu'il regorge pour recouvrer le maximum de recettes.

---

[581] Lire, NDIKUMANA (L.), « Fuite des capitaux et paradis fiscaux : impact sur l'investissement et la croissance en Afrique », Revue d'Economie de Développement, Editions Deboeck, 2014, pp. 113-141.

[582] V. DICKINSON (B.), « Flux financiers illicites et développement », Revue d'Économie de Développement, Editions Deboeck, 2014, pp. 143-149.

[583] V. NDIKUMANA (L.), op. cit., pp. 113-141. Lire, DICKINSON (B.), op. cit., pp. 143-149.

Conclusion chapitre 2

L'évasion fiscale est un véritable fléau pour les économies du monde en général et celle du Cameroun en particulier. Il existe de nos jours un débat persistant sur sa légalité ou non. Il s'agit d'une réalité dévastatrice qui contribue fortement au sous-développement par la délocalisation des richesses et des recettes.

En effet, comme le révèle le Professeur Maurice COZIAN, l'évasion fiscale relève du domaine du vide juridique, car, l'entreprise, pour éluder l'impôt, exploite les vides juridiques et se met alors dans une posture d'évitement légal de l'impôt [584]; ce qui consacre l'évasion fiscale comme un phénomène légal, mais frauduleux. C'est donc au détour de son aspect frauduleux que ses manifestations font l'objet de sanction légale, et non sur le paramètre légal qui n'est en rien violé. Ses formes et manifestations sont multiples, avec la délocalisation d'entreprises et de bénéfices vers les paradis fiscaux.

Bien évidemment, cette expatriation de bénéfices vers des paradis fiscaux constitue une fuite des capitaux préjudiciable au développement national.

---

584 COZIAN (M.), « La gestion fiscale et l'abus de droit », Revue française de comptabilité, n° 229, Décembre 1991, p. 18 : « pour que l'on puisse parler d'évasion fiscale proprement dite, il faut pénétrer dans la zone extra-légale, là où la loi n'a tracé aucun interdit, ni davantage indiqué les voies que les contribuables sont autorisés à emprunter. C'est le domaine du non légiféré, le contribuable se prend en charge lui-même ».

Conclusion titre 2

La question fondamentale ici est celle de savoir comment la fraude et l'évasion fiscales peuvent freiner et même empêcher le développement des entreprises et de l'État.

La réflexion qui a suivi nous conforte dans cette idée pour ce qui est du Cameroun à deux niveaux :

- Premièrement, les deux phénomènes contribuent à délester l'État des ressources nécessaires pour son développement. La croissance exponentielle du secteur informel de même que la tendance poussée des opérateurs économiques à exercer dans la clandestinité renforcent bien la perception d'un cadre juridique inadapté à la réalité économique, ainsi qu'une fiscalité lourde et excessive. Toute chose qui tend à encourager une concurrence déloyale[585] entre les entreprises citoyennes et celles clandestines, contribuant alors à faire subir toute la pression fiscale aux seules entreprises connues qui, sous l'effet de cette surcharge, seraient contraintes à se retrouver en cessation des paiements.
- Deuxièmement, si la fraude et l'évasion fiscales procèdent de deux logiques juridiques différentes quant à leur caractère légal, elles ont toutes pour dénominateur commun l'intention frauduleuse, qui impose alors une répression rigoureuse de ces phénomènes si l'on veut voir prospérer l'économie nationale et internationale. Les États semblent résolument engagés et déterminés dans cette voie. En interne, les mécanismes juridiques de lutte et de répression de ces phénomènes sont envisagés[586]. À l'international, la signature entre les États des accords bilatéraux et multilatéraux[587] allant dans ce sens à l'instar du forum mondial sur la transparence et l'échange des renseignements à des fins fiscales auquel le Cameroun est signataire, et qui vise à combattre le secret bancaire et les paradis fiscaux contribue à renforcer cette vision.

---

585 SELCUK ALTINDAG, *La concurrence fiscale dommageable : la coopération des États membres et des autorités communautaires,* L'Harmattan, Paris, 2011, 440 p. RENARD (G.), *Les règles communautaires en matière d'aides d'État et la fiscalité,* L'Harmattan, Paris, 2008, 178 p.

586 Articles L 107 et suivants LPF.

587 Lire, Forum mondiale sur la transparence et l'échange des renseignements à des fins fiscales, créé en 200 au niveau de l'OCDE, vise à lutter contre la fraude et l'évasion fiscales internationales. Le Cameroun y est depuis 2014.

Conclusion première partie

Comment la fiscalité peut-elle être un instrument de développement et d'attractivité des investissements ? Telle est la question centrale qui a guidé notre réflexion tout au long de cette partie. Après une analyse rigoureuse appuyée sur des éléments de sécurité juridique et judiciaire des investissements, de la modernisation des pratiques administratives, mais aussi et surtout d'une lutte efficace et acharnée contre la fraude et l'évasion fiscales, on pourrait arriver à attirer suffisamment d'investissement, et élargir de matière substantielle l'assiette fiscale, et permettre ainsi à l'État de mettre en œuvre ses politiques publiques.

Conclusion première partie

[illegible]

Seconde partie

UNE FISCALITÉ COMMUNAUTAIRE EFFECTIVE : EXIGENCE POUR UN DÉVELOPPEMENT ÉCONOMIQUE GLOBAL

Le nouveau contexte des affaires aujourd'hui en Afrique impose une prise en compte effective et suffisante de la libre circulation des biens et services. Cela est nécessaire pour répondre efficacement à la modernisation et la mondialisation économique des affaires[588]. Il faudrait, pour y arriver, dépasser le cap du souverainisme fiscal des États qui semble fortement ancré[589], et apparaît même inopérant de nos jours, pour s'installer véritablement dans des regroupements communautaires à caractère économique, et juridiquement bien structurés.

L'État aujourd'hui et plus qu'hier, ne peut pas évoluer en autarcie[590]. Les États d'Afrique, et le Cameroun avec l'ont compris[591], d'où la multitude d'organisations d'intégration à caractère juridique et

---

[588] LEROY (M.), *Mondialisation et fiscalité, la globalisation fiscale*, L'Harmattan, Paris, 2006, p. 8 : les deux principales caractéristiques de la mondialisation économique sont l'intensification des échanges internationaux et l'apparition d'une sphère financière globale auxquelles sont associés les phénomènes d'intégration des marchés et des bourses, de déréglementation, de localisation, d'interdépendance, de concurrence et de dumping.

[589] Lire, TONGA (D.), *Recherches sur la conformité du droit national au droit communautaire de la CEMAC : le cas de la Taxe sur la Valeur Ajoutée*, Mémoire de DEA en droit public, Université de Yaoundé ll (Soa), 2008. Lire également, RENARD (G.), *Les règles communautaires en matière d'aides d'Etat et la fiscalité*, L'Harmattan, Paris, 2005, p. 35.

[590] Lire, BEGNI BAGAGNA, *L'harmonisation des politiques fiscales en zone CEMAC : esquisse de théorie du droit fiscal communautaire*, Thèse de doctorat en droit, Université de Douala, 2012, p. 3.

[591] V. ZOGBELEMOU TOGBA, *Droit des organisations d'intégration économique en Afrique (CEDEAO-CEMAC-UEMOA-ZMAO),* L'Harmattan, Paris, 2014, p. 22.

économique qui ont vu le jour jusqu'ici, à l'instar de l'OHADA, la CEMAC et la CEDEAO pour n'en citer que celles-là[592].

Envisager le tracé des chemins juridiques d'une fiscalité communautaire dans un contexte purement africain répond à une double problématique : d'une part, il s'agit non pas de restreindre ou de méconnaître quelques compétences que ce soit à l'État dans la détermination en toute autonomie de ses politique et option fiscales pour engranger le maximum de ressources nécessaires pour son développement[593], mais plutôt d'entrevoir dans le cadre du développement d'une communauté d'États la mise en place des règles fiscales communes au regard aujourd'hui de l'implantation des sociétés de groupe dans plusieurs États appartenant à un espace communautaire régional ou sous régional commun, ceci pour éviter une concurrence fiscale dommageable préjudiciable au développement global[594]. D'autre part, il importe de trouver un cadre structurel[595] et structurant[596] pour efficacement imposer un droit fiscal communautaire au regard des enjeux actuels de la mondialisation de l'économie sans toutefois dénier à l'État son pouvoir fiscal[597].

---

[592] Idem.

[593] GUY ISAAC, *Droit communautaire général,* 7è édition, Dalloz, Paris, 1999, p. 203, relativement à la participation des autorités nationales à la mise en œuvre du droit communautaire.

[594] V. SELCUK ALTINDAG, *La concurrence fiscale dommageable : la coopération des États membres et des autorités communautaires*, L'Harmattan, Paris, 2011, 440 p.

[595] On s'intéressera principalement ici au droit fiscal communautaire de la CEMAC, cadre structurel communautaire auquel appartient le Cameroun. Nous ne manquerons pas pour étayer nos analyses, de nous référer à la CEDEAO, qui en Afrique occidentale en tant qu'organisation d'intégration économique a déjà des résultats fort élogieux, et qui avec la CEMAC constitue l'ossature de l'OHADA.

[596] Lire, LAMBERT (T.), « Quelle fiscalité pour des projets planétaires ? », in (dir) LEROY (M.), *Mondialisation et fiscalité, la globalisation fiscale*, op. cit., p. 29 : les conventions fiscales internationales sont les outils privilégiés pour la mise en œuvre du droit fiscal communautaire. Dans le cas d'espèce, ce droit communautaire procédera soit par harmonisation soit par unification. V. également, GUY ISAAC, *Droit communautaire général*, op. cit., p. 166-167, sur les caractères du droit communautaire à savoir : l'applicabilité immédiate du droit communautaire, la primauté du droit communautaire sur le droit national. V. TOGOLO (O.), « L'harmonisation fiscale, une dynamique de changement à la portée de tous les pays ? », Revue camerounaise de relations internationales, vol. 5, 1998, n° 1-2, p. 113.

[597] LEROY (M.), *Mondialisation et fiscalité, la globalisation fiscale,* op. cit., p. 8. MEYONG ABATH (R.A.), *L'harmonisation fiscale et douanière en zone CEMAC,*

Pourquoi un droit fiscal communautaire, et comment envisager sa mise en œuvre concrète à l'échelle africaine ?[598] Telle semble être la préoccupation centrale des réflexions qui vont suivre et qui reposent fondamentalement sur deux déterminants majeurs : le droit fiscal communautaire en tant que dynamique globale de développement (titre 1), et l'esquisse d'une fiscalité africaine en tant qu'exigence pour un développement réel de l'Afrique (titre 2).

fiscalité communautaire en Afrique centrale (Cameroun, Centrafrique, Congo, Gabon, Guinée Equatoriale, Tchad), EUE, Berlin, 2011, p. 13. Lire enfin, BEGNI BAGAGNA, op. cit., p. 3. MOUANGUE KOBILA (J.), « Les nouvelles dynamiques de l'intégration en Afrique Centrale », communication au colloque de l'Institut de France à Paris, les 15 et 16 octobre 2010 par l'association des internationalistes. http : //www.bing.com./search.

[598] V. MAITROT DE LA MOTTE (A.), « La construction de l'Europe fiscale par la Cour de Justice des Communautés Européennes : l'exemple des impôts directs », in (dir), LEROY (M.), op. cit., pp. 190-191.

TITRE 1

LE DROIT FISCAL COMMUNAUTAIRE : UNE DYNAMIQUE GLOBALE DE DÉVELOPPEMENT

« Les États africains se sont engagés dans divers processus d'intégration qui, dans leurs derniers développements, entendent construire de véritables ordres juridiques »[599]. Il s'agit précisément d'une dynamique intégrative dans le cadre des communautés économiques ayant pour objectif principal la promotion et le développement des rapports économiques, sociaux et politiques afin de créer à terme un véritable marché commun qui se caractériserait par la libéralisation des mouvements des biens et services[600].

La mondialisation de l'économie aujourd'hui contribue à renforcer cette vision d'intégration[601] dont le socle fondamental réside dans le

---

[599] Lire, TOGBA ZOGBELEMOU, *Droit des organisations d'intégration économique en Afrique (CEDEAO-CEMAC-UEMOA-ZMAO),* L'Harmattan, Paris, 2014, p. 181, Citant, MEYER (P.), lors de sa communication sur « Les conflits de juridictions dans les espaces OHADA, UEMOA et CEDEAO » in Actes du séminaire « sensibilisation au droit communautaire de l'UEMOA » à Ouagadougou, du 6 au 10 octobre 2003. L'auteur distinguant alors les communautés économiques de première génération caractérisées par la prépondérance du règlement politique des litiges avec la prééminence des politiques sur le droit, et d'autre part les communautés économiques de seconde génération, les plus récentes qui reposent essentiellement sur les principes de supranationalité et la prééminence du droit dans la résolution des litiges.

[600] TOGBA ZOGBELEMOU, op. cit., p. 41, où il est démontré que le marché commun suppose : une Union douanière, une libre circulation des marchandises et facteurs de production et une harmonisation et adoption de politiques économiques communes. V. également, DIATA (H.), N'GAKOSSO (A.), « L'intégration et la nécessité d'une transition fiscale : cas de la TVA dans les pays de l'Union africaine », www.memeoireonline.com, consulté le 4 août 2016 à minuit.

[601] LEROY (M.), *Mondialisation et fiscalité, la globalisation fiscale,* op. cit., p. 8, où l'auteur relève que : « les deux principales caractéristiques de la mondialisation

développement des flux commerciaux transfrontaliers qui ignorent la configuration territoriale de l'État[602].

Le monde moderne des affaires aujourd'hui se caractérise fondamentalement par le dépassement des frontières, la fin des territoires nationaux[603]. Les États, aujourd'hui plus qu'hier, ont compris qu'aucun développement quel qu'il soit n'est envisageable en dehors du cadre communautaire. On est bien là dans la *« communautarisation du développement »*[604] ou encore *« l'internationalisation du développement »*. Cela suppose, *a contrario,* que les entités étatiques qui persistent dans la logique de l'autarcie sont appelées à disparaître, ou mieux à demeurer des éléments marginaux de la communauté internationale. Seulement, dans ce cadre où les États sont appelés à céder une partie de leur souveraineté au profit de la communauté, il est nécessaire que l'encadrement juridique de ce transfert de compétences et l'usage par les instances communautaires de ce droit délégué soient bien structurés pour être profitables à tous dans une dynamique de progrès.

On assiste de plus en plus, dans le contexte actuel des affaires, à la délocalisation d'entreprises appartenant à un même groupe à l'intérieur d'un espace communautaire[605], soit dans le but d'élargir ses parts de marché dans d'autres États de la même communauté économique ou d'une autre communauté, soit alors dans le but de prospecter sous d'autres cieux pour en apprécier le niveau de rentabilité, ou encore du fait d'une fiscalité avantageuse. Lorsque les États membres d'un même espace économique ou juridique ne parlent pas d'une seule et même

---

économique sont l'intensification des échanges internationaux et l'apparition d'une sphère financière globale, auxquelles sont associés les phénomènes d'intégration des marchés et des bourses, de déréglementation, de délocalisation, d'interdépendance, de concurrence et de dumping ».

602 TOGBA ZOGBELEMOU, op. cit., p. 45, Cit. BENNAFLA (K.), « La fin des territoires nationaux ? État et commerce frontalier en Afrique Centrale », in Politique africaine, 1999, n° 73, pp. 25-49.

603 Idem.

604 C'est une idéologie soutenue par les défenseurs de la mondialisation et la globalisation de l'économie, et selon laquelle le véritable développement transcende les frontières étatiques qui ne sont plus qu'une vue de l'esprit pour accorder plus d'intérêt aux regroupements communautaires à caractère économique ou juridique à l'intérieur desquels l'État s'affirme plus dans une perspective évolutive au contact des autres et de leurs atouts.

605 LEROY (M.), op. cit., p. 8.

voix, ces situations engendrent une concurrence fiscale dommageable préjudiciable au développement global de la communauté[606]. Pour éviter cela, l'option favorable est celle d'une véritable intégration économique.

L'un des aspects clés de cette vision d'intégration économique aux fins de développement semble être la fiscalité, en tant qu'instrument de production de ressources financières nécessaires pour le développement d'une part, et en tant qu'élément de régulation de l'économie dans l'espace d'autre part. Ainsi, le droit fiscal communautaire, en tant qu'instrument de développement par la fiscalité des États, ne peut être appréhendé en dehors des canaux du droit communautaire général qui en fixe le cap[607].

Aussi, serait-il important dans cette réflexion d'envisager tout d'abord le respect des règles de droit communautaire général en tant que source d'inspiration de la fiscalité communautaire (chapitre 1), puis s'intéresser à la lutte contre la concurrence fiscale dommageable entre les États comme stratégie de développement par la fiscalité communautaire (chapitre 2).

---

[606] Lire, RENARD (G.), *Les règles communautaires en matière d'aides d'État et la fiscalité,* op. cit., p. 43. L'auteur relève que les disparités des législations fiscales sont à l'origine de la concurrence fiscale qui tend à résorber les ressources budgétaires, et diminue la capacité de ces législations à se réformer. V. également, CASTAGNEDE (B.), *La politique fiscale,* PUF, coll. « Que sais-je ? », 2008, 105 p.

[607] MAITROT DE LA MOTTE (A.), *Souveraineté fiscale et construction communautaire. Recherche sur les impôts directs,* L.G.D.J. coll. « Bibliothèque de Science Financière », 2005, p. 139.

Chapitre 1 :

Le développement par le respect du droit communautaire général

Le droit fiscal communautaire tire sa source, ses fondements et toute sa démarche du droit communautaire général. En tant que tel, dans un contexte où les communautarismes à travers le monde apparaissent comme incontournables et déterminants dans les processus de développements économiques, l'Afrique en général au niveau continental et les différents regroupements à l'échelle régionale et sous régionale africains l'ont compris, d'où les multiples communautarismes existant en Afrique. Pour parvenir ainsi à ce développement global et concerté, le respect des règles et principes du droit communautaire général s'impose. Aussi nous nous intéresserons d'une part à la consistance de ce droit communautaire, en d'autres termes les actes juridiques communautaires (section 1), et d'autre part les caractères du droit communautaire (section 2).

Section 1- Les actes juridiques communautaires

Le droit communautaire, en tant qu'ensemble de règles juridiques applicables à une communauté, est constitué de deux catégories d'actes : les actes juridiques relevant du communautarisme primaire ou originaire (paragraphe 1), et ceux relevant du communautarisme dérivé (paragraphe 2)[608].

Paragraphe 1- Les actes juridiques relevant du communautarisme primaire

Le droit communautaire primaire ou originaire est constitué de deux catégories d'actes : le traité originaire, celui qui est à la naissance de la communauté (A), et les traités et actes modificatifs (B).

---

[608] ISAAC (G.), op. cit., p. 119. TOGBA ZOGBELEMOU, op. cit, p. 181. Lire enfin, VAPAILLE (L.), « Harmonisation fiscale et rapprochement des législations, ou de l'inadéquation des moyens aux objectifs », in (dir) LEROY (M.), *Mondialisation et fiscalité, la globalisation fiscale,* op. cit., pp. 124-125.

A- Le traité originaire ou fondateur du communautarisme

Il s'agit précisément ici des actes fondateurs de la communauté. En d'autres termes, du Traité qui est à la naissance d'une communauté.

Dans le cadre de la CEMAC, il s'agit du Traité du 16 mars 1994 révisé en 2008. En effet, s'agissant de la CEMAC, par les dispositions du Traité fondateur de la CEMAC signé en 1994 à N'djamena, les États membres entendent passer de l'étape de coopération qui existe déjà, à une véritable intégration économique devant conduire à terme à un marché commun[609]. Si ce souhait reste jusqu'ici une simple œuvre législative louable, sa matérialité reste encore vivement attendue[610], et les chemins de sa concrétisation semblent d'ailleurs très tortueux au regard du manque de volonté politique manifeste qui caractérise les politiques des États membres[611]. Les égoïsmes étatiques sont forts, ce qui explique dans l'espace CEMAC le fort penchant vers la coopération plutôt qu'à l'intégration véritable[612]. La nécessité de faire le pas vers l'intégration véritable s'impose aujourd'hui si les entreprises de notre espace ainsi que nos États veulent répondre efficacement à la concurrence de la mondialisation et la globalisation économique. Il est important de relever qu'à côté de ce manque de volonté politique, on peut également noter, et ceci de façon sérieuse, les bases juridiques et économiques des régionalismes africains qui ne reposent pas fondamentalement sur les réalités propres à ces régions[613], d'où toutes les difficultés souvent observables au moment de leur implémentation concrète[614].

Il s'agit alors de passer des simples intentions aux actes concrets. Cela suppose de la part du législateur communautaire l'édiction de

---

609 BEGNI BAGAGNA, op. cit., p. 107. Lire, Article 1 Traité fondateur de la CEMAC. KENFACK (J.), *Les actes juridiques des communautés et organisations internationales d'intégration en Afrique Centrale et Occidentale,* Thèse de doctorat en droit, Université Yaoundé II (SOA), 2003, 415p.
610 Idem.
611 Idem.
612 Lire, IREH ASSIM (T.), *La TVA en Afrique Centrale*, op. cit., p. 462.
613 Lire, OYAYA (J. R.), « L'oubli des réalités régionales dans l'intégration en Afrique centrale : le cas de la CEMAC », in *Mondes en développement,* vol. 3, n° 115-116, 2001, pp. 103-113. Selon l'auteur, les expériences d'intégration économique en Afrique centrale francophone reposent sur des bases politiques et économiques inappropriées, et surtout la marginalisation des réalités régionales au moment de la conception de ces dynamiques d'intégration.
614 Idem.

normes suffisamment contraignantes pour les États membres qui ont accepté de céder une partie de leur souveraineté au profit de la communauté dans le but d'atteindre des objectifs communautaires précis, mais également par la détermination précise du champ d'application des actes communautaires. Ainsi, l'article 1 du Traité CEMAC consacre la volonté de mise en place d'une véritable intégration économique[615], qui passe inévitablement par l'harmonisation des politiques et législations des États membres[616]. L'un des leviers incontournables et essentiels en matière d'intégration économique reste et demeure la fiscalité.

Les règles des traités se situent au sommet de la hiérarchie de l'ordre juridique communautaire. Elles prévalent à l'égard de l'ensemble des autres sources du droit communautaire sans exception[617], en l'occurrence le droit dérivé dans son ensemble, de même que les autres sources du droit communautaire issues du droit communautaire subsidiaire à l'instar de : la coutume, les principes généraux de droit, l'équité, la doctrine et la jurisprudence[618].

Rentrent également dans le droit communautaire primaire, les actes et traités modificatifs.

B- Les actes et traités modificatifs

Il s'agit ici des modifications et compléments apportés aux traités originaires, et pouvant résulter des traités proprement dits, ou d'actes des institutions communautaires, exigeant une ratification par les États membres[619].

Dans le cadre de la CEMAC, il s'agit du traité du 16 mars 1994 révisé en 2008, des conventions UEAC et UMAC, des conventions créant le Parlement, la Cour de justice et la Cour des Comptes de la CEMAC.

Dans le cadre de l'UEMOA, le traité du 10 janvier 1994 révisé en 2003, les protocoles 1 et 2 du 10 janvier 1994 relatifs aux organes de contrôle et aux politiques sectorielles de l'UEMOA, le protocole

615 Article 1 traité CEMAC.
616 Préambule du traité CEMAC.
617 ISAAC (G.), op. cit., p. 125.
618 TOGBA ZOGBELEMOU, op. cit., pp. 209-218.
619 ISAAC (G.), op. cit., p. 120.

additionnel 3 du 10 mai 1996 relatif aux privilèges et immunités de l'Union, l'accord d'adhésion de la Guinée Bissau du 5 mars 1997, le traité du 29 janvier 2003 créant le parlement de l'Union.

Dans le cadre de la CEDEAO, le traité révisé de 1993, 2001, 2006 et 2008, les protocoles créant le Parlement, la Cour de justice.

Que ce soit dans l'un ou dans l'autre cas, il s'agit d'actes venant en complément ou en modification du traité fondateur, et qui fait partie intégrante de ce dernier dès ratification et réception dans le droit interne de l'État membre suivant les modalités consacrées en interne.

Cette revue rapide nous a semblé nécessaire en raison du fait qu'il s'agit dans ces différents cas d'organisations d'intégration sous régionales dont l'ensemble des Etats sont membres de l'OHADA.

Les différents actes pris par les institutions communautaires dans les divers domaines et secteurs dont la fiscalité, doivent l'être en conformité aux règles du traité fondateur suivant le principe de la hiérarchie des normes communautaires.

Paragraphe 2- Les actes juridiques relevant du communautarisme dérivé

Il s'agit des actes pris par les organes et institutions communautaires dans le cadre de l'exercice des compétences qui leur sont reconnues[620]. En tant qu'actes juridiques dérivés, ils doivent être pris conformément au principe de la hiérarchie des normes, c'est-à-dire conformes au Traité fondateur.

De façon succincte, le droit communautaire dérivé s'élabore autour d'une catégorie précise d'actes pouvant être classés en deux catégories : les actes du droit dérivé unilatéral (A), et les actes du droit dérivé conventionnel (B).

A- Les actes du droit dérivé unilatéral

Les actes unilatéraux des institutions constituent le deuxième ensemble des sources du droit communautaire. On ne se trouve plus ici en face d'un droit conventionnel, mais d'un droit légiféré, c'est à dire d'un corps de règles sécrétées par la communauté elle-même[621].

620 TOGBA ZOGBELEMOU, op. cit., p. 184.
621 ISAAC (G.), op. cit., p. 127.

Dans cette catégorie, nous avons deux types d'actes : les actes obligatoires et les actes non obligatoires.

Au rang des actes obligatoires, nous avons :

- Les Actes additionnels : ce sont des actes pris par la Conférence des Chefs d'État et de Gouvernement, et qui s'imposent aux organes et institutions communautaires ainsi qu'aux États membres. En principe, l'acte additionnel pris par la Conférence des Chefs d'État et de Gouvernement rentre dans le bloc du droit primaire, parce que souvent pris en complément de l'acte fondateur. Par ailleurs, en l'absence de ratification, et parce que pris par un organe communautaire, il se rattache au droit dérivé[622].

- Les Règlements quant à eux sont des actes pris par les Conseils des ministres ou par les Commissions[623]. Le règlement se caractérise par trois éléments : il a une portée générale (il contient des prescriptions générales et impersonnelles)[624], il est obligatoire dans tous ses éléments (il doit s'appliquer dans son intégralité ; par le règlement, l'organe communautaire peut imposer un résultat, et les modalités pour y parvenir), et enfin, il est directement applicable dans tous les États membres. Il s'insère automatiquement dans l'ordre juridique interne[625].

- Les Directives ; elles participent de la technique de l'harmonisation juridique. Ainsi, dans la production d'une directive, la communauté et les États se complètent. La directive n'a pas de portée générale. Elle impose aux États l'obligation de résultat, à la différence du règlement, elle offre une liberté quant aux choix des moyens et modalités à mettre en œuvre pour y parvenir[626].

- Les Décisions ; elles sont prises par les Conseils des ministres, la Conférence des Chefs d'État et de Gouvernement, et s'adressent à des destinataires bien limités, déterminés et identifiés[627].

---

622 ISAAC (G.), op. cit., pp. 127-128. TOGBA ZOGBELEMOU, op. cit., p. 188.
623 Article 40-CEMAC.
624 ISAAC (G.), op. cit., p. 128. TOGBA ZOGBELEMOU, op. cit, p. 193. Lire enfin, MEYER (P.), *« Les sources et le champ du droit communautaire »*, op. cit., p. 77.
625 Idem.
626 TOGBA ZOGBELEMOU, op. cit., pp. 194-196. VAPAILLE (L.), op. cit., p. 129.
627 Ibid, p. 199.

Il est de plus en plus difficile de prendre des actes communautaires en matière fiscale permettant d'encadrer ou d'accompagner l'intégration[628]. Les États montrent un attachement fort à leur souveraineté fiscale qu'ils n'entendent pas troquer aussi facilement sous le prétexte de l'intégration. Il serait important aujourd'hui, au niveau de la CEMAC, de passer le cap de la simple coopération à une intégration véritable dont la finalité serait la mise en place d'un marché commun avec une libre circulation des biens et services. Cela suppose comme préalable aux fins d'efficacité, une fiscalité harmonisée dans la zone, mais, aussi et surtout un niveau de développement sensiblement égal.

En l'état actuel, la directive semble être l'acte juridique communautaire par excellence dans le cadre de l'harmonisation fiscale en CEMAC[629]. Ce n'est que rarement qu'on fait recours aux règlements dans ce cadre[630]. Tout compte fait, ces différents actes sont pris conformément à l'Acte additionnel portant convention fiscale entre les États de la CEMAC[631].

S'agissant des actes non obligatoires du droit communautaire dérivé, ils ne comportent aucune obligation ni pour leur auteur ni pour leur destinataire et ne sont susceptibles d'aucun recours juridictionnel. On peut citer :

- Les avis et recommandations ;
- Les actes des Parlements communautaires ;
- Les actes atypiques (les déclarations, les prises de position, les communiqués finaux, les délibérations communes).

B- Les actes du droit dérivé conventionnel

Il s'agit précisément ici des accords conclus par des communautés en tant que sujets de droit international ; accords soumis aux règles du

---

[628] VAPAILLE (L.), op. cit., p. 125.

[629] Directive n° 01/04-UEAC-177 du 30 juillet 2004 relative à l'IRPP. Directive n° 02/01/UEAC-050-CM-06 du 03 août 2001 relative à l'IS. Directive n° 07/11-UEAC-028-CM-22 du 19 décembre 2011 portant révision de la Directive n° 1/99/CEMAC-028-CM-03 du 17 décembre 1999 relative à la TVA et droits d'accises.

[630] Règlement n° 17/99/CEMAC-20-CM-03 du 17 décembre 1999 relative à la Charte des Investissements.

[631] V. Acte n° 05/66 UDEAC-49 du 13 décembre 1966 portant Convention fiscale. Repris dans le cadre de la CEMAC.

droit international (cf. articles 13 et 104-UEMOA ; articles 78, 79, 82 et 83-CEDEAO ; articles 8, 9, et 56-CEMAC).

Section 2- Les caractères du droit communautaire

« L'efficacité du droit communautaire commande de lui conférer certains caractères dans les relations qu'il doit entretenir avec les ordres juridiques internes. Il ne suffit pas, en effet, de créer des normes communautaires pour en asseoir l'efficacité ; il faut encore que le régime juridique fixant l'applicabilité de ces normes communautaires assure leur prééminence par rapport aux normes internes. Il est donc nécessaire que, dans l'ordre interne des États, la norme communautaire soit immédiatement et directement applicable et que sa supériorité hiérarchique par rapport aux normes juridiques internes soit affirmée et concrétisée »[632]. Le Professeur Pierre MEYER le relevait déjà si bien pour ressortir les caractères du droit communautaire qui résident alors dans l'applicabilité immédiate et directe du droit communautaire (paragraphe 1) ainsi qu'à la primauté du droit communautaire (paragraphe 2).

Paragraphe 1- L'application immédiate et directe du droit communautaire

Nous distinguerons ici l'intégration immédiate du droit communautaire dans l'ordre juridique interne (A), de l'effet direct du droit communautaire dans le droit national des États membres (B).

---

[632]TOGBA ZOGBELEMOU, op. cit., p. 219, Cit. MEYER (P.), « Les sources et le champ d'application du droit communautaire », in Actes du séminaire sur *Le rôle des juridictions nationales dans la mise en œuvre du traité de l'UEMOA*, Ouagadougou, 27 au 30 novembre 2001, pp. 73-93. V. également ISAAC (G.), op. cit., p. 166. BEGNI BAGAGNA, op. cit., p. 20. Selon l'auteur, la communautarisation des politiques fiscales constitue prioritairement un enjeu de modernisation économique et de développement des Etats africains, dans la mesure où, les caractères du droit communautaire qui s'applique à la fiscalité s'imposent aux Etats membres et s'intègrent dans leur dispositif interne. Cet espace plus large offre ainsi aux entreprises un terrain de compétitivité pour s'affirmer et s'améliorer au contact des autres, et de faire de l'expérience acquise un atout de croissance.

A- L'intégration immédiate du droit communautaire dans le droit national des États

Il est important de préciser que, l'un des éléments marquants du droit communautaire par rapport au droit international est son application immédiate, toute procédure de réception interne étant nulle, voire proscrite[633]. En effet, en fait de droit communautaire, si les actes additionnels, les règlements et les décisions s'appliquent d'office[634], s'agissant des directives, parce qu'elles offrent aux États la liberté des moyens à mettre en œuvre pour atteindre l'objectif visé, elles doivent au préalable faire l'objet d'une transposition, c'est-à-dire d'une prise en compte ou d'un acte d'exécution en droit interne. La compétence ainsi reconnue aux Etats en matière de directives est une compétence d'exécution et non une compétence de réception. C'est dire que les États ont l'obligation immédiate d'appliquer en interne les directives dès leur publication au journal officiel de la communauté.

« Le droit international à la différence du droit communautaire ne règle pas lui-même les conditions dans lesquelles les normes contenues dans les traités doivent être intégrées dans l'ordre juridique des États ni les modalités selon lesquelles ces normes seront appliquées par les autorités publiques et les organes juridictionnels de chacun d'eux. C'est à chaque État qu'il revient de régler la question de l'introduction et de la réception du droit international dans son ordre interne selon ses propres règles constitutionnelles… Le droit communautaire est au contraire fondé sur la conception moniste selon laquelle la norme internationale s'applique immédiatement, en tant que telle, sans réception ni transformation dans l'ordre interne »[635]. Il y a donc une différence fondamentale dans la réception en droit interne des États, des conventions fiscales internationales et des traités, règlements et directives de droit fiscal communautaire. Si les seconds s'appliquent d'office, immédiatement sans toute autre forme de procédure, il n'en va pas de même des premières.

On peut alors sur la base de cet ensemble d'éléments comprendre la raison pour laquelle le législateur fiscal de la CEMAC a choisi comme moyen d'action communautaire privilégié en matière fiscale la directive. Bien évidemment, il s'agissait par cette démarche de

---

633 Idem.

634 TOGBA ZOGBELEMOU, op.cit., p. 220.

635 Idem.

restreindre au maximum la marge de manœuvre de la communauté sur la souveraineté fiscale des États. Car une fois adopté, le résultat final des directives fiscales dépend de la seule volonté des États qui peuvent alors le retarder au maximum. Cela pourrait même justifier le penchant coopératif plutôt qu'intégratif de la CEMAC.

À l'analyse profonde, la mise en œuvre des règlements en matière fiscale en tant qu'acte juridique communautaire serait plus déterminante dans le processus d'intégration, ce qui ouvrirait plus vers une uniformisation plutôt qu'à une harmonisation des législations. Seulement, tous les États membres n'ayant pas un même niveau de développement socioéconomique, cela peut s'avérer préjudiciable pour certains dans l'optique de création effective d'un marché intérieur commun. Pour résoudre efficacement ce problème, la bonne volonté des politiques s'impose[636] dans l'application et la mise en œuvre des actes communautaires harmonisés qui pourraient progressivement installer la zone dans un équilibre fiscal où il est mis en place une politique fiscale commune, et des taux d'imposition fluctuant dans un intervalle précis et connu en fonction des particularismes des États.

B- L'effet direct du droit communautaire dans le droit interne des États

S'agissant du second déterminant qui est l'effet direct des actes communautaires dans le droit interne des États, il suppose le droit pour une personne physique ou morale d'exiger du juge dans le cadre d'un contentieux de lui appliquer la norme communautaire, quelle que soit la position du législateur national. Pour cela, cette norme se doit d'être claire, précise et inconditionnelle. Seulement, en matière de directive, au regard de la liberté d'usage des moyens adaptés au cadre juridique interne pour atteindre la finalité attendue, même en présence d'une directive claire et précise, l'application directe n'est pas possible en l'absence d'une transposition au plan national[637].

Il faut par ailleurs rappeler qu'à la différence des règlements, les directives s'adressent aux États et leurs démembrements. Ainsi, l'effet direct peut être invoqué à l'égard de l'État et pas à l'égard des personnes privées s'agissant des directives.

---

[636] BEGNI BAGAGNA, op. cit., p. 107.
[637] Ibid, p. 222.

Paragraphe 2- La primauté du droit communautaire

Nous nous intéresserons ici au principe (A) d'une part, et à la portée (B) de ce principe d'autre part.

A- Le principe de la primauté du droit communautaire

Cette primauté du droit communautaire a été consacrée par la Cour de Justice des Communautés Européennes (CJCE) dans l'arrêt Costa c/ENEL du 15 juillet 1964[638]. Cette primauté suppose qu'une fois une norme communautaire prise, celle-ci a une prééminence sur les règles nationales antérieures ou postérieures qui lui sont contraires[639]. Trois arguments justifient cette position :

- L'applicabilité immédiate et directe serait ineffective si un État pouvait se soustraire par un acte législatif opposable aux textes communautaires ;
- L'unité de l'ordre juridique communautaire implique l'uniformité d'application du droit communautaire ;
- L'attribution des compétences aux communautés limite les droits souverains des États membres.[640]

La question de la primauté a été résolue dans le traité UEMOA[641], et le traité CEMAC[642].

B- La portée de la primauté

Les États ont le devoir de veiller à ce qu'une norme de droit national incompatible avec la norme de droit communautaire ne puisse être valablement opposée à celle-ci. Cette obligation est le corollaire de la

---

[638] Lire, TOGBA ZOGBELEMOU, op. cit., p. 223. En l'espèce, il s'agissait d'un conflit entre certaines dispositions du traité CEE et la loi italienne de nationalisation de l'électricité du 06 septembre 1962 (conflit entre le droit communautaire et une loi nationale postérieure). V. ISAAC (G.), op. cit., p.185.

[639] Idem.

[640] Ibid, p. 223.

[641] Article 6- UEMOA : « les actes arrêtés par les organes de l'Union pour la réalisation des objectifs du présent traité et conformément aux règles et procédures instituées par celui-ci, sont appliqués dans chaque État membre nonobstant toute législation nationale contraire, antérieure ou postérieure ».

[642] Articles 9- UEAC et 7- UMAC : « les actes juridiques pris par les organes de l'Union Économique et les institutions spécialisées de celle-ci pour la réalisation des objectifs de la présente convention, sont applicables dans chaque État membre ».

supériorité de la norme communautaire sur la norme interne. La primauté signifie donc en définitive que les règles de droit communautaire d'application immédiate et directe sont prioritaires dans l'ordre juridique interne de chaque État. Elles doivent être appliquées dès leur entrée en vigueur et ceci en dépit de loi nationale incompatible antérieure ou postérieure.[643]

Conclusion chapitre 1

Il nous a paru important, à l'entame de cette seconde partie consacrée à l'effectivité d'une fiscalité communautaire comme instrument de développement économique global de l'espace de l'OHADA à travers les zones CEMAC et UEMOA, et partant de l'Afrique, de nous intéresser de manière rapide, mais particulière au droit communautaire général en tant que socle du droit fiscal communautaire. L'énoncé des règles et actes juridiques communautaires, de même que les caractères du droit communautaire étant déterminant dans la compréhension et la saisie des phénomènes et mécanismes qui fondent l'idée de l'effectivité d'un droit fiscal communautaire comme instrument primordial de développement économique global du communautarisme africain, avec en bonne place le développement par la lutte contre la concurrence fiscale dommageable en son sein.

---

643 TOGBA ZOGBELEMOU, op. cit., p. 224.

Chapitre 2 :

Le développement par la lutte contre la concurrence fiscale dommageable entre États

Il est important d'éviter dans un espace communautaire tel que la CEMAC ou l'UEMOA la superposition des politiques fiscales différentes entre les États membres[644]. Cette situation pourrait porter un coup sérieux à l'idée d'un marché unique. Cela aura forcément un impact sur le comportement des entreprises qui auront tendance à se délocaliser vers le pays « moins-disant »[645]. On sera alors véritablement en situation de concurrence fiscale, d'où la nécessité d'harmoniser les législations dans le cadre communautaire de création d'un marché unique[646].

La concurrence fiscale est licite dans son principe[647], il s'agit simplement de mettre un terme aux manifestations dommageables de celle-ci[648]. En cela, la communauté fiscale est un instrument de lutte contre la concurrence fiscale dommageable. La politique communautaire de la concurrence est animée par la volonté commune des États membres d'établir des normes propices à un environnement économique et juridique dans lequel une concurrence saine et équitable peut s'instaurer[649]. Les principes d'établissement d'une économie de libre concurrence conduisent à une recherche de neutralité de

---

644 BEGNI BAGAGNA, op. cit., p. 203.

645 Idem.

646 Idem.

647 VAPAILLE (L.), op. cit., p. 142.

648 MONTAGNIER (G.), « Harmonisation fiscale communautaire (janvier 1995-février 1997) », Revue trimestrielle de droit européen, 1997, n° 33, p. 750. SELCUK ALTINDAG, op. cit.

649 RENARD (G.), op. cit., p. 7. V. LAMBERT (T.), « Quelle fiscalité pour des projets planétaires ? », in (dir) LEROY (M.), *Mondialisation et fiscalité, la globalisation fiscale,* op. cit., p. 22, l'auteur relève que : dans un monde globalisé visant à gommer les frontières nul ne songe à harmoniser en tous points la fiscalité, pas même au sein de l'Union européenne. En conséquence, le principe d'une concurrence fiscale entre les Etats est reconnu et accepté par tous, dès lors que celle-ci est loyale.

l'intervention des États dans l'économie communautaire[650]. En effet, il s'agit précisément d'éviter que ces derniers favorisent ou défavorisent les opérateurs économiques intervenant dans leurs sphères géographiques[651]. Or, des dispositions fiscales peuvent amener des distorsions préjudiciables à certains opérateurs économiques[652].

Ainsi, pour promouvoir le développement économique généralisé d'un espace communautaire dans le cadre de la lutte contre la concurrence fiscale dommageable, les dispositifs juridiques à mettre en place doivent être suffisamment regardant sur deux aspects : l'encadrement juridique communautaire des aides d'État en matière fiscale (section 2), mais avant cela la répression des mesures fiscales déloyales pour le marché commun (section 1).

Section 1- Les mesures juridiques et fiscales déloyales pour le marché commun

Nous examinerons tour à tour les régimes fiscaux dommageables et les abus de positions dominantes dans les monopoles légaux (paragraphe 1), et le dumping fiscal (paragraphe 2).

Paragraphe 1- La répression des régimes fiscaux dommageables et des abus de positions dominantes dans les monopoles légaux

La réflexion à suivre s'appesantira sur les mesures fiscales déloyales pour le marché commun sus évoqué.

A- L'encadrement des régimes fiscaux dommageables

Il est normal qu'il existe dans un État des régimes dérogatoires ou des régimes spéciaux. Ils ne sont pas illicites en soi. Seulement, lorsqu'ils sont mis en place dans le but de fragiliser les systèmes fiscaux des autres États de la communauté en instaurant une fiscalité légère de nature à favoriser les délocalisations des investisseurs et des travailleurs, on parlera alors de régime fiscal déloyal ou

[650] Lire, LENGLART (F.), Préface, in (dir) RENARD (G.), *Les règles communautaires en matière d'aides d'État et la fiscalité,* op. cit., p. 8.
[651] Idem.
[652] Idem.

dommageable[653]. Il s'agit de régimes fiscaux procurant un niveau d'imposition nettement inférieur à celui qui s'applique normalement[654] ou qui serait logiquement acceptable. Il est donc important, pour développer l'émergence d'une économie communautaire, d'encourager le démantèlement ou l'abolition des régimes fiscaux dommageables. On voit mal comment on imposerait aux États le démantèlement de leurs régimes fiscaux privilégiés, sachant que ceux-ci sont pour eux un élément d'attractivité[655]. Dans tous les cas, la lutte contre le *dumping fiscal*[656] s'impose pour voir émerger l'économie communautaire.

Les autorités fiscales de la CEMAC gagneraient à envisager aujourd'hui dans une approche prospective des moyens juridiques de prévention et même de répression des régimes fiscaux dommageables et des mesures fiscales déloyales. Il est vrai qu'au nom de la souveraineté fiscale des États, ceux-ci ont une certaine liberté dans la détermination de leurs choix et options fiscales, élément primordial de financement des politiques publiques. Seulement, les égoïsmes étatiques très encrés en zone CEMAC devraient céder le pas si l'on veut avancer vers des politiques harmonisées, cohérentes et efficaces en matière fiscale, gages de développement.

Ces mesures fiscales déloyales s'étendent également aux abus de positions dominantes dans les monopoles légaux qu'il serait intéressant de réprimer.

---

[653] LAMBERT (T.), « Quelle fiscalité pour des projets planétaires ? », in (dir) LEROY (M.), *Mondialisation et fiscalité, la globalisation fiscale,* op. cit., p. 23. Selon l'auteur, l'objectif est de définir les éléments qui doivent concourir à accepter une concurrence équitable qui ne soit pas de nature à générer des distorsions au niveau des investissements. Ainsi, un régime fiscal préférentiel a été considéré comme potentiellement dommageable s'il présentait des caractéristiques montrant qu'il constituerait une pratique fiscale dommageable même en l'absence d'évaluation globale de tous les facteurs à prendre en compte. V. également, OCDE, *« Projet de l'OCDE sur les pratiques fiscales dommageables (rapport d'étape),* 2004.

[654] BEGNI BAGAGNA, Thèse, op. cit., p. 229.

[655] LAMBERT (T.), op. cit., p. 23.

[656] On appelle *« dumping fiscal »* de la part d'un Etat, une fiscalité plus faible que celle des pays voisins afin d'attirer les capitaux étrangers ou les travailleurs de haut niveau. BEGNI BAGAGNA, Thèse, op.cit., p. 226.

B- La répression des abus de positions dominantes dans les monopoles légaux

Il est normal qu'une entreprise ou un groupe d'entreprises jouisse d'un monopole dans l'exercice d'une activité sans que cela n'ait un caractère illicite. Seulement, dans le but de préserver et promouvoir une concurrence saine et loyale entre les différents acteurs économiques dans un secteur, les monopoles reposant sur des pratiques abusives sont prohibés, et se doivent par conséquent d'être évités parce qu'illicites[657]. Ce sont donc ces monopoles abusifs qui font ici l'objet de répression[658].

Il est important dans un espace communautaire, à l'instar de la CEMAC, où l'on veut voir émerger un véritable marché commun avec à la clé une libre circulation des biens et services, que de telles pratiques soient suffisamment encadrées et réprimées[659].

L'abus de position dominante dans les monopoles peut consister en la pratique des ventes liées, le refus de vente ou les ruptures injustifiées de relations commerciales[660], l'imposition des prix bas raisonnablement injustifiée par rapport à la prestation fournie, ceci dans le seul but pour une entreprise de dominer le marché en amenant celles qui ne pourront pas supporter cette concurrence déloyale à quitter et abandonner le marché. En effet, le droit communautaire de la CEMAC, notamment dans le règlement n° 1/99/UEAC-CM-639 portant réglementation des pratiques commerciales anticoncurrentielles entre les États membres prohibe les abus de position dominante dans les situations de monopoles, lorsqu'il dispose que : « est incompatible avec le marché commun et interdit, dans la mesure où le commerce entre les États membres est susceptible d'en être affecté, le fait pour une ou plusieurs entreprises d'exploiter de façon abusive une position dominante sur le marché commun ou dans une partie de celui-ci »[661]. Pour régler donc

[657] BEGNI BAGAGNA, Thèse, op. cit., p. 218.

[658] Article 15 règlements n° 1/99/UEAC-CM-639 du 25 juin 1999, modifié par le règlement n° 12-05-UEAC-639 U-CM-SE du 27 juin 2005 portant réglementation des pratiques commerciales anticoncurrentielles en CEMAC : « tout monopole ou toute situation tendant à favoriser l'acquisition d'une part du marché supérieure ou égale à 30% est constitutif de position dominante ».

[659] Article 16 règlements n° 1/99/UEAC-CM-639 du 25 juin 1999, modifié par le règlement n° 12-05-UEAC-639 U-CM-SE du 27 juin 2005 portant réglementation des pratiques commerciales anticoncurrentielles en CEMAC.

[660] Idem.

[661] Article 5 du règlement n° 1/99/UEAC-CM-639.

ces problèmes très préjudiciables pour l'économie de l'espace communautaire, les différents acteurs économiques gagneraient à s'approprier les dispositions pertinentes du règlement n° 1/99/UEAC-CM- 639 qui sont très explicites sur la répression par voie préventive des questions d'abus de position dominante dans les monopoles[662].

Paragraphe 2- Le dumping fiscal

Le terme *« dumping »* peut faire l'objet d'acceptions multiples. En droit du commerce international, il désigne la vente dans un autre pays à un prix inférieur à celui pratiqué dans le pays d'origine de l'entreprise[663]. L'objectif est alors de conquérir les parts de marché. L'entreprise, pour combler ces éventuels déficits, s'appuie souvent sur les subventions à l'exportation pratiquées par le pays où a lieu la production. Ainsi, les règles de l'OMC (Organisation Mondiale du Commerce) autorisent le pays victime du *dumping* à appliquer un droit de douane *anti-dumping* qui compense les subventions afin de défendre ses producteurs nationaux. Par extension en économie, le concept désigne une pratique qui consiste à vendre un produit à un prix inférieur à son prix de revient (vente à perte) pour éliminer la concurrence ou l'empêcher de s'installer[664]. L'entreprise espère gagner les parts de marché puis augmenter les prix après la disparition de ses rivaux. Il existe aussi le *« dumping social »* qui suppose une réglementation du travail moins contraignante pour les employeurs que les réglementations en vigueur dans les autres pays.

S'agissant du « *dumping fiscal* », c'est lorsqu'un pays applique une fiscalité plus faible que celle des pays voisins dans le seul but d'attirer les capitaux étrangers. Dans tous les cas, quel que soit le domaine envisagé, le dumping est préjudiciable en matière de droit communautaire. Pendant que l'institution communautaire entend faire reposer sa force et le développement de son espace économique sur des règles et principes harmonisés et applicables pareillement dans tous les États membres, envisager de telles options serait contribuer à l'explosion de la communauté, car, pratiqué en matière fiscale, le *dumping* entraînerait les délocalisations d'entreprises vers les pays à fiscalité avantageuse, ce qui serait alors source de concurrence fiscale

---

[662] Lire, Articles 6 et 9 Règlement supra.
[663] BEGNI BAGAGNA, Thèse, op. cit., p. 226.
[664] Idem.

dommageable. La zone CEMAC, à l'instar d'autres espaces communautaires, gagnerait donc à encadrer de telles pratiques afin qu'elles ne se multiplient, ceci en démantelant dans les législations fiscales nationales, les dispositions de nature à porter atteinte à l'équilibre et la cohésion fiscales de la communauté[665].

C'est ainsi que dans le cadre de l'Union européenne, une nouvelle approche de ce phénomène a été présentée lors du Conseil ECOFIN de Vérone en avril 1996 où la Commission et les États membres ont mis en place un groupe de réflexion pour la coordination des politiques fiscales afin de lutter contre la concurrence fiscale dommageable[666]. Les mesures prises portaient ainsi sur :

- Un Code de bonne conduite dans le domaine de la fiscalité des entreprises ;
- Des mesures visant à éliminer les distorsions dans l'imposition des revenus du capital ;
- Des mesures destinées à éliminer les retenues à la source sur les paiements transfrontaliers d'intérêts et de redevances des entreprises[667].

Section 2- L'encadrement juridique communautaire des aides d'État en matière fiscale

Il est constant dans le marché commun d'une Union économique de remarquer que certains États membres de la communauté, pour soutenir les entreprises nationales face à la concurrence commerciale des entreprises d'autres États exerçant dans l'espace communautaire à travers le principe de libre circulation des biens et services, sont souvent amenés à octroyer en interne des subventions ou des transferts financiers à ces entreprises.

Sur le plan fiscal, ces aides d'État prennent souvent la forme de mesures fiscales incitatives soit en termes d'exonérations ou d'exemptions, mais à caractère discriminatoire, de sorte qu'elles ne bénéficient qu'aux entreprises nationales et non étrangères. La finalité

[665]Article 19 du Règlement n° 1/99/UEAC-CM-639. V. également, Article 21 Règlement supra.
[666] RENARD (G.), op. cit., p. 45. BEGNI BAGAGNA, Thèse, op. cit., p. 228.
[667] Idem.

de ces dépenses fiscales est de voir les entreprises nationales concurrencer sur le marché communautaire les entreprises des autres États membres, à travers une baisse des prix qui les rendra plus attractives et gagner même toutes les parts de marché. Le montant perdu sur le prix au niveau du marché communautaire est récupéré au niveau des impôts non supportés en interne et sans lesquels elles n'auraient pas été en mesure de supporter la concurrence.

Pour éviter cette concurrence fiscale dommageable sérieusement encouragée par les aides fiscales d'État, il faudrait procéder à l'inventaire de ces aides qui, pour certaines, sont interdites donc prohibées c'est-à-dire à supprimer des législations nationales (paragraphe 1) et celles qui peuvent être considérées comme acceptables donc compatibles (paragraphe 2).

Paragraphe 1- Le principe d'interdiction des aides fiscales d'État

Nous examinerons d'une part la portée du principe (A), et d'autre part ses critères de qualification (B).

A- La portée du principe

Le principe d'interdiction des aides fiscales d'État en droit communautaire tire son fondement de l'article 87 alinéa 1 du Traité de la Communauté européenne devenue Union européenne.

En effet, selon cet article : « Sauf dérogations prévues par le présent traité, sont incompatibles avec le marché commun, dans la mesure où elles affectent les échanges entre États membres, les aides accordées par les États ou au moyen de ressources d'État sous quelque forme que ce soit qui faussent ou qui menacent de fausser la concurrence en favorisant certaines entreprises ou certaines productions. »[668]

Comment reconnaître alors une aide fiscale d'État ? Puisqu'en pratique, elle se fait souvent de manière très subtile et se trouve dans la plupart des cas individualisée si bien que le démontrer n'est pas évident.

---

[668] RENARD (G.), op. cit., pp. 49-50.

B- Les critères de qualification des aides fiscales d'État interdites

Une jurisprudence constante de la Cour de Justice des Communautés Européennes (CJCE) a en effet déterminé les critères de qualification juridique des aides fiscales d'État[669]. Ils sont au nombre de quatre. Pour qu'une mesure soit qualifiée d'aide d'État donc prohibée, il faut :

- Qu'elle ait un caractère davantage économique ;
- Que la subvention ou la mesure d'aide soit d'origine étatique ;
- Qu'elle ait un caractère sélectif donc individualisé ;
- Qu'elle impacte sur la concurrence entre les États membres.[670]

S'agissant du premier élément (l'avantage économique), pour qu'une mesure d'État soit qualifiée d'aide, il faut pouvoir démontrer que l'entreprise bénéficiaire d'un avantage économique n'aurait pas dû le recevoir dans les conditions normales de marché[671], par comparaison aux autres acteurs du marché. Cet avantage sous forme fiscale peut porter sur une réduction de la charge fiscale supportée par une entreprise ou un groupe d'entreprises (réduction de l'assiette imposable, exonérations, exemptions, annulation ou rééchelonnement exceptionnel de la dette fiscale)[672].

Le deuxième élément qui porte sur l'origine étatique de l'aide voudrait que l'aide en question soit imputable à l'État et financée par celui-ci. Ainsi, l'État en l'espèce accepte une perte de ressources fiscales au bénéfice des entreprises nationales pour que celles-ci soient concurrentes sur le marché commun[673].

La sélectivité quant à elle, qui est même l'essence de cette prohibition, postule que l'avantage étatique bénéficie à une entreprise ou un groupe d'entreprises précises, la favorisant par ce fait même par rapport aux autres entreprises se trouvant dans la même situation.[674]

---

669 CJCE 22 mars 1977, aff. 74/76, Ianneli, Rec. p. 557, point 12.
670 Article 87 (1) du Traité de la Communauté européenne.
671 RENARD (G.), op. cit., p. 53, Citant, CJCE, Ass., 11 juillet 1996, C-39/94, SFEI, Rec. p. 3547.
672 RENARD (G.), op.cit., p. 54.
673 Ibid, p. 59.
674 Ibid, p. 63.

Enfin, cet avantage octroyé doit avoir pour finalité de fausser le jeu de la concurrence sur le marché commun face aux autres États membres[675].

En tout état de cause, chaque fois qu'une mesure fiscale est prise par un État de la communauté et qu'elle remplit les critères sus-évoqués, cette mesure est constitutive d'une aide fiscale d'État. Celle-ci est préjudiciable à l'équilibre économique du marché communautaire fondé sur l'harmonisation des politiques fiscales et commerciales. Ces mesures doivent de ce fait être démantelées des législations nationales et interdites.

Dans le cadre de la CEMAC, ce pouvoir de contrôle des aides fiscales prohibées serait dévolu à la Commission dont le rôle consisterait alors à ordonner la modification, la suppression voire la récupération des aides allouées pour pouvoir mettre toutes entreprises du marché commun au même niveau.[676] Ce qui a amené le professeur POUGOUE Paul Gérard à dire que le droit communautaire se sert d'un de ses principes fondamentaux, celui de la primauté de l'ordre communautaire pour ordonner la récupération systématique des aides incompatibles par les États membres, afin de sauvegarder l'intérêt général communautaire[677]. D'où le pouvoir reconnu à la Commission à travers la Cour de justice de la CEMAC d'imposer aux États récalcitrants l'exécution des décisions prises dans ce sens[678].

---

[675] Ibid, p. 69, l'aide d'État doit fausser ou menacer de fausser le jeu de la concurrence et affecter de ce fait même le commerce entre les États membres : « lorsqu'une aide financière accordée par l'État renforce la position d'une entreprise par rapport à d'autres entreprises concurrentes dans les échanges intracommunautaires, ces derniers doivent être considérés comme influencés par l'aide ».

[676] BEGNI BAGAGNA, Thèse, op. cit., p. 242.

[677] Idem, Citant, POUGOUE (P.-G.), « Les figures de la sécurité juridique », Revue Africaine des Sciences Juridiques, FSJP, Université Yaoundé 2 (Soa), vol. 4, n° 1, 2007, p. 1.

[678] Lire, Règlement n° 1/99/UEAC-CM-639 du 25 juin 1999, modifié par le Règlement n° 12-05-UEAC-639 U-CM-SE du 27 juin 2005 portant réglementation des pratiques commerciales anticoncurrentielles en CEMAC. V. RENARD (G.), *Les règles communautaires en matière d'aides d'État et la fiscalité,* L'Harmattan, Paris, 2005, pp. 49-50. SELCUK ALTINDAG, *La concurrence fiscale dommageable : la coopération des États membres et des autorités communautaires*, L'Harmattan, Paris, 2011, 440 p. BEGNI BAGAGNA, Thèse, op. cit., p. 242.

Il faut reconnaître qu'à côté des aides fiscales d'État prohibées, il y en a qui sont autorisées.

Paragraphe 2- Les aides fiscales d'État compatibles

Nous distinguerons ici les aides compatibles de plein droit (A), de celles susceptibles d'être déclarées compatibles avec le marché commun (B).

A- Les aides compatibles de plein droit avec le marché commun

Le principe d'interdiction des aides d'État n'est pas absolu. Il est tempéré par trois catégories d'exceptions : les aides compatibles de droit, les aides exemptées et les aides susceptibles d'être déclarées compatibles[679].

Les aides compatibles de plein droit avec le marché commun le sont en raison soit de leur caractère social sur les consommateurs individuels, mais à condition qu'elles restent ouvertes à toutes les entreprises de la communauté, soit qu'elles sont destinées à remédier aux dommages causés par les calamités naturelles.[680].

B- Les aides susceptibles d'être déclarées compatibles

Les aides susceptibles d'être déclarées compatibles avec le marché commun doivent être celles qui favorisent le développement économique des régions dans lesquelles le niveau de vie est anormalement bas ou dans lesquelles sévit un grave sous-emploi, et celles visant à promouvoir la réalisation d'un projet important d'intérêt communautaire.

Dans tous les cas, il est important de rappeler que l'élément primordial de validation des aides d'État reste la recherche de l'intérêt général communautaire. Car, faut-il le dire au final, le contrôle des aides d'État répond à une double préoccupation : la suppression des interventions des États dans la vie économique qui sont de nature à affecter le jeu normal de la concurrence et la libéralisation du commerce d'une part, et la possibilité offerte aux États dans certains cas bien précis

---

679 RENARD (G.), op. cit., p. 85.

680 Ibid, p. 86. Article 87 (2) traité de la Communauté européenne.

de soutenir financièrement des acteurs économiques uniquement lorsque le but est l'intérêt général communautaire[681] d'autre part.

Conclusion chapitre 2

La CEMAC comme l'UEMOA, en tant qu'organisations d'intégration économique qu'intègre l'OHADA, sont encore à la recherche de leur émergence économique. Celle-ci passe forcément par une intégration véritable des dispositifs juridiques à travers des politiques d'harmonisation, et surtout de la bonne volonté des autorités politiques à parachever cette construction par la mise en œuvre effective d'une communauté fiscale comme instrument de développement, gage de stabilité financière et de croissance économique global. Il serait donc possible de partir des communautarismes de ces deux organisations d'intégration pour jeter les bases pertinentes d'un communautarisme africain sur le plan fiscal.

[681] BEGNI BAGAGNA, Thèse, op. cit., p. 246. FRAIMOUT (J. J.), « Le principe de sécurité juridique à l'épreuve de la procédure communautaire de récupération des aides fiscales », in (dir) LEROY (M.), *Mondialisation et fiscalité, la globalisation fiscale,* op. cit., pp. 159-170.

Conclusion titre 1

Il ne serait pas envisageable d'élaborer les politiques fiscales nationales des États sans prendre en compte le contexte communautaire à l'intérieur duquel ils fonctionnent. Une telle démarche pourrait alors bloquer les dynamiques de développement par la fiscalité à travers la concurrence fiscale dommageable dans l'espace communautaire[682]. C'est pour répondre à cette préoccupation que nous avons envisagé une réflexion sur le droit fiscal communautaire en tant que dynamique globale de développement.

Cette analyse nous a permis de constater que la construction d'un communautarisme[683] fiscal est primordiale dans le processus de développement économique, d'où l'urgence de l'élaboration de véritables techniques d'harmonisation fiscale. Pour y arriver, ne faudrait-il pas esquisser les bases d'une théorie du droit fiscal communautaire africain ?

---

682 SELCUK ALTINDAG, *La concurrence fiscale dommageable : la coopération des États membres et des autorités communautaires*, L'Harmattan, Paris, 2011, 440 p. Lire également, RENARD (G.), *Les règles communautaires en matière d'aides d'État et la fiscalité,* op. cit., 178 p.

683 ISAAC (G.), *Droit communautaire général,* op. cit., 358 p. V. TOGBA ZOGBELEMOU, *Droit des organisations d'intégration économique en Afrique (CEDEAO, CEMAC, UEMOA, ZMAO)*, op. cit., 365 p. KENFACK (J.), *Les actes juridiques des communautés et organisations internationales d'intégration en Afrique Centrale et Occidentale,* Thèse de doctorat, Université Yaoundé 2, 2003, 415 p.

TITRE 2

ESQUISSE D'UN DROIT FISCAL AFRICAIN : UNE URGENCE DE DÉVELOPPEMENT

L'OHADA, en tant qu'organisation d'intégration à vocation juridique est essentiellement constituée d'États de deux sous régions : l'Afrique centrale à travers la CEMAC, et l'Afrique de l'Ouest à travers l'UEMOA.[684] Ces deux organisations d'intégration sous régionales à vocation économique opèrent chacune de façon autonome dans un espace territorial bien délimité. Si la philosophie de ces organisations semble être la même, elles se séparent au niveau de leur opérationnalité qui relève fondamentalement de la seule volonté des autorités politiques dans un contexte communautaire marqué par le principe de l'unanimité décisionnelle. Ainsi, la mise en œuvre d'une véritable communauté fiscale en tant qu'instrument de développement économique bénéfique pour les États membres de l'OHADA passe donc par la levée des obstacles à l'harmonisation des politiques fiscales en vue de la concrétisation d'une fiscalité OHADA (chapitre 1), progression vers une intégration fiscale africaine (chapitre2), gage de stabilité financière et de croissance économique.

---

[684] Sur les 17 États membres que compte l'OHADA, six relèvent de la CEMAC (Cameroun, Tchad, Congo, Gabon, Centrafrique, Guinée Équatoriale), neuf de l'UEMOA (Benin, Burkina Faso, Cote d'Ivoire, Guinée, Guinée Bissau, Mali, Niger, Sénégal, Togo) et deux de la CEEAC (RDC et Comores) qui est une extension de l'Afrique centrale.

Chapitre 1 :

Un droit fiscal OHADA : une perspective nécessaire

L'OHADA apparaît en Afrique comme l'organisation d'intégration la plus accomplie. D'abord parce qu'elle regroupe en son sein le plus grand nombre d'États membres en dehors de l'Union Africaine, ensuite au regard de la rencontre en son sein de deux organisations d'intégration sous régionales ayant décidé de cheminer ensemble, enfin sur le plan juridique des investissements c'est une réussite qui attire et qui pourrait s'étendre. Elle est constituée d'États de deux sous-régions : la CEMAC (Communauté économique et monétaire de l'Afrique centrale), et l'UEMOA (Union économique et monétaire ouest africaine). Ces deux organisations d'intégration à vocation économique sous régionales opèrent dans la facilitation des activités économiques réalisées dans chaque espace, la libre circulation des biens et services, raison pour laquelle il existe dans l'un et l'autre cas une réglementation fiscale harmonisée. Ainsi, évoquer l'idée de fiscalité dans l'espace de l'OHADA comme perspective nécessaire vers une *Afrique fiscale*, revient à déceler et lever les obstacles à l'intégration OHADA (section 1), afin d'envisager sereinement la mise en œuvre concrète d'une fiscalité communautaire dans cet espace (section 2).

Section 1- La levée des obstacles à l'intégration OHADA

La distinction ici se fera entre les obstacles politico-juridiques (paragraphe 1) et ceux économiques (paragraphe 2).

Paragraphe 1- Les obstacles politico-juridiques

Il s'agit ici d'une part de renforcer les règles juridiques (A), et de susciter la volonté politique (B).

A- Des règles juridiques à renforcer

Dans le cadre de l'harmonisation des législations nationales, les Conférences des Chefs d'État et de Gouvernement établissent les principes directeurs qui la régissent pour chaque espace communautaire, ainsi que les domaines dans lesquels cette harmonisation se fera.[685]

Seulement, la norme juridique utilisée pour l'harmonisation est la directive, qui oblige quant à ses finalités, mais nécessite pour son application la prise d'actes de transposition dans le droit interne des États membres par les autorités nationales.[686] Cela n'apparaît pas suffisamment contraignant pour les États dans le processus d'intégration, cet acte juridique communautaire leur offrant une large marge de manœuvre. Or, le droit communautaire étant essentiellement basé sur le principe de l'unanimité des décisions, il apparaît constamment que ce processus d'intégration soit obstrué par ce défaut d'unanimité. Dans la CEMAC, l'élaboration de la fiscalité communautaire par le conseil des ministres par voie de directive pose en effet de sérieux problèmes liés à ce principe de la décision unanime. Certains États, jaloux de leur souveraineté, peuvent alors par un droit veto, bloquer la prise de certaines décisions[687]. C'est d'ailleurs ce qui est courant dans le communautarisme de la CEMAC, qui relève plus d'une coopération entre Etats que d'une véritable volonté d'intégration[688]. Cela a même amené une certaine doctrine à conclure que le droit fiscal communautaire de la CEMAC est un *« droit proclamatoire »*[689], qui relève plus d'un effet d'annonce, d'un slogan plutôt que d'une réalité concrète et d'une démarche pratique. L'option efficace serait certainement de procéder plus par des règlements communautaires qui semblent plus contraignants pour les États, ou rester dans la voie des directives, mais exiger des autorités politiques une bonne volonté dans la mise en œuvre effective de celles-ci.

B- Une volonté politique réelle

Au-delà des multiples textes juridiques mis en place dans le cadre de la CEMAC pour promouvoir l'intégration, il faut relever qu'en pratique, la volonté des États de garder leur souveraineté totale sur les

---

[685] TOGBA ZOGBELEMOU, op. cit., p. 82 : « ces domaines, assez variés, concernent la fiscalité, les législations et procédures budgétaires… ».
[686] Ibid, p. 83.
[687] BEGNI BAGAGNA, Thèse, op. cit., p. 124.
[688] Idem. V. MEYONG ABATH (R. A.), op. cit., p. 230.
[689] V. BANGO (A.), *L'élaboration et la mise en œuvre de la fiscalité dans les pays de la Communauté Economique et Monétaire des États de l'Afrique Centrale (CEMAC)*, Thèse de doctorat en droit, Université Jean Moulin Lyon 3, 2009, p. 160.

questions de politique nationale demeure. Les égoïsmes exacerbés des uns et des autres n'auront pas favorisé la marche vers le marché commun, matérialisation concrète de l'Union économique[690]. Tous se montrent assez réticents quant à une harmonisation parfaite[691].

Il s'agit donc, si l'on veut réellement s'installer dans la voie de l'intégration véritable, de lever cet obstacle majeur qui constitue un frein énorme aux dynamiques intégratives régionales et *in fine* africaines. L'Afrique en général et la CEMAC en particulier, ont bel et bien besoin de s'arrimer à cette vision mondiale, si elles veulent participer comme acteur et non comme spectateur à l'évolution économique globale. Pour y arriver, il faut lever les égoïsmes individuels très encrés en zone CEMAC, et penser pour chaque Etat son économie nationale dans une perspective concurrentielle communautaire et globale.[692]

Si toutes ces divergences évoquées venaient à être aplanies, on se trouverait alors véritablement dans la voie d'une intégration parfaite.

Paragraphe 2- Les obstacles économiques

Ceux-ci semblent plus ancrés dans l'espace CEMAC (A), par rapport à l'UEMOA qui paraît un modèle en réussite (B).

A- Situation en CEMAC

En vue de l'institution d'un marché commun, la CEMAC à travers les articles 13 à 28-UEAC poursuit la réalisation des objectifs suivants :

- L'élimination dans les échanges entre les pays membres des droits de douane, des restrictions quantitatives à l'entrée et à la sortie, des taxes d'effet équivalent et de toutes mesures d'effet équivalent susceptibles d'affecter lesdites transactions, sous réserve du respect des règles d'origine ;
- L'établissement d'un tarif extérieur commun ;

---

690 BEGNI BAGAGNA, Thèse, op. cit., p. 112.

691 GONIDEC (P. –F.), *Relations internationales africaines*, LGDJ, Paris, 1996, p. 103. Il faut relever que même le texte fondateur de la CEMAC semble faire la part belle à la souveraineté des Etats qui est plus mise en avant que l'intégration. Le principe de l'unanimité sur lequel repose toute décision communautaire est destructeur en ce sens que la réticence des Etats à céder une partie de leur souveraineté les amène toujours à user d'un droit de véto.

692 BEGNI BAGAGNA, Thèse, op. cit., p. 113.

- L'institution de règles communes de concurrence applicables aux entreprises publiques et privées ainsi qu'aux aides publiques ;
- La mise en œuvre des principes de liberté de circulation des personnes, d'établissement et de prestation de services ainsi que celui de liberté des mouvements de capitaux requis pour le développement du marché financier régional ;
- L'harmonisation et la reconnaissance mutuelle des normes techniques ainsi que les procédures d'harmonisation et de certification du contrôle de leur observation.[693]

Seulement, en pratique, la mise en œuvre d'un marché commun répond à un certain nombre de préalables en l'absence desquels cette idée ne serait qu'illusoire. Au rang de ceux-ci, il faudrait déjà citer le schéma économique des Etats de la CEMAC[694], qu'il faut revoir en énonçant des prérequis et fondamentaux économiques que tous ces Etats devraient remplir. En exemple, on voit bien que l'accès dans l'Union européenne est conditionné par le respect de certains engagements comme : une uniformité culturelle, une gouvernance politique démocratique, mais surtout une même vision économique en exigeant des pays postulant l'atteinte d'un seuil[695] pour éviter que le marché commun ne se transforme en marché de dupe. C'est d'ailleurs sur ces différents points qu'on peut ranger la réticence qu'ont les États européens aujourd'hui de voir la Turquie accéder à l'Union.

---

693 Lire, Articles 13 à 28 règlements n° 1/99/UEAC-CM-639 du 25 juin 1999, modifié par le règlement n° 12-05-UEAC-639 U-CM-SE du 27 juin 2005 portant réglementation des pratiques commerciales anticoncurrentielles en CEMAC. V. KALIEU ELONGO (Y. R.), WATCHO KEUGONG (R. S.), *« La réforme de la procédure communautaire de concurrence CEMAC »*, Juridis Périodique, n° 80, Octobre-Décembre 2009, pp. 107-112. TOGBA ZOGBELEMOU, op. cit., pp. 85-86. V. enfin, BEGNI BAGAGNA, Thèse, op. cit., p. 122.

694 Les économies des pays membres de la CEMAC sont fondamentalement divergentes. Pendant que le Cameroun se réclame du tissu industriel sous régional au-dessus des autres, le Gabon en raison de sa richesse pétrolière et de son PIB/habitant relativement élevé s'estime économiquement au-dessus, sans oublier la guinée Equatoriale le nouvel eldorado.

695 ALBERT (J.-L.), « La TVA dans la perspective de l'élargissement de l'Europe », in (dir), LEROY (M.), *Mondialisation et fiscalité la globalisation fiscale,* op. cit., p. 97 : « La Commission européenne eut à appréhender la situation individuelle de chaque Etat candidat au travers de rapports successifs (…), généralement non publiés au journal officiel de l'Union et ayant traité notamment des questions fiscales ».

Les économies des États membres de la CEMAC présentent des divergences énormes et pour certaines, des insuffisances énormes. Cela fonde les pays de cette zone jouissant d'une certaine embellie économique et une prospérité financière, de se montrer très réticents et même quelques fois opposés à l'idée d'une intégration parfaite qui conduirait à un marché commun avec libre circulation des biens et services.[696] D'où l'impérieuse nécessité de mettre en place un cadre de mise à niveau des économies des États comme préalable.

B- L'UEMOA : un modèle en réussite

La réussite de l'intégration économique dans l'espace UEMOA qui se traduit par la concrétisation de son marché commun s'explique par deux facteurs : l'effectivité du principe de libre circulation des biens et services par une clarté des textes fondateurs de l'UEMOA en matière fiscale, mais surtout une volonté politique parfaite.

En effet, les textes fondateurs de l'UEMOA se montrent suffisamment explicites dans le projet d'Union de cette zone. Le Traité de l'UEMOA établit de façon claire les mesures d'harmonisation fiscale au sein de cet espace. Ainsi :

- L'Union a pour objectif d'harmoniser dans la mesure du possible, le bon fonctionnement du marché commun, les législations des États membres et particulièrement le régime de la fiscalité[697] ;
- Les États membres de l'Union harmonisent leurs politiques fiscales, pour réduire les disparités excessives prévalant dans la structure et l'importance de leurs prélèvements fiscaux[698] ;
- L'Union poursuit, la réalisation de l'objectif de créer entre les États membres un marché commun basé sur la libre circulation des personnes, des biens, des services et des capitaux, de même que l'établissement libre des entreprises[699].

---

[696] BEGNI BAGAGNA, Thèse, op. cit., pp. 192-193.
[697] Article 4-e du Traité de l'UEMOA. Lire, Conseil Français des Investisseurs en Afrique (CIAN), Commission Juridique et Fiscale, « Harmonisation fiscale dans les pays de la Zone Franc, la situation au sein de l'UEMOA », Réunion tenue le 03 février 2010 au Cabinet CMS Bureau Francis LEFEBVRE.
[698] Article 65 du Traité de l'UEMOA. Conseil Français des Investisseurs en Afrique (CIAN), Commission Juridique et Fiscale, « Harmonisation fiscale dans les pays de la Zone Franc, la situation au sein de l'UEMOA », Réunion tenue le 03 février 2010 au Cabinet CMS Bureau Francis LEFEBVRE.
[699] Article 4-d du Traité de l'UEMOA.

On observe enfin une multitude de directives fiscales visant à préciser de façon concrète les grandes lignes en matière d'harmonisation fiscale dont le cap est fixé par le Traité de l'UEMOA[700].

Un dispositif aussi clair et précis n'est pas visible dans le cadre de la CEMAC qui gagnerait à se montrer assez explicite, mais aussi de choisir des actes juridiques plus contraignants.

Une fois les obstacles levés, il faudrait dès lors s'appesantir sur la concrétisation d'une fiscalité dans l'espace de l'OHADA.

Section 2- La mise en œuvre d'une fiscalité communautaire dans l'espace de l'OHADA

L'effectivité d'une fiscalité à l'échelle de l'OHADA passe par : l'harmonisation fiscale de l'ensemble CEMAC-UEMOA (paragraphe 1), puis la répartition effective des compétences fiscales (paragraphe 2).

Paragraphe 1- L'harmonisation fiscale en zones CEMAC et UEMOA

Il s'agira tout d'abord de faire l'état des lieux actuel des politiques d'harmonisation dans chaque espace (A), avant d'envisager une harmonisation fiscale CEMAC-UEMOA (B).

A- État des lieux actuel de l'harmonisation fiscale en zone CEMAC

Que ce soit en zone CEMAC ou UEMOA, l'harmonisation fiscale sous régionale repose essentiellement sur deux déterminants majeurs : un communautarisme fiscal de transposition des législations nationales (1) et le principe de l'unanimité décisionnelle comme source de blocage des communautarismes (2).

---

[700] Conseil Français des Investisseurs en Afrique (CIAN), Commission Juridique et Fiscale, « Harmonisation fiscale dans les pays de la Zone Franc, la situation au sein de l'UEMOA », Réunion tenue le 03 février 2010 au Cabinet CMS Bureau Francis LEFEBVRE.

1- Un communautarisme de transposition des législations nationales

Un regard attentif sur l'ensemble du dispositif juridique des deux directives fiscales traitant de l'harmonisation de la fiscalité directe dans l'espace CEMAC fait apparaître un mimétisme flagrant entre la fiscalité directe des entreprises des États membres en général et celle du Cameroun en particulier.[701]

Une partie importante de ce dispositif communautaire présente des similitudes fortes avec la législation nationale camerounaise qu'il ne serait pas opportun de s'y attarder outre mesure. Aussi, serait-il important, tout en mettant un point d'honneur sur les éléments de démarcation entre le dispositif interne et celui communautaire (b), de relever de façon sommaire l'énorme héritage juridique que le législateur communautaire a puisé dans le droit fiscal interne (a), ce qui pose véritablement le problème de la répartition des compétences très fondamentale en droit communautaire, mais pratiquement inopérant dans ce cadre, ce qui met alors en avant la suprématie de la souveraineté fiscale des États (c).[702]

a- Les similitudes fiscales apparentes

Celles-ci sont visibles en ce qui concerne le champ d'application de l'impôt, la détermination du bénéfice imposable, et les modalités d'imposition, s'agissant de l'IS ou de l'IRPP.

S'agissant de l'assiette de l'IS, c'est-à-dire du champ d'application de cet impôt, le rapprochement se fera entre les articles 3 du CGI et 1 de la directive n° 02/01/UEAC-050-CM-06 du 3 août 2001 relative à

[701] BEGNI BAGAGNA, Thèse, op. cit., p. 54.

[702] Ibid, p. 98.

l'IS en ce qui concerne les personnes imposables[703], et les articles 4 du CGI et 2 de la directive sus évoquée relativement aux exonérations[704].

En ce qui concerne la détermination du bénéfice imposable, la lecture de ces similitudes nous amène à convoquer les articles 5, 5 bis et 6 du CGI avec comme parallèle les articles 4 et 5 de la directive relative à l'IS.

S'agissant des modalités de détermination du bénéfice imposable, et plus précisément des charges déductibles qui viennent en diminution du bénéfice, on constate encore des rapprochements forts remarquables à travers l'article 7 du CGI et les articles 6 à 50 de la directive relative à l'IS. Si le CGI traite de toutes ces charges déductibles dans une seule disposition en relevant tout ce qui peut être constitutif de charge de façon nominative, de même que les modalités de prise en compte de celles-ci, la directive procède par éclatement de ces charges, mais le contenu reste identique.[705]

S'agissant de l'IRPP, la situation est identique. Un regard croisé des dispositions du CGI et de la directive n° 01/04-UEAC-177 du 30 juillet 2004 relative à l'IRPP nous conforte bien évidemment dans cette posture.

Les dispositions relatives aux personnes imposables traitées dans le CGI aux articles 25 et 26, et dans la directive relative à l'IRPP aux articles 2 à 6 présentent bien des coïncidences évidentes dans leur contenu.[706] Ces similitudes persistent quant à la détermination de l'assiette de l'IRPP qui est constituée de plusieurs cédules d'impôts à

[703] Sur les personnes imposables à l'IS, lire les dispositions de l'article 3 du CGI et de l'article 1 de la directive n° 02/01/UEAC -050-CM-06 du 3 août 2001 relativement à l'IS dont le contenu est exactement le même, en procédant à une énumération des différentes catégories de personnes morales assujetties à cet impôt à savoir : les SA, les SARL et les sociétés civiles qui le sont de plein droit, et pour les SCS, les SNC, les sociétés en participation et les syndicats financiers par option. Quoi qu'on dise, l'énoncé de cet article de la directive est exactement copié du dispositif correspondant dans le CGI.

[704] Lire, article 4 du CGI et article 2 de la directive n° 02/01/UEAC -050-CM-06 du 3 août 2001 relative à l'IS qui en est le correspondant fidèle.

[705] V. Article 7 du CGI et les articles 6 à 50 de la directive n° 02/01/UEAC -050-CM-06 du 3 août 2001 relative à l'IS.

[706] Lire, articles 25 et 26 du CGI, Articles 2 à 6 de la directive n° 01/04/UEAC -177 du 30 juillet 2004 relative à l'IRPP.

savoir : les traitements et salaires, les RCM, les RF, les BIC, les BA, les BNC.[707]

Nous n'avons pas souhaité dans cette partie de l'étude nous attarder sur les détails relatifs au champ d'application de la fiscalité directe. Seulement, on peut regretter dans ces travaux d'harmonisation de la fiscalité directe en CEMAC, une sorte de paresse intellectuelle perceptible de la part du législateur communautaire qui, plutôt que d'opérer un travail profond dans les différents systèmes fiscaux des États de la zone, afin de dégager au-delà des éléments de similitudes les facteurs qui auraient pu permettre un décollage économique de la CEMAC, ou la transformer en un espace juridique et économique attractif, s'est contenté de verser dans la facilité en procédant à une transposition aveugle du dispositif existant déjà dans les États sans toutefois questionner leur pertinence et leur efficacité au niveau communautaire.

Les éléments de démarcation apparaissant entre les législations nationales et communautaires ici ne sont pas suffisamment éloquents pour revitaliser l'économie communautaire.

b- Les éléments de divergence

On traitera ici des dispositions communautaires n'ayant pas de correspondant dans le cadre fiscal interne des États d'une part, et celles pour lesquelles le législateur communautaire a laissé aux États une certaine liberté dans l'application du droit fiscal communautaire d'autre part

On parlera ici des modalités d'imposition et du régime fiscal des sociétés à statut particulier.

S'agissant des modalités d'imposition, et précisément du taux applicable en matière d'IS, le législateur CEMAC a donné la possibilité aux États membres de choisir le taux applicable en interne, ceci à l'intérieur d'une fourchette bien délimitée. Ainsi, ce taux doit être compris dans une fourchette allant de 25 % à 40 %, et librement déterminé dans les lois de finances nationales.[708] C'est donc sur le fondement de cette disposition que le législateur fiscal camerounais a

---

[707] Articles 13 à 51 de la directive n° 01/04/UEAC -177 du 30 juillet 2004 relative à l'IRPP, et les articles 30 à 59 du CGI.

[708] Article 55 de la directive n° 02/01/UEAC -050-CM-06 du 3 août 2001 relative à l'IS.

fixé ce taux à 30 % en principal. Si cette disposition offre aux États une certaine autonomie dans la fixation de ce taux, cette liberté reste préjudiciable à l'économie globale de la CEMAC, car pouvant se transformer en un élément de concurrence fiscale dommageable où les entreprises seraient attirées dans l'État où ce taux serait plus bas au détriment des autres.

Parlant des sociétés à statut particulier, il s'agit précisément des sociétés mères et filiales[709], des quartiers généraux de sociétés[710], et les sociétés nouvelles[711], pour lesquelles le législateur fiscal communautaire a bien voulu déterminer un régime fiscal précis, car celles-ci ne trouvaient pas de correspondant dans les législations internes à l'instar de celle du Cameroun.[712]

Le régime fiscal particulier des sociétés mères et filiales vise à éviter la double imposition, source de découragement pour les entreprises qui en l'absence d'une telle disposition pourraient se voir imposer doublement pour la même activité dans différents pays de la CEMAC[713]. Ce régime particulier favorise alors l'expansion des entreprises hors des frontières nationales.

S'agissant des quartiers généraux de sociétés, c'est-à-dire des sociétés par actions ou des succursales qui assurent les prestations de direction, de gestion et contrôle ou de coordination des activités du groupe de sociétés auquel elles appartiennent, ils assurent les fonctions de centralisation des données et de développement des activités de l'ensemble des sociétés du groupe.[714] Parce qu'il s'agit là d'une prestation qui aurait dû normalement faire l'objet d'un paiement, ces quartiers généraux sont en principe assujettis à l'IS, mais bénéficient d'un régime particulier, car en contexte communautaire, ils peuvent

---

709 Article 57 directive supra.

710 Articles 58-59 directive supra.

711 Article 60 directive supra.

712 BEGNI BAGAGNA, Thèse, op. cit., p. 74.

713 MEYONG ABATH (R. A.), op. cit, pp. 187-188. V. BEGNI BAGAGNA, Thèse, op. cit., p. 75, Citant SCHAFFNER (J.), *Droit fiscal international*, Promoculture, 2003. Lire, les développements contenus dans l'AUSCGIE et consacrés à la question des sociétés mères et filiales qui sont plus explicites.

714 NANDJIP MONEYANG (S.), « Les concentrations d'entreprises en droit interne et en droit communautaire CEMAC », Juridis périodique, n° 73, Janvier-Février-Mars 2008, pp. 65-76.

exercer sur l'ensemble de la zone. Il faudrait donc éviter la double imposition.

S'agissant des sociétés nouvelles, la directive CEMAC les identifie comme des sociétés nouvellement créées ou alors celles existant déjà, mais l'activité est nouvelle. Elles sont exonérées de l'IS jusqu'à la fin de la deuxième année.[715] Seulement, ce régime particulier des sociétés nouvelles ne s'applique qu'à une catégorie précise et bien limitée d'activités[716], et est préalablement soumis à une autorisation. Ce régime incitatif dont bénéficient les sociétés nouvelles est pris en compte de façon variée par les législations internes. Au Cameroun, il a été consacré dans le CGI à travers l'exonération de patente pour les entreprises nouvelles, mais aussi, et surtout le régime fiscal particulier applicable aux projets structurants. Que ce soit au niveau communautaire ou au niveau des Etats, il s'agissait par ce régime fiscal particulier d'encourager, de promouvoir et de développer suffisamment la création d'entreprises, sources de richesses.[717]

Ces points de démarcation qui font tantôt l'originalité du texte communautaire, tantôt une réception variée en interne, se perçoivent aussi au niveau de l'IRPP.

L'élément de différence fondamentale observée quant à l'IRPP réside dans les modalités de calcul de cet impôt. Ainsi, l'article 67 de la directive relative à l'IRPP consacre deux modalités de calcul au choix : soit le système de barème de progressivité à la suite d'un abattement forfaitaire, soit l'application du quotient familial.[718]

Il est important de relever que ces deux modalités de calcul ont été implémentées au Cameroun. En effet, avant la loi de finances pour l'exercice 2004, le Cameroun avait opté pour le système du quotient familial[719] où le calcul de l'IRPP se faisait à deux étapes : la Taxe

[715] V. Article 60 de la directive relative à l'IS.

[716] Les activités des sociétés nouvelles qui rentrent dans ce champ sont énumérées à l'article 60 de la directive relative à l'IS. Il s'agit des activités industrielles, minières, agricoles et forestières.

[717] BEGNI BAGAGNA, Thèse, op. cit., p. 78.

[718] Article 67 de la directive relative à l'IRPP.

[719] Le quotient familial est une technique fiscale qui consiste à déterminer l'IRPP à payer en tenant compte des charges de famille. On parle encore de foyer fiscal. V. BEGNI BAGAGNA, Thèse, op. cit., pp. 94-95. V. article 70 de la directive relative à l'IRPP.

Proportionnelle (TP), et la Surtaxe Progressive (SP). Depuis 2004, ce mode de calcul a été substitué au barème de progressivité avec pour base d'imposition les revenus nets catégoriels. Avec la loi de finances pour l'exercice 2015, ce mode de calcul se fait désormais par application d'un taux proportionnel de 30 % en principal pour les revenus relevant de la catégorie des BIC, BNC, BA, et RF. Pour ce qui est des traitements et salaires, le principe applicable reste le barème de progressivité après abattement forfaitaire de 500 000 francs. Ces multiples évolutions dans le cadre législatif camerounais nous confortent dans l'idée des approximations dans la détermination d'une politique fiscale interne adossée sur le respect du cadre communautaire, mais aussi du peu d'intérêt que les autorités nationales accordent au respect des prescriptions communautaires. Comment appréhender donc l'harmonisation fiscale dans un tel contexte ? Dans tous les cas, ce qui est perceptible en pratique reste et demeure la souveraineté quasi absolue des États dans la détermination de leur politique fiscale, ce qui semble bien remettre en cause toute la pertinence de l'idée d'harmonisation communautaire qui réside essentiellement dans le principe de subsidiarité, avec pour base la répartition des compétences qui ici semble inexistantes en pratique. Il s'agit de spécifier d'une part les matières qui relèvent de la compétence de la communauté, et d'autre part celles qui relèvent du droit fiscal interne.

S'agissant de la fiscalité indirecte, elle repose essentiellement sur deux catégories d'impôts : la taxe sur la valeur ajoutée (TVA) et le droit d'accises. Il s'agit là d'impôts qui frappent les produits. C'est dire qu'il s'agit d'impôts supportés par le consommateur final dans le cadre de tout achat ou transaction effectuée. Il arrive ainsi que dans le cadre des transactions intracommunautaires, les entreprises exerçant dans un espace communautaire à travers la libre circulation des biens et services se trouvent confrontées au problème du lieu de taxation des produits[720]. L'harmonisation de la fiscalité indirecte dans la CEMAC a pour fondement la directive n° 1/99/CEMAC-028-CM-03 du 17 décembre 1999 relative à la TVA et aux droits d'accises.[721] En effet, si cette harmonisation semble effective à travers l'énoncé juridique

[720] ALBERT (J. –L.), « La TVA dans la perspective de l'élargissement de l'Europe », in (dir) LEROY (M.), op. cit., p. 100.

[721] L'ensemble du dispositif juridique de l'harmonisation de la fiscalité indirecte en CEMAC se trouve dans la directive n° 1/99/CEMAC-028-CM-03 du 17 décembre 1999 relative à la TVA et les droits d'accises.

prescrit par la directive fiscale y relative, il faut relever qu'en pratique, l'intégration économique ne peut se faire que par le truchement de la réalité d'un marché unique intégré dont la matérialité se fait autour de la TVA. Or, la TVA dans le marché commun de la CEMAC connaît jusqu'ici un succès mitigé, terni par des approximations et des imperfections patentes.

c- La primauté de la souveraineté fiscale nationale

La souveraineté fiscale suppose la compétence absolue dont dispose un État pour organiser comme il l'entend son pouvoir fiscal dans les limites de son territoire.[722] La question ici est donc celle de savoir comment réussir à concilier souveraineté fiscale et communautarisme fiscal, au regard du contexte communautaire de la CEMAC qui est marqué par une prégnance des souverainetés des États.[723] Il faudrait certainement, si l'on veut véritablement installer la CEMAC dans une dynamique d'intégration durable, repenser ce communautarisme en mettant en avant l'intérêt de toute la communauté.[724] Cela passe alors par une répartition claire des compétences, et la relégation au second plan des intérêts propres des États. Seulement, avec la volonté politique, associée à cela la mise en place d'un cadre juridique et institutionnel suffisamment contraignant pour les États qui optent d'adhérer à cette dynamique, on peut finir par y arrive.

2- L'unanimité décisionnelle : source de blocage des communautarismes

Les organisations d'intégration économique, en tant qu'organisations supranationales, sont censées avoir une prééminence sur les structures nationales[725]. Or, le mode opératoire souvent utilisé

---

[722] BANGO (A.), Thèse, op. cit., p. 34.

[723]MOUELLE KOMBI (N.), « L'intégration régionale en Afrique centrale, entre inter-étatisme et supranationalisme », in (dir) BEN HAMMOUDA (H.), BEKOLO EBE (B.), TOUNA MAMA, *L'intégration régionale en Afrique centrale, bilan et perspectives*, Karthala, Paris, 2003, pp. 205-229.

[724] GNIMPIEBA TONNANG (E.), « La libre circulation des personnes et des services en Afrique centrale : entre consécrations théoriques et hésitations politiques », Juridis périodique, n° 71, Juillet-Aout-Septembre 2007, pp. 81-101. V. FOKAM (P.), « La problématique de l'intégration économique en Afrique, une approche pratique », in (dir) BEN HAMMOUDA (H.), BEKOLO EBE (B.), TOUNA MAMA, op. cit., pp. 292-293.

[725] MOUELLE KOMBI (N.), op. cit. V. MAITROT DE LA MOTTE, op. cit, in (dir) LEROY (M.), op. cit., p. 190.

dans ces organisations dans les processus décisionnels est celui de l'unanimité. Il s'agit, par ce principe de l'unanimité, de s'assurer au niveau de tous les États membres de leur volonté du vouloir-vivre commun. L'espace communautaire étant par essence un cadre de promotion et d'encouragement du vouloir-vivre commun, il serait impossible en théorie d'imposer à un État une vision qu'il ne partage pas. Étant donné qu'il s'agit dans ce cadre d'une dynamique qui associe et intègre l'ensemble de la nation, les Etats ont posé le principe de l'unanimité comme élément fondateur de ce communautarisme.

Seulement, si ce principe en théorie semble fondé et pertinent, sa mise en œuvre pratique est assez problématique, et est même la source de l'essentiel des blocages qui contribuent à freiner l'intégration en Afrique centrale. On se trouve donc ici devant une juxtaposition d'intérêts égoïstes des États. C'est d'ailleurs la raison pour laquelle, l'acte juridique fiscale communautaire par excellence en CEMAC reste la directive, car moins contraignante pour les États, et leur offrant une marge de manœuvre suffisante dans son application, qu'il n'est pas toujours aisé pour les États d'exécuter jusqu'au bout ces directives lorsqu'ils n'y trouvent pas leurs intérêts.

Il serait important aujourd'hui de revoir le mode décisionnel de la CEMAC pour substituer au principe de l'unanimité celui de la majorité qualifiée des voix. Par cette technique, on lèverait les obstacles à l'intégration régionale.[726]

Si tel est l'état des lieux de l'harmonisation fiscale dans ces espaces, il apparaît nécessaire dans le cadre de l'OHADA de fusionner ces deux législations harmonisées, pour voir jaillir une harmonisation fiscale OHADA, constituée des deux corpus de règles.

B- Harmonisation fiscale CEMAC-UEMOA : la base d'un droit fiscal OHADA

Il convient de rappeler d'emblée que les processus d'harmonisation des règles fiscales existent bel et bien au sein de chaque sous-région[727].

---

[726] BEGNI BAGAGNA, Thèse, op. cit., p. 104.

[727] GAMALEU KAMENI (C.), op. cit., p. 1235. V. directive 01/99/CEMAC-028-CM-03 du 17 décembre 1999 portant harmonisation des législations des États membres en matière de taxe sur la valeur ajoutée et de droit d'accises. Directive 02/2009/CM/UEMOA du 27 mars 2009 portant harmonisation des législations des États membres en matière de taxe sur la valeur ajoutée.

Que ce soit dans le cadre de la CEMAC ou de l'UEMOA, il existe des normes communes en matière de fiscalité directe et de fiscalité indirecte. Si cette harmonisation détermine dans chaque cas une fourchette à l'intérieur de laquelle les taux d'imposition des États concernés doivent se situer, il pose néanmoins un problème de concordance des taux pour les pays dans un même espace.

De manière concrète, il s'agit de procéder à un rapprochement des législations fiscales communes à chaque sous-région pour ne voir jaillir qu'une seule législation. Il faut alors mettre en place un comité d'experts des représentants des deux sous-régions qui devront explorer toute la juridicité des traités fondateurs des deux communautés et de leur réglementation commune, recueillir les axes de convergence et surtout de divergences pour les aplanir. On pourra donc voir émerger une réglementation fiscale commune au-dessus des deux sous-régions et qui s'impose à elles : une sorte d'harmonisation fiscale OHADA. À ce niveau, étant donné les différences énormes entre les économies des États membres, il serait urgent pour éviter la résurgence du souverainisme fiscal, procéder à une ratification à l'image des actes uniformes OHADA, ceci après évaluation par un comité d'experts des différents pans de l'économie du pays qui sollicite d'entrer dans ce cadre harmonisé[728].

Les régionalismes africains reposent plus sur des affinités géographiques que sur des volontés réelles de développement[729] d'où l'urgente nécessité d'exiger de la part des États une réelle volonté politique pour la concrétisation d'une telle démarche dont le succès constitue un point central pour le développement économique global.

---

[728] ALBERT (J.-L.), « La TVA dans la perspective de l'élargissement de l'Europe », in (dir) LEROY (M.), *Mondialisation et fiscalité, la globalisation fiscale,* op. cit., p. 97. MAITROT DE LA MOTTE (A.), *Souveraineté fiscale et construction communautaire : recherche sur les impôts directs*, LGDJ, 2005, p. 139.

[729] OYAYA (J. R.), « L'oubli des réalités régionales dans l'intégration en Afrique centrale : le cas de la CEMAC », in Mondes en développement, Vol 3, n° 115-116, 2001, pp. 103-116.

Paragraphe 2- La répartition effective des compétences fiscales : gage de réussite

La réussite d'une telle œuvre passe par une répartition des compétences fiscales entre la communauté (A) et le national (B) en fonction des matières en présence.

A- La compétence exclusive de la communauté en matière de fiscalité indirecte : une TVA intracommunautaire

La fiscalité indirecte repose essentiellement sur deux catégories d'impôts : la taxe sur la valeur ajoutée (TVA) et le droit d'accises. Il s'agit d'impôts qui frappent des biens et services, et qui sont supportés par le consommateur final dans le cadre de tout achat ou transaction effectuée. L'UEMOA et la CEMAC étant des regroupements communautaires à vocation économique, la marche vers la réalisation d'un marché commun, matérialisation concrète de l'intégration économique et de l'émergence des entreprises passe par un effacement des frontières. La TVA intracommunautaire apparaît donc comme l'instrument véritable de cette intégration. Cela suppose la disparition des frontières physiques, techniques, mais aussi fiscales entre les États membres. Tout l'espace communautaire étant désormais considéré comme un seul et même territoire, les concepts tels que « exportation » et « importation » deviennent alors inopérants et devraient disparaître. Le passage d'un bien ou d'une entreprise d'un État membre à un autre est réputé se faire dans un cadre interne. Par ailleurs, les échanges entre un État membre et un autre non membre restent assujettis aux règles de l'import-export.

Il s'agit donc pour la réussite de cette intégration économique à l'échelle de l'OHADA, d'harmoniser les deux directives CEMAC-UEMOA en matière de TVA[730], mais surtout faire de l'ensemble du territoire de cette communauté un espace sans frontières avec une libre circulation des biens et services entre les différents États parties au Traité OHADA, en éliminant toute fiscalité de porte entre ces États.. Instituer une fourchette de taux avec possibilité pour chaque État de

---

[730] V. directive 01/99/CEMAC-028-CM-03 du 17 décembre 1999 portant harmonisation des législations des États membres en matière de taxe sur la valeur ajoutée et de droit d'accises. Directive 02/2009/CM/UEMOA du 27 mars 2009 portant harmonisation des législations des États membres en matière de taxe sur la valeur ajoutée

déterminer son taux à l'intérieur de cette fourchette. Il restera alors dans le cadre de cette TVA intracommunautaire, de déterminer le système de taxation à la TVA le plus favorable pour le marché unique.

Trois systèmes de taxation sont ainsi proposés :

- Le système du taux zéro (inapproprié ici parce qu'adapté aux échanges extracommunautaires avec la consécration des notions d'import-export),
- Le système du pays de destination (inapproprié, car la transaction est exonérée dans le pays d'origine pour être taxée dans le pays de destination. Seulement, si le taux appliqué est celui du pays de destination, la taxation se fait à l'achat du bien soit au départ contre paiement à l'achat. Ce qui pose le problème de la disponibilité des recettes dans le pays de destination qui verra cette recette lui échapper),
- Le système du pays d'origine (la taxation des biens et services provenant d'un Etat de la communauté pour un autre État se fait ici comme de simples achats effectués à l'intérieur des frontières d'un État membre. L'ensemble de l'espace communautaire étant considéré comme un État, la TVA prélevée dans le pays d'origine sera reversée au pays destinataire, à travers une franche collaboration des administrations fiscales et la chambre de compensation au niveau communautaire dont le rôle est de contrôler l'effectivité des reversements, car, le principe dans un marché unique est l'équilibre des économies et des finances des États membres).

Tout compte fait, l'harmonisation de la fiscalité indirecte dans l'espace OHADA semble être le point focal de la réussite de l'intégration économique. Qu'en est-il de la fiscalité directe ?

B- L'harmonisation de la fiscalité directe : une compétence nationale contrôlée et encadrée

L'harmonisation de la fiscalité directe dans l'espace de l'OHADA se fera essentiellement par un rapprochement des législations communautaires CEMAC[731]-UEMOA y afférentes. Il s'agit de l'impôt

[731] Directive 01/04-UEAC-177 du 30 juillet 2004 relative à l'impôt sur le revenu des personnes physiques. Directive 02/01-UEAC-050-CM-06 du 03 août 2001 relative à l'impôt sur les sociétés.

sur les sociétés (IS) et l'impôt sur le revenu des personnes physiques (IRPP).

Il s'agira pour les États parties au Traité OHADA de s'arrimer à la réglementation harmonisée dans leur cadre législatif fiscal national respectif. La détermination des règles communes d'assiette, de détermination du bénéfice, du calcul de l'impôt ainsi que de la fourchette des taux doivent être respectées. Cela permet ainsi aux entreprises de mieux se mouvoir dans un espace sans risque énorme de différence entre les textes de droit applicables à leurs affaires. Si chaque État peut alors librement déterminer ses choix fiscaux tout en restant dans les limites de la réglementation harmonisée, cette liberté reste néanmoins bien encadrée afin d'éviter une concurrence fiscale dommageable dans l'espace communautaire, et qui serait préjudiciable au développement global. Cet encadrement communautaire se fait à travers :

- Le contrôle des mesures juridiques et fiscales déloyales pour le marché commun (la répression des abus de position dominante dans les monopoles légaux, le dumping fiscal, les régimes fiscaux privilégiés),
- Le contrôle juridique communautaire des aides d'État en matière fiscale (les aides fiscales d'État interdites comme principe, avec celles qui sont compatibles comme exception et dans des cas bien précis).

L'implémentation concrète de ces règles, techniques et politiques fiscales ainsi élaborées peut constituer une base efficace pour jeter les jalons de l'idée d'une « Afrique fiscale » forte, gage de développement de l'Afrique.

Conclusion chapitre 1

Les espaces CEMAC et UEMOA étant les deux communautarismes qui constituent l'OHADA, il nous est apparu opportun pour la réalisation d'une théorie de droit fiscal OHADA, de procéder à une harmonisation des législations fiscales des deux entités. La mise en œuvre de cette nouveauté fiscale peut ainsi servir d'élément de projection vers une « *Afrique fiscale* », étape ultime pour l'effectivité d'un marché commun africain, gage de développement.

Chapitre 2 :

Vers une « Afrique fiscale » : exigence pour un marché commun

L'intégration est le processus par lequel deux ou plusieurs pays cherchent à éliminer les barrières discriminatoires existant entre eux pour établir un espace économique unique[732]. Devant les changements profonds qui affectent l'économie mondiale, l'intégration apparaît comme la réponse adéquate au phénomène de globalisation. La constitution des blocs comme l'Union Européenne, l'accord de libre-échange Nord-Américain (ALENA) témoigne bien de la nécessité des pays à cheminer en groupe pour résister ou réagir efficacement à la pression de l'économie mondiale. Bien évidemment, pour les besoins de stabilité financière et de croissance économique, l'Afrique doit fortement s'en inspirer au regard de la faiblesse actuelle de son tissu économique pour donner une riposte exemplaire eu égard au potentiel dont elle dispose.

Pour attirer donc suffisamment d'investisseurs et booster ainsi son développement, l'urgence d'une fiscalité à l'échelle africaine s'impose[733]. L'esquisse d'une fiscalité africaine passe par une participation positive des organisations régionales et sous régionales d'intégration africaine à vocation économique (section 1) dans les divers processus d'harmonisation, mais aussi d'un organe économique supra nationale adossée sur l'Union Africaine (section 2).

---

[732] ZOGBELEMOU TOGBA, *Droit des organisations d'intégration économique en Afrique (CEDEAO-CEMAC-UEMOA-ZMAO),* L'Harmattan, Paris, 2014, p. 45. Selon cet auteur, l'intégration désigne le développement de rapports économiques, sociaux et politiques créant une interdépendance croissance entre les États. Elle comprend la libéralisation des mouvements des biens et des facteurs de production de façon à éliminer progressivement les frontières entre deux ou plusieurs pays et à former un marché intérieur.

[733] NGAKOSSO (A.), « La fiscalité et la dynamique de l'intégration : cas de la constitution du marché unique CEMAC », Revue Africaine de l'Intégration, vol. 2, n° 2, Juillet 2008, p. 5.

Section 1- L'harmonisation fiscale entre l'OHADA et les autres organisations d'intégration d'Afrique

Une véritable intégration économique à l'échelle africaine, qui suppose une libéralisation des mouvements des biens et services avec in fine une suppression des frontières entre Etats, passe par une harmonisation fiscale entre les différents États.

Il existe en Afrique une multitude d'organisations régionales et sous régionales d'intégration à vocation économique ayant mis en place en leur sein des cadres juridiques harmonisés en matière fiscale[734]. Ainsi, l'harmonisation fiscale de l'Afrique dont le tracé des chemins doit se faire peut s'envisager à deux niveaux : dans un premier temps, identifier les différentes organisations d'intégration en Afrique (paragraphe 1), puis dans un second temps envisager les modalités concrètes d'harmonisation fiscale entre ces différentes organisations d'intégration d'Afrique (paragraphe 2).

Paragraphe 1- Les différentes organisations d'intégration régionale en Afrique

Nous allons explorer dans cette rubrique les différentes parties de l'Afrique et les communautarismes régionaux qui y sont rattachés. La CEMAC et la CEEAC en Afrique Centrale (A), l'UEMOA et la CEDEAO en Afrique de l'Ouest (B), la SADC et le COMESA en Afrique de l'Est et du Sud (C), l'UMA et l'IGAD en Afrique du Nord (D).

---

[734] La CEMAC (Communauté Economique et Monétaire de l'Afrique Centrale), créée en 1994, mais a un réel problème de concrétisation de son intégration économique et même d'une libre circulation des biens et services qui n'existe que sur papier. Il existe néanmoins une harmonisation fiscale. L'UEMOA (Union Economique et Monétaire Ouest Africaine), créée en 1994, elle prône une réelle intégration économique entre les États par un marché ouvert et concurrentiel. Il existe ici une harmonisation fiscale, et une zone de libre-échange. La CEDEAO (Communauté Economique des États d'Afrique de l'Ouest) créée en 1975. Le COMESA (Marché Commun de l'Afrique Australe et Orientale) créé en 1994. La SADC (Communauté pour le Développement de l'Afrique Australe) créée en 1992. L'UMA (Union du Maghreb Arabe) créée en 1989. CEN-SAD (Communauté des Etats Sahélo-Sahéliens), CEEAC (Communauté Economique des Etats de l'Afrique Centrale).

A- La CEMAC et la CEEAC

Ces deux organisations d'intégration ont pour sphère territoriale de compétence l'Afrique centrale dans son approche large. Les pays suivants y sont membres : Cameroun, Gabon, Tchad, Congo, République Centrafrique, Guinée Équatoriale, Rwanda, Burundi, Angola, Sao Tome et Principe, République Démocratique du Congo.

Il est important de relever qu'au-delà des aspects politiques et sécuritaires qui intéressent ce communautarisme, des aspects économiques y apparaissent de manière forte pertinente, même si pratiquement l'implémentation de ses politiques pose encore problème. Parmi ces éléments, on peut lire la promotion et le renforcement d'une coopération harmonieuse et un développement dynamique équilibré et autoentretenu dans tous les domaines de l'activité économique en vuc d'élever le niveau de vie des populations.

B- La CEDEAO et l'UEMOA

Ces deux ensembles regroupent en leur sein les pays d'Afrique de l'Ouest de manière globale, même si la composante UEMOA est constituée essentiellement des pays d'Afrique francophone. De manière globale, on peut citer : Bénin, Burkina Faso, Côte d'Ivoire, Gambie, Ghana, Guinée, Guinée-Bissau, Libéria, Mali, Niger, Nigéria, Sénégal, Sierra-Léone, Togo, Cap-Vert, Maroc.

Sur le plan économique, il s'agit pour ces organisations de promouvoir la coopération et l'intégration dans la perspective d'une union économique en vue d'élever le niveau de vie des populations, maintenir et accroître la stabilité économiquc.

Si les pays membres de ces quatre organisations d'intégration sus évoquées constituent l'essentiel ou la grande majorité de l'ossature de l'OHADA, on peut observer sur le plan économique que bien qu'un canevas soit déjà prescrit, le caractère coopératif plutôt qu'intégratif auquel il est fait mention, ne facilite pas une intégration économique effective, gage de développement. Quoi qu'on dise, des aspects juridiques concernant l'harmonisation fiscale existent bel et bien dans ces différents communautarismes. Mais cela est-il suffisant pour une intégration véritable ?

Qu'en est-il des autres communautarismes régionaux d'Afrique ?

C- La SADC et le COMESA

La communauté de développement de l'Afrique Australe (SADC) est composée de : Angola, Botswana, RDC, Lesotho, Madagascar, Malawi, Ile Maurice, Mozambique, Namibie, Seychelles, Afrique du Sud, Swaziland, Tanzanie, Zambie, Zimbabwe.

Le COMESA (Marché Commun de l'Afrique Australe et Orientale) comprend : Burundi, Comores, RDC, Djibouti, Egypte, Erythrée, Ethiopie, Kenya, Libye, Madagascar, Malawi, Ile Maurice, Rwanda, Seychelles, Soudan, Ouganda, Zambie, Zimbabwe, Swaziland.

L'objectif de ces organisations d'intégration est de promouvoir le développement économique par la libre circulation des biens et services à l'intérieur de cet espace communautaire. Cela suppose logiquement la mise en place en son sein d'un cadre juridique et réglementaire harmonisé en matière fiscale.

D- L'UMA et l'IGAD

Ces deux organisations d'intégration interviennent globalement en Afrique du Nord. L'IGAD, Autorité Intergouvernementale pour le Développement réunie les États ci-après : Djibouti, Érythrée, Éthiopie, Kenya, Ouganda, Somalie, Soudan, Soudan du Sud.

Quant à l'UMA (Union du Maghreb Arabe) elle est composée de : Algérie, Libye, Maroc, Tunisie, Mauritanie. Dans l'un et dans l'autre cas, il s'agit d'organisation à vocation économique.

De manière générale, nous observons comme un chevauchement entre ces différentes organisations au regard des États qui les composent, et qui dans certains cas figurent comme membres à la fois de plusieurs organisations régionales d'intégration. Fondamentalement, les communautarismes africains reposent plus sur des affinités géographiques que sur une réelle volonté d'intégration dans le but de servir des intérêts communs à but de développement économique.

Néanmoins, on relève qu'au sein de ces différentes organisations régionales, il apparaît des objectifs communs de développement économique encadrés par des normes juridiques et fiscales bien structurées, et dont l'harmonisation pourrait constituer un élément déterminant d'une fiscalité africaine.

Paragraphe 2- Les modalités d'harmonisation pour une fiscalité africaine

L'effectivité d'une harmonisation des politiques fiscales à l'échelle africaine impose, au-delà d'une volonté politique avérée des autorités politiques, une démarche pratique (A), et un nivellement des économies (B).

A- La démarche pratique

Il s'agira donc de manière pratique de créer un cadre de concertation de haut niveau qui réunira les experts de chacune de ces communautés économiques. Il pourrait prendre la dénomination de « cadre de concertation pour l'harmonisation fiscale de l'Afrique ». Ces experts, désignés par chaque communauté, devront alors à l'issue de ce travail, proposer à l'échelle de l'Union Africaine des propositions pertinentes et efficaces d'un cadre juridique fiscal harmonisé, où on pourra distinguer les domaines qui relèveront de la compétence de l'Union Africaine, de ceux qui seront de la compétence des États. Un tel cadre une fois adopté devra faire l'objet d'une implémentation progressive en fonction du niveau de développement économique des États. Car, la trop grande différence entre les économies africaines impose au préalable une mise à niveau de celles-ci pour que l'Union fiscale devienne un élément d'attractivité pour tous. L'adhésion à cette Union fiscale africaine, accomplissement de l'intégration économique se fera par admission sur la base du respect des préalables établis.

Une harmonisation de la fiscalité indirecte africaine avec l'instauration d'une TVA intracommunautaire africaine suivant le canevas démontré s'agissant de l'harmonisation de la fiscalité indirecte dans l'espace de l'OHADA, et une harmonisation de la fiscalité directe à l'échelle africaine, avec un contrôle au sommet du respect des directives et règlements communautaires par l'Union, et à la base un contrôle des communautarismes régionaux et sous régionaux.

B- La mise à niveau des économies

La mise à niveau des économies suppose une réglementation rigoureuse et un certain nombre de préalables que les différents pans de l'économie du pays candidat à l'Union fiscale devront remplir pour voir sa candidature validée. Le comité d'experts qui aura validé la candidature au niveau de chaque sous-région, devra transmettre le dossier au comité d'experts de l'Union qui après une étude rigoureuse devra se prononcer. L'intégration économique au niveau de l'Union avec le bénéfice des règles fiscales harmonisées se fera progressivement. Seuls les États admis devront jouir entre eux des avantages et privilèges de la libre circulation des biens et services et d'une véritable intégration.

Afin que tout ceci soit mieux structuré et contrôlé, un organe économique supranational à l'échelle de l'Union Africaine doit être mis en place, mais aussi une volonté politique réelle d'intégration des États membres.

Section 2- La nécessité d'un organe économique supranational à l'échelle africaine

Il s'agira pour nous ici d'explorer le bien-fondé de cet organe supranational dans le processus de mise en œuvre d'une fiscalité africaine (paragraphe 1), puis l'impact de l'harmonisation fiscale africaine dans la stabilité financière et la croissance économique globale (paragraphe 2).

Paragraphe 1- Bien-fondé de l'organe supranational

L'un des éléments majeurs de l'échec de l'intégration économique en Afrique et surtout dans les sous-régions réside dans le manque de volonté politique des dirigeants qui se reflète dans la qualité des institutions et de leurs compétences, mais aussi la divergence des économies.

S'il est admis comme cela a été démontré dans ce travail que dans la mondialisation et la globalisation économique actuelle, seuls les regroupements d'États sont appelés à survivre et à faire face à l'économie mondiale, l'urgence d'une Afrique économiquement unie s'impose avec acuité pour relever les multiples défis au développement.

L'Afrique est un continent qui regorge d'énormes potentialités. Seulement, leur usage laisse à désirer, raison pour laquelle il y a beaucoup à faire ici. Si l'harmonisation fiscale est retenue et apparaît comme pertinente pour une libéralisation de l'économie, une libre circulation des biens et services, et une zone de libre-échange, la démarche de son implémentation effective reste à tracer.

L'Union africaine apparaît pour l'instant comme l'instance suprême du communautarisme africain, où l'essentiel des Etats sont membres. Si son caractère plus coopératif qu'intégratif reste la source principale de ses approximations et de ses faiblesses marquées, c'est certainement en raison de l'absence d'une vision ou d'un cadre supranational qui s'impose aux États et leur paraît même contraignant. Il s'agit donc pour la réussite d'une telle œuvre qu'il soit envisagé au préalable une institution africaine, organe de l'Union ayant une force supérieure aux États, et donc le rôle sera de prôner l'intégration économique véritable de l'Afrique. Celle-ci va ainsi s'appuyer sur les communautarismes régionaux et sous régionaux pour fixer le cap d'une intégration économique africaine à travers une mutualisation des bonnes pratiques commerciales et fiscales, une harmonisation fiscale, une mise à niveau des économies et un renforcement des règles juridiques communautaires. L'adhésion à cette Union fiscale africaine, accomplissement de l'intégration économique se fera par admission sur la base du respect des préalables établis.

Une harmonisation de la fiscalité indirecte africaine avec l'instauration d'une TVA intracommunautaire africaine suivant le canevas démontré s'agissant de l'harmonisation de la fiscalité indirecte dans l'espace de l'OHADA, et une harmonisation de la fiscalité directe à l'échelle africaine, avec un contrôle au sommet du respect des directives et règlements communautaires par l'Union, et à la base un contrôle des communautarismes régionaux et sous régionaux.

Paragraphe 2- « Afrique fiscale » : élément de stabilité financière et de développement économique globale

L'harmonisation fiscale à l'échelle africaine est un élément stabilité des finances publiques des États (A) et de développement économique (B).

A- Harmonisation fiscale et stabilité financière

La fiscalité constitue un des points forts de la souveraineté des États. Elle relève des prérogatives exorbitantes de puissance publique, et les États en toute autonomie s'y fondent pour financer leur budget, et ainsi réaliser les programmes de développement. Pour équilibrer donc ses finances publiques, les États acceptent difficilement de partager cette compétence.

Seulement, la mondialisation économique aujourd'hui impose les regroupements communautaires. Sur ce chemin, l'harmonisation fiscale est nécessaire. Pour éviter les déséquilibres budgétaires dans les finances des États, ce qui justifie d'ailleurs leur réticence, des mesures efficaces de lutte contre la concurrence fiscale dommageable existent et permettent ainsi d'encourager la compétitivité des entreprises dans l'espace communautaire. La réussite économique d'un État dans un espace fiscal communautaire harmonisé passe par la compétitivité de ses entreprises. En luttant contre la concurrence fiscale dommageable, cela évite que les entreprises soient plus attirées vers les pays les moins-disants fiscalement, et que ceux-ci voient leurs finances publiques se comporter au mieux au détriment des autres. La philosophie communautaire de lutte contre la concurrence fiscale dommageable et de libre circulation des biens et services permet ainsi à chaque État d'engranger des ressources nécessaires pour financer son budget.

B- Harmonisation fiscale et développement socio-économique

L'harmonisation fiscale réelle avec pour corollaire la libre circulation des biens et services dans un espace communautaire comme l'Union Africaine, qui regroupe en son sein les différents communautarismes régionaux d'Afrique, a pour finalité une intégration économique effective à travers un marché commun. La stabilité financière évoquée plus haut permet ainsi aux Etats de mettre en œuvre les politiques publiques de développement dans divers domaines, et d'améliorer les conditions de vie des populations, et créer des infrastructures à même de booster l'économie du pays concerné. Il s'agit là d'un challenge permanent afin que les entreprises puissent être compétitives sur le plan communautaire.

Conclusion chapitre 2

L'intégration économique de l'Afrique, si elle repose fondamentalement sur une volonté politique réelle, elle a pour élément majeur de fonctionnement la libre circulation des biens et services entre États à l'intérieur des différentes organisations d'intégration économique d'Afrique, et entre ces différentes organisations d'intégration entre elles. La matérialisation concrète de cette démarche ne fait sens qu'à travers la fiscalité, et plus précisément l'harmonisation fiscale. Il s'agit donc, pour une Afrique économiquement forte, de constituer une harmonisation fiscale à l'échelle du continent, pour résister aux aléas et défis de l'économie mondiale, et se mettre véritablement sur le chemin du développement.

Conclusion titre 2

La construction de l'idée d'une « Afrique fiscale » qui reposerait sur l'harmonisation des fiscalités indirectes principalement, et directes subsidiairement de toutes les organisations d'intégration économique africaine, constitue le gage potentiel de réalisation d'un marché unique africain à travers une libre circulation des biens et services. La globalisation économique des affaires aujourd'hui l'impose.

Le niveau négligeable et même insignifiant des économies de la majorité des États africains les rend vulnérables, voire inexistants, au contact des autres qui ont compris la nécessité des communautarismes économiques. « Afrique économique » doit urgemment s'unir et s'intégrer pour répondre aux défis de l'heure. Autrement, elle disparaîtrait. Sur ce chemin, l'aménagement adéquat de la fiscalité communautaire est une exigence incontournable.

Conclusion seconde partie

L'intégration économique réelle de l'Afrique reste et demeure la condition essentielle vers le processus de développement véritable de l'Afrique. C'est l'élément incontournable si l'Afrique veut répondre efficacement ou donner une riposte exemplaire à la globalisation économique qui fait place uniquement aux entités communautaires.

Sur ce chemin, la fiscalité en tant qu'ensemble des lois, mesures et techniques visant à financer par l'impôt le budget d'un État, semble être un atout majeur pour permettre ainsi une mobilisation efficace, pertinente et rationnelle des recettes en vue du financement du développement. Pour parvenir à cette fiscalité de développement, une réflexion sur la nécessité d'une « Afrique fiscale » gage d'intégration économique et de développement s'avère être une exigence. Si celle-ci passe par une fiscalité d'attractivité efficace pour améliorer le climat des affaires et attirer suffisamment d'investisseurs, l'environnement juridique de l'espace de l'OHADA peut inspirer une harmonisation fiscale d'avec les autres espaces communautaires régionaux et sous régionaux d'Afrique. La concrétisation de cette vision d'une Afrique unie, forte face aux contingences de l'économie mondiale est le gage véritable de son développement.

CONCLUSION GÉNÉRALE

Comment parvenir à une fiscalité de développement à l'échelle de l'Afrique en général et du Cameroun en particulier à partir de l'espace de l'OHADA ? Telle est la question centrale qui a guidé cette réflexion.

Parvenu au terme de cette longue marche intellectuelle, nous pouvons alors affirmer sans risque de nous tromper que les chemins de la fiscalité de développement[735] sont complexes et multiples.

Complexes, en raison de sa difficile mise en œuvre tenant à l'inadaptation des schémas juridiques[736] et économiques implémentés jusqu'ici au développement par la fiscalité, et qui ne cadrent pas avec la réalité locale[737].

---

[735] V. CHAMBAS (G.), *Afrique au sud sahara : mobiliser des ressources fiscales pour le développement*, Economica, Paris, 2005. Lire, Rapport général de la Commission de réforme fiscale du Cameroun, 2007. ABESSOLO (S.), « *Réflexions et propositions pour une fiscalité du développement en Afrique Centrale* », Conférence consultative régionale en Afrique du 5 au 7 novembre 2007, Accra, Consulté le 28 février 2015 à 17h 15minutes. LOGMO BELEK (A.), *Les obstacles juridiques, administratifs et culturels au développement d'une fiscalité orientée vers la responsabilité, la transparence*, Thème présenté lors de la conférence du CAFRAD tenue à Tanger au Maroc du 29 novembre au 1er décembre 2010 sous le thème général « *La réforme des politiques fiscales axées sur l'innovation et la modernisation des institutions en charge de la collecte et de la gestion du patrimoine public*, consulté le 2 mars 2015 à 14 h 29 minutes. NDZANA BILOA (A. S.), *La fiscalité, levier pour l'émergence des pays africains de la zone franc : le cas du Cameroun*, op. cit., 348 p. Sur la fiscalité de développement, lire, Rapport général de la Commission de réforme fiscale du Cameroun, 2007.

[736] ONDOA (M.*), Introduction historique au droit camerounais : la formation initiale. Eléments pour une théorie de l'autonomie des droits africains*, op. cit., p. 37. ABDOULLAH CISSE, « Pour une approche plurale du droit africain », in (dir) BOKALLI (V. E.) et autres, *De l'esprit du droit africain*, Mélanges en l'honneur de Paul Gérard POUGOUE, op. cit., p. 2.

[737] OYAYA (J. R.), « L'oubli des réalités régionales dans l'intégration en Afrique Centrale : le cas de la CEMAC », in Mondes en développement, vol. 3, n° 115-116, 2001, pp. 103-113. FOMETEU (J.), « *L'OHADA : l'idéologie et le système* », in (dir) BOKALLI (V. E.) et autres, op. cit., pp. 305-307.

Multiples, par la diversité des techniques et stratégies envisagées et démontrées tout au long de cette analyse pour arriver à la certitude d'un résultat probant et efficace.

Il faut reconnaître que la fiscalité de développement dans le contexte africain se décline en deux versants : une fiscalité d'attractivité efficace à travers la sécurité juridique et judiciaire des investissements, gage d'un élargissement substantiel de l'assiette fiscale, d'une création multiple d'entreprises et d'une mobilisation rationnelle des recettes d'une part. Une fiscalité communautaire effective, gage d'un développement économique global d'autre part qui passe forcément par une harmonisation fiscale bien structurée des législations fiscales des communautarismes régionaux et sous régionaux, et dont la concrétisation effective serait une panacée pour l'intégration économique et le développement global de l'Afrique.

La fiscalité d'attractivité exige la sécurité juridique et judiciaire des investissements et la modernisation des techniques et procédures fiscales, de même que le renforcement de la garantie des droits fiscaux de l'entreprise.

Il s'agit par la sécurité juridique, d'améliorer qualitativement et quantitativement la norme juridique. L'un des problèmes de nos structures juridiques aujourd'hui est la quantité énorme des lois applicables, et leur qualité approximative qui ouvre la voie à des interprétations multiples. D'où la nécessité de restaurer l'accessibilité, la prévisibilité et la stabilité des normes avec la multiplication des techniques telles que le rescrit fiscal[738].

La sécurité judiciaire quant à elle nous a conduit à développer l'usage des procédures d'urgence protectrices des investissements[739] : le référé, le sursis à exécution, l'arbitrage. Il serait également important de moderniser nos administrations[740], leurs techniques[741] et procédures[742] qui semblent être à l'opposé de l'avancée du monde et de l'intérêt des entreprises. La dématérialisation complète des

---

[738] LIPOP (E. R.), Mémoire master 2, op. cit. p. 36.

[739] ATECK A DJAM (F.), *Droit du contentieux fiscal camerounais*, op. cit., 267 p.

[740] PEKASSA NDAM (G.), « Les transformations de l'administration fiscale camerounaise », in (dir) ONDOA (M.), *L'Administration publique camerounaise à l'heure des réformes,* op. cit., pp. 29-40.

[741] Ibid., pp. 42-53.

[742] Ibid., pp. 54-59.

procédures[743] et le renforcement des droits fiscaux de l'entreprise en phase de contrôle et en phase contentieuse s'imposent. Ces différents actes constitueraient alors une avancée suffisante et concrète sur le chemin de la fiscalité de développement bénéfique aux entreprises et à l'État.

L'attractivité des investisseurs exige aussi une lutte efficace et acharnée contre la fraude et l'évasion fiscales, véritables fléaux pour nos économies qui contribuent à délester l'État des ressources pour son développement, mais aussi contribuer à la disparition des entreprises qui subissent la concurrence déloyale et la pression fiscale du fait des entreprises informelles.

La réussite de toutes ces opérations ne peut se faire sans la prise en compte du contexte communautaire régionale et continentale dans lequel le Cameroun évolue, d'où l'exigence d'une fiscalité communautaire effective à l'échelle africaine, ceci à partir des communautarismes régionaux.

Il faudrait pour cela mettre un accent sur la nécessité d'une véritable fiscalité communautaire pour éviter les coups d'une concurrence fiscale dommageable dans l'espace communautaire entre les entreprises d'États voisins soumises à des fiscalités différentes. L'harmonisation des politiques fiscales s'avère urgente avec l'exigence du contrôle des aides fiscales d'État et du *dumping* fiscal.

Aujourd'hui, l'intégration économique est une préoccupation majeure dans les communautarismes africains, du fait des pesanteurs économiques, politiques et juridiques. L'urgence de lever les barrières pour un marché unique s'impose. Celle-ci exige la libre circulation des biens et services, la suppression des frontières, la mise à niveau des entreprises et des économies, mais surtout un cadre juridique fort et une volonté politique réelle. C'est ainsi que l'harmonisation de la fiscalité directe et indirecte pourrait se constituer pour les entreprises comme le chemin véritable de l'intégration économique.

La mise en place d'un droit fiscal OHADA ne s'impose-t-elle pas en tant que processus vers une intégration économique et un grand marché

---

743 DIFFO TCHUNKAM (J.), « La dématérialisation au service de l'attractivité économique du droit OHADA : enjeux économiques et défis sécuritaires », in (dir) BOKALLI (V. E.) et autres, *De l'esprit du droit africain*, Mélanges en l'honneur de Paul Gérard POUGOUE, op. cit., pp. 225-244.

unique de l'Afrique ? La concrétisation d'une telle initiative serait une panacée pour le développement des entreprises camerounaises et africaines dans le contexte de la mondialisation de l'économie, mais surtout la mise en place d'une économie forte et prospère. Le rapprochement des législations fiscales CEMAC et UEMOA avec les législations économiques et fiscales des autres communautarismes en Afrique s'impose. La création d'un comité d'experts chargés d'évaluer et d'étudier *ex ante* les conditions d'adhésion, et *ex post* les résultats économiques engrangés et les efforts consentis pour maintenir la dynamique de l'union s'impose.

La fiscalité de développement au Cameroun et en Afrique à travers les entreprises est une exigence pour l'État moderne aujourd'hui.

Les pays d'Afrique et le Cameroun en particulier se trouvent aujourd'hui à la croisée des chemins sur la question de leur développement. Comment négocier favorablement ce virage décisif sur le plan fiscal au-delà de la prégnance de la souveraineté des États dans ce domaine ? La réponse se trouve dans la mise en commun d'un ensemble d'éléments à savoir :

- La sécurité juridique et judiciaire des investissements ;
- La modernisation de nos administrations fiscales ;
- La modernisation de la gouvernance fiscale ;
- Une fiscalité adossée sur les réalités économiques nationales et communautaires ;
- Une lutte efficace et acharnée contre la fraude et l'évasion fiscales ;
- La promotion de la justice et de l'équité fiscales ;
- L'utilisation adéquate des ressources fiscales pour l'intérêt général ;
- L'effectivité de l'intégration économique par une harmonisation réelle de la fiscalité dans les différents communautarismes régionaux d'Afrique afin d'enrayer la concurrence fiscale dommageable.

À défaut de cela, l'Afrique court le risque d'une marginalisation qui se fait de plus en plus croissante sur l'échiquier mondial où seuls les regroupements économiques résistent. L'un des facteurs essentiels, voire incontournables dans cette dynamique reste et demeure la fiscalité et le droit fiscal général.

BIBLIOGRAPHIE INDICATIVE

I- OUVRAGES

A- OUVRAGES GÉNÉRAUX

- ABANDA ATANGANA (A.), *L'administration fiscale et contribuable au Cameroun*, L'harmattan, Paris, 2011, 162 p.
- ADAM (F.), FERRAND (O.) RIOUX (R.), *Finances publiques,* Dalloz, Paris, 2010, 653 p.
- ANOUKAHA (F.), OLINGA (A. D.) (dir), *L'obligation, Études offertes au Professeur Paul-Gérard POUGOUE,* L'Harmattan, Cameroun, 2015, 1104 p.
- ATECK A DJAM (F.), *Droit du contentieux fiscal camerounais,* L'harmattan, Paris, 2009, 267 p.
- BASLE (M.), *Le budget de l'État*, Ed. La découverte, Paris, 2015, 127 p.
- BENNASSY–QUERE (A.), COEURE (B.), JACQUET (P.), PISANI-FERRY (J.), *Politique économique*, Deboeck, Bruxelles, 2004, 628 p.
- BERGEL (J. L.), *Méthodes du droit, théorie générale du droit,* Dalloz, Paris, 1989, 342 p.
- BETCH (M.), *Droit fiscal,* Vuibert, Paris, 2012, 416 p.
- BOKALLI (V.-E.) et autres, (dir), *De l'esprit du droit africain*, Mélanges en l'honneur de Paul Gérard POUGOUE, Éditions CREDIJ, 2014, 802 p.
- CASTAGNEDE (B.), *La politique fiscale*, PUF, coll. « Que sais-je ? », 2008, 206 p.
- CASTAGNEDE (B.), *Précis de fiscalité internationale*, PUF, Paris, 2010, 586p.
- COLLET (M.), *Droit fiscal*, PUF, Paris, 2007, 416 p.

- COZIAN (M.), *Précis de fiscalité des entreprises*, Lexis nexis, Paris, 2013, 883 p.
- DIFFO TCHUNKAM (J.), *Sources du droit OHADA, législation et doctrine*, Sopecam, Yaoundé, 2013, 235 p.
- GANKOU (J. M.), *Cameroun : le pari de la croissance et du développement*, Ed. Action, Yaoundé, 1999, 132 p.
- GANKOU (J. M.), *L'investissement dans les pays en développement : le cas du Cameroun*, Larcier, Belgique, 2012, 432 p.
- GATSI (J.) (dir.), *L'effectivité du droit de l'OHADA*, PUA, Cameroun, 2006, 320 p.
- GATSI (J.), *Le droit OHADA des sociétés coopératives*, L'Harmattan, coll. Droits africains et malgache, 2011, 196 p.
- HUGON (P.), *Économie de développement*, Dalloz, Paris, 1989, 165 p.
- HUGON (P.), *L'économie de l'Afrique*, Ed. La découverte, Paris, 2009, 127 p.
- ISAAC (G.), *Droit communautaire général*, Dalloz, Paris, 1999, 358 p.
- ISSA ABIABAG, *Le renouveau budgétaire au Cameroun*, PUL, Douala, 2013, 120 p.
- KAMTO (M.) (dir), *L'Afrique dans un monde en mutation, dynamiques internes ; marginalisation internationale* ?, Afrédit, France, 2011, 353 p.
- KERE KERE (G.), *Les voies d'exécution en droit OHADA*, Presses de l'UCAC, Yaoundé, 2011, 161p.
- KWEMO (S.), *L'OHADA et le secteur informel : l'exemple du Cameroun*, Larcier, Belgique, 2012, 432 p.
- LEKENE DONFACK (E. C.), *Finances publiques camerounaises*, Ed. Berger-levrault, Paris, 1987, 488 p.
- MALCOLM GILLIS, DWIGHT H. PERKINS, MICHAEL ROEMER, Donald, R. SNODGRASS, *Économie du développement*, Ed. nouveaux horizons, Belgique, 1998, 784 p.

- NGUEBOU TOUKAM (J.), *Cours de droit commercial général*, CAMUP, Yaoundé, 2004, 214 p.
- NYAMA (J. M.), *Éléments de droit des affaires*, Presses de l'UCAC, Yaoundé, 2002, 266 p.
- ONDOA (M.), (dir), *L'Administration publique camerounaise à l'heure des réformes,* L'Harmattan, Paris, 2010, 318 p.
- ONDOA (M.), *Introduction historique au droit camerounais : La formation initiale. Éléments pour une théorie de l'autonomie des droits africains*, Les éditions le kilimandjaro, Yaoundé, 2013, 319 p.
- OWONA (J.), *Contentieux administratif de la République du Cameroun,* PUL, Douala, 2013, 230 p.
- PIAZZON (T.), *La sécurité juridique*, Défrénois, Paris, 2009, 630 p.
- POUGOUE (P. G.), KALIEU ELONGO (Y. R.), *Introduction critique à l'OHADA*, PUA, Yaoundé, 2008, 225 p.
- POUGOUE (P. G.), NGUEBOU TOUKAM (J.), ANOUKAHA (F.), *Actes uniformes OHADA sur les sociétés commerciales et le groupement d'intérêt économique*, Juriscope, 2008, 589 p.
- RAWLS (J.), *Théorie de la justice*, Ed. du seuil, Paris 1987, 666p.
- RIPERT (G.), *Les forces créatrices du droit*, LGDJ, Paris, 1955, 423 p.
- SAKUTU AMVENE (J.), *Comptabilité des sociétés commerciales avec aspects juridiques et fiscaux*, Ed. La colombe, Douala, 2004, 407 p.
- STEFANI (G.), LEVASSEUR (G.), BOULOC (B.), *Droit pénal général*, Dalloz, Paris, 2000, 670 p.
- TCHAKOUA (J. M.), *Introduction générale au droit camerounais*, presse de l'UCAC, Yaoundé, 2014, 321 p.
- TOGBA ZOGBELEMOU, *Droit des organisations d'intégration économique en Afrique* (CEDEAO, CEMAC, UEMOA, ZMAO), L'Harmattan, Paris, 2014, 365 p.
- TROTABAS (L.), COTTERET (J. M.), *Droit fiscal*, Dalloz, Paris, 1975, 474 p.

- TSAFACK NANFOSSO (R.) (dir.), *Budget et politique économique en Afrique*, Clé, Yaoundé, 2007, 143 p.
- VERPEAUX (M.), JANICOT (L.), *Droit public, Pouvoirs publics et action administrative*, PUF, coll. Major, Paris, 2009, 490 p.

B- OUVRAGES SPÉCIALISÉS

- ALAKA ALAKA (P.), *L'impôt au Cameroun, contribution à l'étude d'un dysfonctionnement administratif,* L'Harmattan, Paris, 2009, 280 p.
- ALLAIS (M.), *Pour la réforme de la fiscalité,* Ed. Juridiques et économiques, Paris, 1990, 131 p.
- ATANGA FONGUE (R.), *Contrôle fiscal et protection du contribuable dans un contexte d'ajustement structurel : le cas du Cameroun*, L'Harmattan, Paris, 2007, 342 p.
- ATANGA FONGUE (R.), TOCKE (A.), *Éléments de la fiscalité des affaires au Cameroun*, L'Harmattan, Paris, 2011, 187 p.
- AYANGMA AYANGMA (J.), *La pratique du contrôle fiscal des prix de transfert dans l'espace CEMAC,* L'Harmattan, Paris, 358 p.
- BRAUTIGAM, DEBORA, OOD-HELGE FJELDSTAD, MICK MORRE, *Taxation and state building in developing countries*, Cambridge university press, 2008, 600p.
- BUISSON (J.), *La sécurité fiscale*, L'harmattan, Paris, 2011, 224 p.
- CHAMBAS (G.), *Afrique au sud du Sahara : mobiliser des ressources fiscales pour le développement*, Economica, Paris, 2005, 273 p.
- CHAMBAS (G.), *Fiscalité et développement en Afrique subsaharienne*, Economica, Paris, 1994, 150 p.
- COZIAN (M.), *Les grands principes de la fiscalité des entreprises*, Lexis nexis, 2016, 493 p.
- DOUET (F.), *Contribution à l'étude de la sécurité juridique en droit fiscal interne français,* LGDJ, Paris, 1997, 416 p.
- DUHAMEL (G.), *Les paradis fiscaux*, Ed. Grancher, Paris, 2006, 668 p.

- DUMAS (G.), *Politique fiscale : le naufrage,* L'Harmattan, Paris, 2007, 322 p.
- GASTELLU (J. M.), MOISSERON (J. Y.), POURGET (G.), *Fiscalité, développement et mondialisation,* Maisonneuve et Larose, Paris, 1999, 239 p.
- GEST (G.), TIXIER (G.), *Droit fiscal international*, PUF, Paris, 1990, 611 p.
- JACK LANG, *Faire la révolution fiscale*, PLON, Paris, 2006, 262 p.
- LEROY (M.) (dir.), *Fiscalité et évitement de l'impôt : une comparaison Franco-russe*, L'Harmattan, Paris, 2003, 202 p.
- LEROY (M.) (dir.), *Mondialisation et fiscalité, la globalisation fiscale*, L'Harmattan, Paris, 2006, 286 p.
- Les éditions FRANCIS LEFEBVRE, *Paradis fiscaux et opérations internationales : Mesures anti-évasion, lutte contre le blanchiment, pays et zones à fiscalité privilégiée*, Paris, 2005, 539 p.
- MEHL (L.), BELTRAME (P.), *Sciences et techniques fiscales*, PUF, Paris, 1972.
- MEKONGO (J. M.), *Les retenues à la source dans le système fiscal camerounais*, PUL, Douala, 2009, 562 p.
- MESSI (M.), *Nul n'est censé ignorer la loi fiscale, l'incertitude de la règle applicable*, Tome 2, L'Harmattan, Paris, 2007, 315 p.
- MESSI (M.), *Nul n'est censé ignorer la loi fiscale, la recherche de la règle applicable*, Tome 1, L'Harmattan, Paris, 2007, 432 p.
- MEYONG ABATH (R. A.), *L'harmonisation fiscale et douanière en zone CEMAC*, Ed. Universitaires européennes, 2011, 564p.
- NDZANA BILOA (A. S.), *La fiscalité, levier pour l'émergence des pays africains de la zone franc : le cas du Cameroun*, L'harmattan, coll. Études africaines, Paris, 2015, 348 p.
- NZAKOU (A.), *Systèmes comptables OHADA par l'exemple : difficultés comptables et fiscales*, Tome 2, 2009, 642 p.
- OSSA (R.), *Administrer l'impôt, les nouveaux enjeux de la fonction de gestion dans les pays en développement*, Ed. Iroko, Yaoundé, 2007, 278 p.

- RENARD (G.), *Les règles communautaires en matière d'aides d'État et la fiscalité*, L'harmattan, Paris, 2008, 178 p.
- SCHOENAUER (C.), LOPEZ (J.), *Droit fiscal, principes et applications*, Ed. Eska, Paris, 1995, 538 p.
- SELCUK ALTINDAG, *La concurrence fiscale dommageable : la coopération des États membres et des autorités communautaires,* L'Harmattan, *Paris, 2011, 440 p.*
- *SERLOOTEN (P.), Droit fiscal des affaires*, Dalloz, Paris, 2009, 720 p.
- SINGOCK SOTONG (C.), *Fiscalité des entreprises au Cameroun*, Tome 1, 175 p.
- TSAPI (V.), *Les implications économiques, comptables et fiscales dans le système OHADA,* L'Harmattan, Paris, 2009, 249 p.
- VILLEMOT (D.), *Quelle réforme fiscale* ?, L'Harmattan, Paris, 2007, 196 p.

C- OUVRAGES DE MÉTHODOLOGIE ET DICTIONNAIRES

- BARILARI (A.), DRAPE (R.), *Lexique fiscal*, Dalloz, Paris, 1992, 192p.
- BEAUD (M.), *L'art de la thèse,* Ed. La découverte, Paris, 2006, 179 p.
- CORNU (G.), *Vocabulaire juridique*, Association Henri Capitant, PUF, Paris, 2014, 1360 p.
- GATSI (J.), *Nouveau dictionnaire juridique,* PUL, Douala, 2010, 340 p.
- GUINCHARD (S.), MONTAGNIER (G.), (dir), *Lexique des termes juridiques*, Dalloz, Paris, 2003.
- JAILLARDON (E.), ROUSSILLON (D.), *Outils pour la recherche juridique, méthodologie de la thèse de doctorat et du mémoire de master en droit*, Archives contemporaines, Paris, 2010, 182 p.
- PERROUX (F.), *Dictionnaire économique et social,* Hatier, Paris, 1990.
- QUIVY (R.), VAN CAMPENHOUT (L.), *Manuel de recherche en sciences sociales*, DUNOD, Paris, 2006, 256 p.

II-THÈSES ET MÉMOIRES

A-THÈSES

- BANGO (A.), *L'élaboration et la mise en œuvre de la fiscalité dans les pays de la CEMAC,* Thèse de doctorat en droit, Université Jean Moulin, 2009, 534 p.
- BAZART (C.), *La fraude fiscale, Modélisation du face à face État-contribuable,* Thèse de doctorat en Économie, Université Montpellier, 2010, 373 p.
- BEGNI BAGAGNA, *L'harmonisation des politiques fiscales en zone CEMAC : Esquisse de théorie du droit fiscal communautaire*, Thèse de doctorat en droit, Université de Douala, 2012, 550 p.
- BURGER (J.), *Les délits pénaux fiscaux : Une mise en perspective des droits français, luxembourgeois et internationaux,* Thèse de doctorat, Université de Nancy, 2011, 384 p.
- GBEWOPO ATTILA, *Corruption, fiscalité et croissance économique dans les pays en développement,* Thèse de doctorat, Université d'Auvergne, Clermont-Ferrand, FSEG, CERDI, 2007, 366 p.
- GWENOLA (T.), *Essais sur la fraude fiscale à l'impôt sur le revenu,* Thèse de doctorat en sciences économiques, Université Aix-Marseille, 2012, 107 p.
- KENFACK (J.), *Les actes juridiques des communautés et organisations internationales d'intégration en Afrique centrale et occidentale*, Thèse de doctorat, Université Yaoundé 2, 2003, 415 p.
- MFOMO (S. P.), *Lutte contre la corruption au Cameroun (1990-2006) : Contribution à l'étude de l'élaboration et la mise en œuvre d'une politique publique,* Thèse de doctorat en sciences politiques, Université de Yaoundé 2, 2006.

B- MÉMOIRES

- AHMED FRIKHA, *L'équité fiscale*, Mémoire de maîtrise en sciences comptables, Université de Sfax, 2003, 107 p.
- ATANGANA (A.), *Évolution et perspectives du contrôle des prix de transfert en Afrique*, Mémoire master professionnel, École de commerce de Rouen, 2007, 96 p.
- BRUEDER (M.), *Le droit fiscal à l'épreuve de la fuite des capitaux,* Mémoire de master 2, Université Panthéon-Assas, 2013, 101 p.
- DJOMENI KOLOKO (E.), *La fiscalité des investissements et l'optimisation fiscale : cas du Cameroun*, Mémoire master 2, Université de Douala, 2008, 187 p.
- DODO NDOCKE (G.), *La retenue à la source comme mode de perception de l'impôt au Cameroun*, Mémoire de DESS en Administration fiscale, Université de Douala, 2007, 89 p.
- ESSONO EDOU (A. G.), *La lutte contre la criminalité financière au Cameroun*, Mémoire de DEA en droit privé, Université de Yaoundé 2, 2012.
- KENMOUE KAMGANG (F. F.), *La notion de groupe de société en droit OHADA : Réflexion sur la problématique du contrôle d'une société par une autre*, Mémoire de DEA en droit, Université de Yaoundé 2, 2003.
- LIPOP (E. R.), *Le rescrit en droit fiscal camerounais et la sécurité juridique des affaires*, Mémoire de master 2 (Recherche), Université de Douala, 2014, 110 p.
- NGOLLE V (I. R.), *L'harmonisation de la fiscalité indirecte dans l'Union européenne et dans la CEMAC : Approche comparative au regard de la TVA*, Mémoire DESS, Université Paris Dauphine, 2005.
- REISACHER (G.), *Le statut de l'entreprenant : entre espoir et désillusion d'une tentative de formalisation de l'économie en zone OHADA,* Mémoire de master 2 droit des affaires et fiscalité, Université Paris 1 Sorbonne, 2014, 128 p.
- SANTERRE (C.), *La problématique de la justice fiscale : le cas du Québec,* Mémoire de maîtrise en sciences comptables, Université du Québec, 2010, 131 p.

- SCHOUEL (S. A.), *La nécessaire réforme du droit budgétaire camerounais, Mémoire de master en Administration publique*, ENA, Paris, 2008, 56 p.
- TONGA (D.), *Recherches sur la conformité du droit national au droit communautaire de la CEMAC : le cas de la TVA*, Mémoire de DEA en droit, Université de Yaoundé 2, 2008, 114 p.

III- ARTICLES DE DOCTRINE

- ABDOULLAH CISSE, « Pour une approche plurale du droit africain », in (dir) BOKALLI (V. E.) et autres, *De l'esprit du droit africain, Mélanges en l'honneur de Paul Gérard* POUGOUE CREDIJ, 2015, pp. 1-23.
- ALBERT (J. L.), « La TVA dans la perspective de l'élargissement de l'Europe », in (dir) LEROY (M.), *Mondialisation et fiscalité, la globalisation fiscale*, L'harmattan, Paris, 2006, pp. 97-120.
- AVOM (D.), « L'intégration monétaire : Préalable ou résultat d'une intégration économique ? », in (dir) *BEN HAMMOUDA (H.), BEKOLO EBE (B.), TOUNA MAMA, L'intégration régionale en Afrique centrale, bilan et perspectives*, Karthala, Paris, 2003, pp. 141-164.
- BACKINY YETNA (P.), « Secteur informel, fiscalité et équité : L'exemple du Cameroun », in *Le journal statistique africain*, n° 9, Novembre 2009, pp. 315-376.
- BEKOLO EBE (B.), « Les contraintes à l'efficacité des politiques budgétaires dans les économies africaines », in (dir) TSAFACK NANFOSSO (R.), *Budget et politique économique en Afrique*, Clé, Yaoundé, 2007, pp.17-43.
- BIAKAN (J.), « La réforme du cadre juridique des finances publiques au Cameroun : La loi portant régime financier de l'État », in (dir) ONDOA (M.), *L'Administration publique camerounaise à l'heure des réformes*, L'Harmattan, Paris, 2010, pp. 9-28.
- BUGNICOURT (J.), « Le mimétisme administratif en Afrique : obstacle majeur au développement », *Revue française de science politique*, 1973, vol. 23, n° 61, pp. 1239-1267.

- CLÉMENT (G.), CLÉMENT (B.), « Les poursuites pénales pour fraude fiscale », in (dir) LEROY (M.), *Fiscalité et évitement de : Une comparaison franco-russe,* L'Harmattan, Paris, 2003, pp. 177-200.
- DICKINSON (B.), « Flux financiers illicites et développement », *Revue d'économie de développement*, Ed. Deboeck, 2014, pp. 143-149.
- DIFFO TCHUNKAM (J.), « La dématérialisation au service de l'attractivité économique du droit OHADA : Enjeux économiques et défis sécuritaires », in (dir) BOKALLI (V.-E.) et autres, *De l'esprit du droit africain, Mélanges en l'honneur de Paul Gérard POUGOUE*, Éditions CREDIJ, 2014, pp. 225-244.
- EVEHE (R. D.), « Le traitement fiscal des modifications de la situation juridique des sociétés commerciales en droit OHADA », in (dir) GATSI (J.), *L'effectivité du droit de l'OHADA,* PUA, Yaoundé, 2006, pp.98-116.
- FOCHE (R.), OUAFO BEPYASSI (V.), « Le droit de l'OHADA : Un capital vital pour le redressement de l'économie africaine », in (dir) GATSI (J.), *L'effectivité du droit de l'OHADA,* PUA, Yaoundé, 2006, pp. 49-62.
- FOKAM (P.), « La problématique de l'intégration économique en Afrique, une approche pratique », in (dir) BEN HAMMOUDA (H.), BEKOLO EBE (B.), TOUNA MAMA, *L'intégration régionale en Afrique centrale, bilan et perspectives*, Karthala, Paris, 2003, pp. 292-293.
- FOKO (A.), « La consécration d'un nouveau statut professionnel dans l'espace OHADA : Le cas de l'entreprenant », *Revue de la FSJP,* Université Ngaoundéré, Cahiers juridiques et politiques, 2010, pp. 51-71.
- FOMETEU (J.), « L'OHADA : L'idéologie et le système », in (dir) BOKALLI (V.-E.) et autres, *De l'esprit du droit africain*, Mélanges en l'honneur de Paul Gérard POUGOUE, Éditions CREDIJ, 2014, pp. 305-327.
- FOMETEU (J.), « Le clair-obscur de la répartition des compétences entre la Cour Commune de Justice et d'Arbitrage de l'OHADA et les juridictions nationales de cassation », in (dir) AKAM AKAM (A.), *Les mutations juridiques dans le système OHADA*, L'Harmattan, Paris, 2009, pp. 37-69.

- FRAIMOUT (J. J.), « Le principe de sécurité juridique à l'épreuve de la procédure communautaire de récupération des aides fiscales », in (dir) LEROY (M.), *Mondialisation et fiscalité, la globalisation fiscale,* L'harmattan, Paris, 2006, pp. 159-170.
- GATSI (J.), « Droit OHADA et lutte contre la pauvreté en Afrique », *Revue camerounaise de droit et de science politique,* n° 3, Mars 2011, pp. 61-72.
- GAUTIER (J. F.), ROUBAUD (F.), RAKOTOMANANA FALY, « La fiscalisation du secteur informel : Recherche impôt désespérément », *Revue tiers monde*, Vol 42, n° 168, 2001, pp. 795-815.
- GNIMPIEBA TONNANG (E.), « La libre circulation des personnes et des services en Afrique Centrale : entre consécrations théoriques et hésitations politiques », *Juridis périodique,* n° 71, Juillet-août-septembre 2007, pp. 81-101.
- HERKENRATH (M.), « Paradis fiscaux et fuite des capitaux en provenance des pays en voie de développement : Implications sociales et politiques », *Revue d'économie de développement*, Ed. Deboeck, 2014, vol. 22, pp. 151-156.
- ISSA-SAYECH (J.), « L'OHADA, Instrument d'intégration juridique », *Revue de jurisprudence commerciale*, n° 6, Juin 1999.
- ISSA-SAYEGH (J.), « Les instruments nationaux de l'intégration juridique dans les États de la zone franc », in (dir) BOKALLI (V.-E.) et autres, *De l'esprit du droit africain*, Mélanges en l'honneur de Paul Gérard POUGOUE, Éditions CREDIJ, 2014, pp. 365-383.
- KALIEU ELONGO (Y. R.), WATCHO KEUGONG (R. S.), « La réforme de la procédure communautaire de concurrence CEMAC », *Juridis périodique*, n° 80, Octobre-novembre-décembre 2009, pp. 107-112.
- LAMBERT (T.), « Les pouvoirs de l'administration et les garanties du contribuable dans le contrôle fiscal français », in (dir) LEROY (M.), *Fiscalité et évitement de l'impôt : Une comparaison franco-russe,* L'Harmattan, Paris, 2003, pp. 111-122.
- LAMBERT (T.), « Quelle fiscalité pour les projets planétaires ? », in (dir) LEROY (M.), *Mondialisation et fiscalité, la globalisation fiscale*, L'harmattan, Paris, 2006, pp. 17-32.

- LEROY (M.), « La sociologie du contribuable face à la taxation », in (dir) LEROY (M.), *Fiscalité et évitement de l'impôt : Une comparaison franco-russe*, L'Harmattan, Paris, 2003, pp. 21-36.
- LOPEZ (C.), « La fiscalité comme vecteur de l'attractivité du territoire », in (dir) LEROY (M.), *Mondialisation et fiscalité, la globalisation fiscale*, L'harmattan, Paris, 2006, pp. 245-262.
- MAITROT DE LA MOTTE (A.), « La construction de l'Europe fiscale par la CJCE : L'exemple des impôts directs », in (dir) LEROY (M.), *Mondialisation et fiscalité, la globalisation fiscale,* L'harmattan, Paris, 2006, pp. 189-224.
- MOUELLE KOMBI (N.), « L'intégration régionale en Afrique Centrale, entre inter étatisme et supranationalisme », in (dir) BEN HAMMOUDA (H), BEKOLO EBE (B.), TOUNA MAMA, *L'intégration régionale en Afrique Centrale, bilan et perspectives*, Karthala, Paris, 2003, pp. 205-229.
- NANDJIP MONEYANG (S.), « Les concentrations d'entreprises en droit interne et en droit communautaire CEMAC », *Juridis périodique,* n° 73, Janvier-février-mars 2008, pp. 65-76.
- NCHIMI MEBU (J. C.), « La problématique de la répression de la corruption en droit camerounais », *Revue africaine de sciences juridiques*, vol. 4, n° 1, 2007, pp. 79-93.
- NDIKUMANA (L.), « Fuite des capitaux et Paradis fiscaux : Impact sur l'investissement et la croissance en Afrique », *Revue d'économie de développement*, Ed. Deboeck, 2014, pp. 143-149.
- OYAYA (J. R.), « L'oubli des réalités régionales dans l'intégration en Afrique Centrale : Le cas de la CEMAC », in *Mondes en développement*, Vol. 3, n° 115-116, 2001, pp. 103-113.
- PEKASSA NDAM (G.), « L'obligation déclarative en droit fiscal camerounais », in (dir) ANOUKAHA (F.), OLINGA (A. D.), *L'obligation, Études offertes au Professeur Paul-Gérard POUGOUE*, L'Harmattan, Yaoundé, 2015, pp. 793-807.
- PEKASSA NDAM (G.), « Les transformations de l'Administration fiscale camerounaise », in (dir) ONDOA (M.), *L'Administration publique camerounaise à l'heure des réformes*, L'Harmattan, Paris, 2010, pp. 29-65.

- POUGOUE (P. G.), « OHADA, instrument d'intégration juridique », *Revue Africaine des sciences juridiques*, Vol. 2, n° 2, 2001.
- POUGOUE (P.-G.), « Les figures de la sécurité juridique », *RASJ, Université Yaoundé 2*, FSJP, Vol. 4, n° 1, 2007, pp. 1-8.
- ROEMER (F.), « La dématérialisation des procédures fiscales en France, une modernisation de l'État au service de l'amélioration des relations avec les entreprises », in *Des outils numériques pour améliorer le fonctionnement de l'État : Solutions ou problèmes ?, Revue du centre d'études et de recherches en Administration publique*, n° 26-27, 2016, pp. 145-162.
- ROUET (G.), « Les professions de juristes et fiscalistes dans l'entreprise : état des lieux et évolution », in (dir) LEROY (M.), *Fiscalité et évitement de l'impôt : Une comparaison franco-russe,* L'Harmattan, Paris, 2003, pp. 83-100.
- VAPAILLE (L.), « Harmonisation fiscale et rapprochement des législations, ou de l'adéquation des moyens aux objectifs », in (dir) LEROY (M.), *Mondialisation et fiscalité, la globalisation fiscale*, L'harmattan, Paris, 2006, pp. 121-158.

IV- ÉTUDES DIVERSES

- ABESSOLO (S.), « Réflexions et propositions sur une fiscalité du développement en Afrique Centrale », Conférence consultative régionale en Afrique du 5 au 7 novembre 2007 à Accra au Ghana.
- BLANC (G.), « L'OHADA : Esquisse d'un bilan d'étape », Conférence tenue le 19 octobre 2015 au centre de recherche et de documentation en droit OHADA (CREDO), Yaoundé (SOA).
- CASTAGNEDE (B.), « Fiscalité et développement », Colloque international du 22 au 26 septembre 1980, Paris.
- Conseil français des investisseurs en Afrique (CIAN), Commission juridique et fiscale, « Harmonisation fiscale dans les pays de la zone franc, la situation au sein de l'UEMOA », Réunion tenue le 3 février 2010 au cabinet CMS, Bureau Francis LEFEBVRE.

- Institut de la Recherche en Économie Contemporaine (IREC), « Éléments de réflexion pour la réforme de la fiscalité au Québec », 2014, 49 p.
- KENFACK (P. E.), « La contribution des normes au passage des agents économiques du secteur informel : Enquête sur l'effectivité du statut de l'entreprenant au Cameroun », Intervention faite à l'occasion de la conférence organisée par la faculté de droit, économie et finance de l'université de Luxembourg, les 20-21 novembre 2014 sur le thème général « l'effectivité du droit économique dans l'espace OHADA ».
- LOGMO BELEK (A.), « Les obstacles juridiques, administratifs et culturels au développement d'une fiscalité orientée vers la responsabilité, la transparence et le développement », Séminaire du CAFRAD du 29 novembre au 01er décembre 2010 à Tanger au Maroc.
- MOUANGUE KOBILA (J.), « Les nouvelles dynamiques de l'intégration en Afrique Centrale », Communication au colloque de l'Institut de France à Paris, 15-16 octobre 2010.
- OCDE, « Fiscalité et croissance économique », in Réformes économiques : objectif croissance, n° 5, pp. 146-168.
- Rapport « Doing business dans les États membres de l'OHADA 2012 ».
- TITI NWEL (P.) (dir), De la corruption au Cameroun, Étude réalisée par GERDDES CAMEROUN, Publiée par Friedrich Ebert, Yaoundé, Juin 1999, 260 p.

V- TEXTES COMMUNAUTAIRES ET NATIONAUX

- Acte n° 2/96-UEAC-1297-57 du 01er juillet 1996 relative à la zone franche.
- Acte n° 5/66/UDEAC-49 du 13 décembre 1966 portant Convention fiscale.
- Code général des impôts du Cameroun (2015).
- Code général des impôts du Cameroun (2016).

- Code général des impôts du Cameroun (2017)
- Directive n° 01/04/UEAC-177 du 30 juillet 2004 relative à l'impôt sur le revenu des personnes physiques.
- Directive n° 02/01/UEAC-050-CM-06 du 3 août 2001 relative à l'impôt sur les sociétés.
- Directive n° 1/99/CEMAC-028-CM-03 du 17 décembre 1999 relative à la TVA et les droits d'accises.
- Loi n° 2013/004 du 18 avril 2013 fixant les incitations à l'investissement privé en République du Cameroun.
- Loi n° 2016/007 du 12 juillet 2016 portant Code pénal.
- Loi n° 96/04 du 18 janvier 1996 portant révision de la constitution du 2 juin 1972.
- Règlement n° 1/99/UEAC-CM-639 du 25 juin 1999 modifié par le règlement n° 12-05-UEAC-639 U-CM-SE du 27 juin 2005 portant réglementation des pratiques commerciales anticoncurrentielles en CEMAC.
- Règlement n° 17/99/CEMAC-20-CM-03 du 17 décembre 1999 portant Charte des investissements CEMAC.

TABLE DES INDEX

TABLE DES MATIÈRES

DROIT

AUX ÉDITIONS L'HARMATTAN

Dernières parutions

LE RAPPORT DU DROIT ADMINISTRATIF NATIONAL AUX DROITS ADMINISTRATIFS ÉTRANGERS

Les cas de la France et de l'Espagne

Anna Neyrat

Préface de Fabrice Melleray

Les droits administratifs français et espagnol sont souvent présentés comme des idéaux types opposés dans leur rapport aux droits administratifs étrangers. Comme exportateur, le droit administratif français considère ses homologues étrangers comme un réceptacle de son influence ; comme importateur, le droit administratif espagnol les envisage comme source de son enrichissement. Si une telle présentation repose sur des raisons temporelles et culturelles qui ont fait du droit administratif français un modèle et de l'espagnol un imitateur, elle se révèle partiellement inexacte. Elle est notamment dépassée à l'heure de la globalisation. Cette recherche invite à poser un regard différent sur ces présupposés.

(Coll. Logiques Juridiques, 680 p., 49 euros)

ISBN : 978-2-343-16682-7, EAN EBOOK : 9782140114588

DROITS FONDAMENTAUX ET CRISE(S) DES SOLIDARITÉS

Fabien Bottini

La solidarité renvoie aux liens sociaux qui font le ciment d'une communauté. Si c'est pourquoi il semble plus juste de parler de solidarités au pluriel, l'Etat a pendant longtemps été leur garant au travers des droits sociaux fondamentaux. Mais le constat s'impose : des débats qui ont agité la réforme du droit du travail à ceux qui portent sur les régimes de retraites en passant par la crise des migrants ; des hésitations sur la place des territoires et de l'Union européenne dans la mise en oeuvre des politiques sociales à l'apparition d'un droit constitutionnel économique... Les interrogations ne manquent pas quant à savoir si ces droits fondamentaux parviennent encore à faire la solidarité. Si crises il y a, signent-elles la fin de l'âge d'or de la solidarité ou sa mutation ?

(Coll. Le Droit aujourd'hui, 276 p., 28,5 euros)

ISBN : 978-2-343-16201-0, EAN EBOOK : 9782140114274

DÉCLARATION DES DROITS DE L'HOMME ET DU CITOYEN

Postérité et actualité

Remi Puigventos

Responsables scientifiques : Jimmy Meersman et Rémi Puigventos

Le 26 août 1789, l'Assemblée constituante adopte les derniers articles du texte de la Déclaration des droits de l'homme et du citoyen qui, traversant les siècles, deviendra l'un des textes fondamentaux de la Cinquième République. Si la Déclaration de 1789 est l'une des pierres angulaires de la garantie des droits de l'homme, l'étude de sa postérité et de son actualité interroge. Le présent ouvrage contribue à en dévoiler les éléments les plus essentiels au travers d'une douzaine de contributions.

(Coll. Droit privé et sciences criminelles, 238 p., 25 euros)

ISBN : 978-2-343-16359-8, EAN EBOOK : 9782140112164

ANNUAIRE DES ENGAGEMENTS INTERNATIONAUX AYANT FAIT L'OBJET D'UNE LOI D'AUTORISATION SOUS LA VE RÉPUBLIQUE

Didier Jamot

Au cours de la Ve République, près de 2000 engagements internationaux ont fait l'objet d'une loi d'autorisation. Dans les années 1960, seulement 22% des lois votés par le Parlement avaient pour objet la ratification ou l'approbation de tels engagements, alors que désormais 40% des lois visent un tel objectif. Par conséquent, le nombre de normes internationales intégrées au droit interne est considérable. Mais leur importance n'est pas seulement quantitative : tout engagement international régulièrement ratifié et publié s'impose au législateur. Aucune loi ne peut ainsi lui être contraire. Par ailleurs, les conventions internationales embrassant l'ensemble des matières juridiques, plus aucune activité humaine n'échappe aux droits et obligations prévus par les conventions. Cet annuaire recense enfin ces engagements internationaux avec des index thématiques et par pays signataire.

(Coll. Logiques Juridiques, 432 p., 42 euros)

ISBN : 978-2-343-16237-9, EAN EBOOK : 9782140112089

LES TITRES DE NOBLESSE DE LA VICTIME DEVANT LA COUR PÉNALE INTERNATIONALE

Guy David Mbara A Betsem

Préface de Gilbert Bitti - Avant-propos de Jean Claude Tcheuwa

La victime a longtemps été tenue à l'écart du procès devant les juridictions pénales internationales d'avant le début du XIXè siècle. Depuis l'avènement de la Cour pénale internationale (CPI), la victime est désormais admise dans le procès pénal. Ces droits, qui ne sont autres que des titres de noblesse, confèrent donc des privilèges permettant à la victime d'accéder à une justice pénale internationale très sélective, mais surtout réservée à une certaine catégorie de personnes. La CPI pose la problématique du rôle de l'État dans la mise en oeuvre des droits des victimes.

(242 p., 25,5 euros)

ISBN : 978-2-343-16718-3, EAN EBOOK : 9782140111631

MÉDIATION ET ENTREPRISES

Regards croisés Droit et Gestion

Responsables scientifiques : Gulsen Yildirim, Isabelle Sauviat et Romain Dumas. Textes réunis par Romain Dumas

La médiation, mode alternatif de résolution des différends, est un mécanisme désormais bien connu en Droit. L'entreprise apparaît comme l'un des lieux privilégiés de son application et ce, qu'il s'agisse d'aplanir un différend tant dans ses relations internes qu'externes. Toutefois, à la différence du Droit, le concept de médiation apparaît beaucoup moins familier en Sciences de gestion. C'est cette interaction singulière entre Droit et Gestion qui permet de mesurer la place réelle de la médiation dans les entreprises et les organisations. Entre acclimatation à parfaite et hostilité, un équilibre est possible afin qu'elle devienne un outil efficace.

(Coll. Droit privé et sciences criminelles, 142 p., 16,5 euros)

ISBN : 978-2-343-16643-8, EAN EBOOK : 9782140111556

PHÉNOMÈNE DISCIPLINAIRE DANS LE DROIT PUBLIC HELLÉNIQUE CONTEMPORAIN

Sotirios Lytras

Attachée constamment à l'idée que la notion de discipline concernait en principe les relations entre les ensembles organisés et leurs agents, la théorie traditionnelle du droit public a laissé hors de son attention des domaines entiers de la vie publique. Parue en grec en 1989, cette étude a pu montrer qu'en droit positif hellénique le phénomène disciplinaire a manifesté sa présence forte dans des relations entre ensembles publics et des personnes physiques ou morales y étant rattachées. A travers ce phénomène, l'activité publique s'avère décisivement élargie.

(Coll. Logiques Juridiques, 262 p., 27 euros)

ISBN : 978-2-343-16125-9, EAN EBOOK : 9782140111310

RECEL ET BLANCHIMENT

Nouvelles sources de cumul de qualifications

Théo Touzeau

Préface de Gildas Roussel

A la lumière de la jurisprudence, la question de l'impossible cumul de l'infraction d'origine avec celle du recel de choses concernant un même auteur mérite de nouveau d'être posée. C'est que les juges de la Chambre criminelle, malgré leur opposition à ce cumul, ont depuis admis la condamnation d'un individu tant pour une première infraction que pour le blanchiment subséquent. Cette différence de traitement des deux infractions interroge nécessairement. Cet ouvrage, dressant le constat de la possibilité de dépasser les arguments qui fondent le rejet de « l'auto-recel », invite le lecteur à mettre de côté ses certitudes et à prendre position : rien ne semble s'opposer à l'admission du cumul de l'infraction d'origine et du recel de choses.

(Coll. Bibliothèques de droit, 138 p., 15,5 euros)

ISBN : 978-2-343-16624-7, EAN EBOOK : 9782140110962

LES LIENS ENTRE ÉTHIQUE ET DROIT

L'exemple de la question animale

Sous la direction de Lucille Boisseau-Sowinski et Delphine Tharaud

A priori distincts, le droit renvoyant à la régulation des comportements par la loi et l'éthique à la distinction entre bien et mal, ces deux domaines s'interpénètrent et se nourrissent, particulièrement sur la question animale. La réflexion sur l'éthique animale s'est amplifiée ces cinquante dernières années et a conduit à une prise en compte des intérêts et de la qualité d'êtres vivants des animaux. Le droit s'en est fait l'écho. Pour autant, cette dynamique n'est pas si évidente : quelles théories peuvent inspirer le droit ?

(Coll. Le Droit aujourd'hui, 176 p., 18,5 euros)

ISBN : 978-2-343-16449-6, EAN EBOOK : 9782140109553

CORRUPTION ET DROIT PÉNAL

Sous la direction de Jean-Paul Céré et Carlos Eduardo Japiassu

Le thème de la corruption a traversé le temps. L'intérêt du droit pénal est cependant renouvelé par les nombreuses affaires médiatisées qui gangrènent la vie politique et le monde des affaires dans de nombreux pays. L'arsenal législatif interne cherche à s'adapter sous l'effet des multiples textes qui ont vu le jour à l'échelle internationale et régionale. Une nette tendance à l'harmonisation des législations criminelles anti-corruption est perceptible. Cet ouvrage permet de saisir la diversité du phénomène dans sa dimension criminologique et juridique.

(Coll. Comité international des pénalistes francophones, 238 p., 24,5 euros)

ISBN : 978-2-343-16153-2, EAN EBOOK : 9782140109850

JUSTICE CONSTITUTIONNELLE ET SUBSIDIARITÉ

L'apport de l'expérience canadienne pour la construction européenne

Claire Aguilon

La précision des critères d'application de la subsidiarité et le développement de son contrôle par l'Union européenne constituent un progrès vers un plus grand respect du principe selon lequel l'UE, lorsqu'elle intervient dans une compétence partagée avec les Etats-membres, doit établir la plus-value d'une action à son niveau pour atteindre l'objectif visé. L'étude de la jurisprudence de la Cour de justice de l'UE montre ses réticences à un contrôle allant au-delà de la recherche d'une motivation formelle de la nécessité de l'intervention européenne. En droit canadien, la subsidiarité éclaire sous un jour nouveau la clause de commerce ou la doctrine de l'intérêt national.

(Coll. Logiques Juridiques, 460 p., 40 euros)

ISBN : 978-2-343-15311-7, EAN EBOOK : 9782140109522

UN COMBAT POUR LA PAIX

Récit

Nouvelle édition revue et augmentée

Daniel Lagot

Alors qu'il s'est refusé jusque-là à tout engagement devant la fragilité des choses humaines, un homme découvre l'amour et s'engage, avec la femme à ses côtés, dans un combat pour le droit, la justice et la paix. Après l'enthousiasme initial, les tensions et dilemmes vont se développer, en particulier lors des guerres en Libye et en Syrie. Comme dans une tragédie grecque, ces tensions conduiront les personnages à leur destin. Le récit est en partie romancé, mais est directement inspiré d'histoires et de faits réels. Face aux drames et menaces pesant sur l'humanité, doit-on céder au pessimisme ou conserver l'espoir ?

(Coll. Les Impliqués, 152 p., 16,5 euros)

ISBN : 978-2-343-16114-3, EAN EBOOK : 9782140109409

LES SENS DE LA PEINE

Hugo Cappadoro

Préface de Muriel Giacopelli

Quelle est la raison d'être de la peine ? C'est autour de cette question que se sont cristallisés, au temps des Lumières, les paradigmes punitifs modernes. Du fait des bouleversements que connait aujourd'hui notre droit répressif et de la crise du milieu carcéral, auquel la pénalité est identifiée, le législateur, les acteurs et penseurs pénaux sont amenés à s'interroger une nouvelle fois sur l'acte de punir. Cet ouvrage aborde ainsi les évolutions pénales et propose une réflexion mettant en évidence la difficulté pour la pénalité actuelle d'avoir un sens intelligible et pluriel, tant pour le condamné, que pour la victime et la société.

(Coll. Bibliothèques de droit, 212 p., 21,5 euros)

ISBN : 978-2-343-16461-8, EAN EBOOK : 9782140108945

SUR LA COUR EUROPÉENNE DES DROITS DE L'HOMME
Rétrospective d'un initié (1998-2016)

Bostjan M. Zupancic

La Convention européenne des droits de l'homme, prétendant expliciter ce que sont ces droits, est un court texte abstrait. Quatre-vingt-dix-neuf pourcent de ces droits seront concrétisés par les précédents prononcés en flux continu, autoréférentiel, par la Cour européenne des droits de l'homme (CEDH). En somme, les droits de l'homme sont simplement ce que la CEDH déclare qu'ils sont ou ne sont pas. Quarante-sept Etats signataires sont liés à cette jurisprudence de Strasbourg. Or, l'approche jurisprudentielle du stare decisis est étrangère au formalisme juridique européen. A l'autre extrême, l'auteur apporte une explication métaphysique du sens de la justice. Il présuppose le plus haut niveau d'autonomie morale et de raisonnement juridique.

(Coll. Logiques Juridiques, 452 p., 45 euros)

ISBN : 978-2-343-15739-9, EAN EBOOK : 9782140108808

GOUVERNANCE D'ENTREPRISE, RESPONSABILITÉ SOCIÉTALE EN DROIT MALIEN

Issiaka Cissé

Cet ouvrage interroge le droit positif malien dans l'appréhension des concepts de la gouvernance d'entreprise (GE) et de la responsabilité sociétale des entreprises (RSE). L'étude met en évidence le décalage du droit malien dans la construction évolutionniste de l'entreprise. Elle révèle que l'environnement juridique des entreprises maliennes n'évolue pas dans une économie pourtant en pleine mutation. Des contraintes liées à l'application des principes de ces deux concepts créent un déséquilibre en termes de compétitivité au plan national voire régional ou international.

(Coll. Études africaines, 390 p., 38 euros)

ISBN : 978-2-343-15230-1, EAN EBOOK : 9782140108464

POUR UNE NOUVELLE ÉDUCATION JURIDIQUE

Sous la direction de Massimo Vogliotti

Depuis quelques années, nous assistons en Europe à une floraison de réflexions et d'expériences novatrices relatives à la formation juridique. Ce phénomène peut être interprété comme le signe annonciateur d'une révolution de notre façon de concevoir l'enseignement du droit, encore liée au cadre théorique et mythologique du paradigme juridique moderne. Cet ouvrage met en avant la nécessité d'un renouvellement en profondeur de notre modèle traditionnel d'enseignement du droit.

(Coll. Logiques Juridiques, 228 p., 24,5 euros)

ISBN : 978-2-343-10744-8, EAN EBOOK : 9782140108426

Structures éditoriales du groupe L'Harmattan

L'Harmattan Italie
Via degli Artisti, 15
10124 Torino
harmattan.italia@gmail.com

L'Harmattan Hongrie
Kossuth l. u. 14-16.
1053 Budapest
harmattan@harmattan.hu

L'Harmattan Sénégal
10 VDN en face Mermoz
BP 45034 Dakar-Fann
senharmattan@gmail.com

L'Harmattan Cameroun
TSINGA/FECAFOOT
BP 11486 Yaoundé
inkoukam@gmail.com

L'Harmattan Burkina Faso
Achille Somé – tengnule@hotmail.fr

L'Harmattan Guinée
Almamya, rue KA 028 OKB Agency
BP 3470 Conakry
harmattanguinee@yahoo.fr

L'Harmattan RDC
185, avenue Nyangwe
Commune de Lingwala – Kinshasa
matangilamusadila@yahoo.fr

L'Harmattan Congo
67, boulevard Denis-Sassou-N'Guesso
BP 2874 Brazzaville
harmattan.congo@yahoo.fr

L'Harmattan Mali
Sirakoro-Meguetana V31
Bamako
syllaka@yahoo.fr

L'Harmattan Togo
Djidjole – Lomé
Maison Amela
face EPP BATOME
ddamela@aol.com

L'Harmattan Côte d'Ivoire
Résidence Karl – Cité des Arts
Abidjan-Cocody
03 BP 1588 Abidjan
espace_harmattan.ci@hotmail.fr

L'Harmattan Algérie
22, rue Moulay-Mohamed
31000 Oran
info2@harmattan-algerie.com

L'Harmattan Maroc
5, rue Ferrane-Kouicha, Talaâ-Elkbira
Chrableyine, Fès-Médine
30000 Fès
harmattan.maroc@gmail.com

Nos librairies en France

Librairie internationale
16, rue des Écoles – 75005 Paris
librairie.internationale@harmattan.fr
01 40 46 79 11
www.librairieharmattan.com

Lib. sciences humaines & histoire
21, rue des Écoles – 75005 Paris
librairie.sh@harmattan.fr
01 46 34 13 71
www.librairieharmattansh.com

Librairie l'Espace Harmattan
21 bis, rue des Écoles – 75005 Paris
librairie.espace@harmattan.fr
01 43 29 49 42

Lib. Méditerranée & Moyen-Orient
7, rue des Carmes – 75005 Paris
librairie.mediterranee@harmattan.fr
01 43 29 71 15

Librairie Le Lucernaire
53, rue Notre-Dame-des-Champs – 75006 Paris
librairie@lucernaire.fr
01 42 22 67 13

www.ingramcontent.com/pod-product-compliance
Lightning Source LLC
LaVergne TN
LVHW011306061026
849535LV00005B/1424